教师教育信息化应用培训推荐用书

汉中市创新课堂课例及微课设计集锦

主　编　张　铮
副主编　刘　静　程　刚
参　编　赖铁鑫　宋　喆
　　　　陈　佳　王　伟

西南交通大学出版社
·成　都·

图书在版编目（CIP）数据

汉中市创新课堂课例及微课设计集锦 / 张铮主编
. —成都：西南交通大学出版社，2018.11
ISBN 978-7-5643-6593-6

Ⅰ. ①汉… Ⅱ. ①张… Ⅲ. ①中小学－课堂教学－教学设计－汇编－汉中 Ⅳ. ①G632.421

中国版本图书馆 CIP 数据核字（2018）第 262453 号

HANZHONGSHI CHUANGXIN KETANG KELI JI WEIKE SHEJI JIJIN
汉中市创新课堂课例及微课设计集锦
主编 张 铮

责任编辑 陈 斌
助理编辑 赵永铭
封面设计 严春艳

出版发行 西南交通大学出版社
（四川省成都市二环路北一段 111 号
西南交通大学创新大厦 21 楼）
发行部电话 028-87600564 028-87600533
邮政编码 610031
网 址 http://www.xnjdcbs.com
印 刷 四川煤田地质制图印刷厂
成品尺寸 170 mm × 230 mm
印 张 23
字 数 410 千
版 次 2018 年 11 月第 1 版
印 次 2018 年 11 月第 1 次
书 号 ISBN 978-7-5643-6593-6
定 价 68.00 元

前　言

汉中，北依秦岭、南屏巴山。如何提升教育质量，推进教育均衡，始终是教育工作需要破解的重要命题。

近年来，我们以理念先导，聚焦应用，教育信息化在教育教学育改革与发展中充分发挥支撑和引领，促进教育创新发展。把课堂教学作为主战场，开展课题研究和各项赛事活动，推动信息技术与教育教学深度融合。由中央电教馆举办的“全国中小学新媒体新技术创新实践大赛”便是国内最高规格、最高水平的大赛活动之一。自 2009 年起，我们组织教师参与此项大赛，以活动促进教师由常态应用向融合创新发展，老师们的信息化应用能力和专业水平不断提升。2009 年至 2018 年，汉中市连续 10 年荣获中央电教馆颁发的“全国优秀组织奖”。特别是 2017 年在南昌举行的大赛十周年庆典活动上，汉中市荣获全国唯一一个“最佳组织奖”，我有幸在大会上分享了汉中信息化应用经验。

新时代，新征程，新使命，新要求。为更好地贯彻落实市委市政府《关于贯彻习近平新时代中国特色社会主义思想加快推进汉中教育高质量发展的决定》，我们特将 10 年来汉中市荣获全国中小学新媒体新技术教学应用大赛部分一等奖课例的教学设计，以及陕西省微课大赛汉中一二等奖作品的教学设计汇编成册。以期广大教师信息化环境下的课堂应用提供范本和借鉴，为加快推进汉中教育高质量发展，信息化促进教育现代化发挥积极作用。

本书内所有课例的视频均已上传至“学在汉中”智慧教育云平台，扫二维码可观看或免费下载。

张　铮

2018 年 9 月

“学在汉中”网络电视云

“学在汉中”网络电视平台利用智慧云平台，通过网络电视、微信、手机APP 等载体，运用视频、图文信息等方式呈现汉中市教育教学改革与发展现状及成果。

“学在汉中”网络电视版（移动魔百盒子）

学在汉中
搜索
登录
西乡一中创建省级示范高中专题片
浏览量 6400
0
255
首页
学在汉中
汉中优课
赛事直播
搜索
登录
学前
小学
初中
高中
其他
语文
数学
英语
品德
科学
美术
音乐
人教版小学语文三年级上册
《引用人物话的不同形式》
洋县城西小学 翟宏丽
小学语文《引用人物话的不同形式》
浏览量 31
0
0
淘气的
首页
学在汉中
汉中优课
赛事直播

“学在汉中”手机版

目　录

第一部分　2009—2018年汉中教师荣获全国中小学创新课堂教学大赛一等奖部分课例教学设计

小学语文

小学数学

小学英语

初中数学

小学英语

小学音乐

小学信息技术

小学美术

初中语文

初中数学

初中英语

初中物理

第一部分

2009—2018 年汉中教师荣获全国中小学创新课堂教学大赛一等奖部分课例教学设计

小学语文

赵州桥（人教版三年级）

许雅芝　汉中师范附属小学

【课例简介】

这篇说明性的课文向我们介绍了赵州桥的雄伟、坚固和美观。课文语言准确、简练，又不乏生动。短短的几百字，不但写明了赵州桥的位置、设计者、建造年代，更重要的是，文章首先把赵州桥的外形特点清楚地展现在人们眼前；然后讲这样设计的好处：减轻冲击力，节省石料；并对其设计的美观加以描绘，使人们仿佛身临其境，感受古代劳动人民的智慧和才干。教学时，教师利用白板媒体播放创设情境，同时运用白板笔批注功能让学生直接在白板上结合文字画出赵州桥的这种设计，边画边用自己的语言说出这种设计，突破课文重点，体会这种设计的特点；运用白板直观、灵活、强大的表现力帮助学生理解赵州桥这种设计的好处，通过观看直观视频用自己的话说出这种设计的好处即可突破难点。

【学情分析】

1. 知识基础情况分析

通过正确、流利、有感情地朗读课文，引导学生通过关键词句体会赵州桥的建造特点。 通过图文结合，理解赵州桥设计的好处。感受古代劳动人民的智慧和才干。

2. 媒体使用情况分析

应用了 SMART 白板备课软件。翻板、聚光灯、遮屏、无限克隆、拖动、放大缩小、圈点批注等功能，让媒体游走于黑板与白板之间，充分体现了人机交互。互动意义在白板触摸的技术上发生了质的变化，产生了一种精妙的体验式互动。学生学习兴趣高昂，白板直观地呈现学生学习生成的过程，对于教学重点和难点更是轻而易举地突出、突破。

利用 QQ 视频和截图推送功能，把学生写作的全过程呈现在白板上，对优秀作品及时推送、点评，让作业评价更加有的放矢。

【教学目标分析】

1. 知识与技能

（1）认识 10 个生字，会写 14 个生字。能正确读写“雄伟、坚固、美观”等词语。

（2）正确、流利、有感情地朗读课文。

2. 过程与方法

（1）引导学生通过关键词句体会赵州桥的建造特点。

（2）通过图文结合，理解赵州桥设计的好处。

3. 情感态度与价值观

感受古代劳动人民的智慧和才干。

【教学内容分析】

这篇说明性的课文，向我们介绍了赵州桥的雄伟、坚固和美观。课文语言准确、简练，又不乏生动。短短的几百字，不但写明了赵州桥的位置、设计者、建造年代，更重要的是，文章首先把赵州桥的外形特点清楚地展现在人们眼前；然后讲这样设计的好处：减轻冲击力，节省石料；并对其设计的美观加以描绘，使人们仿佛身临其境，感受古代劳动人民的智慧和才干。

【教学重难点分析】

1. 教学重点

了解赵州桥的建造特点，体会作者的表达方法。

2. 教学难点

了解赵州桥设计上的特点及好处。

【教学策略分析】

教学时，可用情境教学法突破重点——利用白板媒体播放创设情境，同时运用白板笔批注功能让学生直接在白板上结合文字画出赵州桥的这种设计，边画边用自己的语言说出这种设计，突破课文重点，体会这种设计的特点；运用白板直观、灵活、强大的表现力帮助学生理解赵州桥这种设计的好处，通过观看直观视频用自己的话说出这种设计的好处即可突破难点。

【媒体环境下的应用分析】

新技术具有直观生动、视觉冲击力强的特点，容易激发学生的兴趣和引起学生的注意，将课时内容的重点难点以更加清晰和直观的方式呈现出来，帮助重点难点的突破。因此在教学设计重难点环节时，不再传统地由教师牵引，慢慢渗透，那样耗时且效果不明显。借助新技术，在设计重难点环节时，难度降低了，可放手让学生去突破重难点。人机互动的学习效果会更加明显。

恰如其分地运用白板的工具与体验式的触摸互动，提高了课堂效率。

【教学过程】

一、巧借桥，导入新课

（1）世界上千姿百态的桥为我们构成了一道道独特的优美风景：乡下村头，潺潺流水的小石桥；街头闹市，人来人往、川流不息的天桥；车水马龙、耸立空中的立交桥。

师：老师这里有很多中国有名的桥梁，谁愿意上来介绍给大家？

（利用白板隐藏显示活动模板中的翻板功能让学生逐一翻出桥的图片并介绍）南京长江大桥、颐和园玉带桥、十七孔桥、卢沟桥、赵州桥。

（2）师：今天老师就要带着同学们一起去欣赏赵州桥。

（利用白板特殊笔聚光灯功能圈出赵州桥图片）

师生共同板书课题：赵州桥

二、夯实基础，搭建桥梁

（1）自由朗读课文，读准字音，读通句子。

① 用笔勾画出课文是围绕着哪两句话写的。

② 初读课文后想想赵州桥给你留下了怎样的印象？

（2）夯实基础，检查字词的学习。

出示：县 设 参 部 横 跨 举 击 坚 固 栏 案 爪 贵

（开火车，一人一字。）

（利用白板聚光灯的功能，强调易写错的字，“爪”多音字，“参”下面三撇的布局，“案”字在田字格的布局，“贵”的中一竖不出头等。）

（3）生字关过了，老师现在把这些生字送到词语中，你们还会读吗？

出示：

设计 参加 雄伟 全部 横跨 创举 减轻 冲击力 重量 节省

坚固　美观

石栏　栏板　精美　图案　前爪　回首遥望　双龙戏珠　才干　宝贵遗产

（开火车指名读。）

（利用白板翻板模块，随机指读，请一位学生当小老师。）

齐读。

师：课文是围绕哪两句话写的？

师：同学们这些词语中哪个词最能表达赵州桥给你留下的印象？

（重点圈出雄伟、坚固、美观）

三、登上赵州桥感受雄伟、坚固和美观

（1）那么我们就一起走进赵州桥，去领略它的雄伟、坚固和美观。

出示：自由读课文第一自然段，圈出有关赵州桥的基本信息。

赵州桥基本信息：

位置：

名称：

设计者：

朝代：

历史（距今？年）：

（白板出示第一自然段内容，利用白板无限克隆程序，拖动第一自然段中相关内容来完成表格。）

找一位同学上讲台完成。

带着各自的收获，齐读第一自然段。

（2）默读课文二三自然段，用笔勾画出能让你感受到赵州桥雄伟、坚固、美观的句子。

①感受雄伟、坚固。

生：桥长五十多米，有九米多宽，中间行车马，两旁走人。

师：哪些词语能让你感受到它的雄伟？

生：五十多米，九米。

师：你通过这两组数字感受到赵州桥的雄伟，请你用你的朗读读出它的雄伟。

师：作者在写赵州桥雄伟时，运用了列数字的说明方法，让我们感受到它的雄伟。

（出示赵州桥图片，老师利用白板笔功能标注桥的长和宽。）请大家带着各自的体会一起读读这句话，注意读出它的雄伟。

② 生继续交流。

出示：这么长的桥，全部用石头砌成，下面没有桥墩，只有一个拱形的大桥洞，横跨在三十七米多宽的河面上。

生：这句话中我从“横跨”和“三十七米多宽”感受到了赵州桥的雄伟。

师：你很会读书，谁知道“横跨”是什么意思？

生：“横跨”就是横着跨过去。

师：对，就是这样横着跨过去。

（利用白板遮屏的功能慢慢横向拖动赵州桥图片，让学生直观地理解“横跨”的意思。）

师：哪位同学带着自己的体会读读这句话，注意要读出它的雄伟。

生：我从全部用石头砌成，体会到赵州桥非常坚固。

师：带着你的体会读读这句话。

生：我从没有桥墩，只有一个拱形的大桥洞体会到它很雄伟。

师：赵州桥这种独特的造型让你感受到它很雄伟，带着你的体会读读这句话。

（3）赵州桥不仅雄伟，还很坚固，它的坚固还表现在：

出示：据资料记载，赵州桥从建成到现在，共经历了 10 次大的洪水、8 次战争和无数次大大小小的地震，其中，1966 年河北邢台发生的 7.6 级大地震离桥只有 40 千米，但它都安然无恙。

师：读了这段资料，你想说些什么？

学生交流。

师：带着各自的体会，再来读读这句话。

这么长的桥，全部用石头砌成，下面没有桥墩，只有一个拱形的大桥洞，横跨在三十七米多宽的河面上。

（4）赵州桥之所以经历这么多次灾难仍屹立不倒，这完全要归功于它的这种设计，请同学们联系上下文找找，这种设计指的是哪种设计？

出示：大桥洞顶上的左右两边，还各有两个拱形的小桥洞。平时，河水从大桥洞流过，发大水的时候，河水还可以从四个小桥洞流过。

（利用白板图片淡入的功能相机出示，便于学生身临其境地了解这种设计。）

师：谁愿意上来给我们画画赵州桥的这种设计？其他同学在纸上画。

（利用白板拖动功能移走图片，在利用白板笔批注功能在白板上画赵州桥，加深对这种设计的理解。）请画完的同学结合他的图片，用自己的话介绍赵州桥这种设计。

师：正是李春这种独特的设计，才让赵州桥在洨河上 1 400 多年屹立不倒。让我们带着各自的体会再来读读这段话。

（5）李春的这种设计的好处究竟是什么？

出示：这种设计，在建桥史上是一个创举，既减轻了流水对桥身的冲击力，使桥不容易被大水冲毁，又减轻了桥身的重量，节省了石料。

（利用白板播放视频功能，让生更直观地了解这种设计的好处，从而轻松突破难点。）

师：正是因为带来的这些好处，李春的这种设计才被称为是建桥史上的一个创举。什么是创举？

（利用白板注释，拖动功能相机出示"创举"的意思。）

师：在欧洲，最早的敞肩拱桥比中国的赵州桥晚了近 1 100 年。作者在介绍这种设计的好处是用了一组关联词。

（既……又……）谁能用它造个句子。

（6）领略了赵州桥的雄伟和坚固，它的美观又表现在哪呢？课文第几自然段写它的美观？

师：同学们说它的美观主要表现在栏板上雕刻的精美图案，都有哪些图案？谁来说说。

学生交流

（利用白板淡入功能，出示三幅图，及对应的文字描写，让学生利用白板中线的功能进行连线，加深对画面的理解。）

作者用了一个什么样的句式，把这三种形态各异的龙给联系在一起了？

（有的……有的……还有的……）

其实，在赵州桥上还有很多形态各异的龙，你瞧：

（利用白板图片拓展功能出示图片）

写一写：谁能用（有的……有的……还有的……）这个句式来给我们介绍一下这三种形态的龙。（借助 QQ 视频功能，在白板上展示孩子写作时的视频，对写得好的作品进行推送，插入白板中组织学生一起点评。）

四、总结全文，升华主题

师：如此雄伟、坚固、美观的赵州桥出自 1 400 多年前的古人之手，难怪后人会发出这样的赞叹：

出示：赵州桥表现了古代劳动人民的智慧和才干，是我国宝贵的历史遗产。

师：在古代如此落后的修建技术和条件下，赵州桥却能经历数次灾难屹立不倒，并成为建桥史上的一个创举，让我们再次由衷地赞叹：

出示：赵州桥表现了古代劳动人民的智慧和才干，是我国宝贵的历史遗产。

师：透过作者的文字描写，我们对赵州桥有了进一步的认识，但“纸上读来终觉浅”，希望同学们有机会能登上赵州桥，用心触摸那桥上雕刻的图案，用心感受古代劳动人民的智慧和才干。

五、板书设计

19 赵州桥

雄伟　　　　坚固　　　　美观

两只小狮子（人教版一年级）

陆　婷　汉中师范附属小学

【课例简介】

《两只小狮子》是人教版义务教育课程标准实验教科书一年级语文下册的一篇童话故事。文章内容新颖，生动有趣，故事性强，具有普遍的现实教育意义。课文通过一勤一懒两只小狮子的对比，以及狮子妈妈对懒狮子的教育告诉我们：从小应该勤奋学习，学会独立生活的能力。教学中抓住文章中心，将“本领”一词贯穿教学始终，注重挖掘文本的语文要素，培养了学生感受、理解、积累、运用语言的能力。运用交互式电子白板的强大功能，实现了趣学，突破了教学重点；集“传统”与“现代”于一体，将电子白板的强大功能与课文的教学相结合，突出了学生的主体地位，有效地实现了个性、互动的课堂教学模式。

【学情分析】

1. 知识基础情况分析

一年级的孩子初步具备了一定的识字、理解、分析能力，有一定的自主探究学习能力；能用朗读表达自己的感受；但是由于年龄小，所以在词语运用、说话练习上还需要加强。

2. 媒体使用情况分析

受年龄限制，学生能在白板进行简单的操作。

【教学目标分析】

1. 知识与技能

通过复习上节课所学生字，积累识字方法；知道“懒洋洋”“慢吞吞”等词语后跟动词，并能够模仿课文例子仿说词组。

2. 过程与方法

通过复习生字、交流总结识字方法等多种形式来积累字词；通过多种形式，反复诵读，拓展想象等加深对不同角色的理解，领悟文章的内涵，理解狮子妈妈说的话；初步学会有感情朗读疑问句和感叹句。

3. 情感态度与价值观

通过学习，让孩子们爱上童话，喜欢阅读；愿意改正缺点，向勤狮子学习，长大成为“真正的狮子”；学会不依赖父母，从小立志学本领。

【教学内容分析】

《两只小狮子》是义务教育课程标准实验教科书一年级语文下册的一篇童话故事。文章主要讲了两只小狮子的不同生活态度，一只小狮子非常勤奋，每天练习生活的本领；另一只却认为凭着父母的本领和地位就可以生活得很好，于是，整天懒洋洋地晒太阳，什么也不干。通过一勤一懒两只小狮子的对比，教育我们从小应该勤奋学习，学会独立生活的能力，不能一直什么事都靠父母这一道理。现在大多数是独生子女，对于父母给予自己的爱觉得是理所当然的，却不懂得珍惜回报，所以教学本课时，尝试灌输感恩父母的教学思想。本课分两课时完成教学任务，本设计为第二课时。

【教学重难点分析】

1. 教学重点

理解“形声字归类”等识字方法，识记“狮”“洋”等 14 个生字，积累运用词语，有感情地朗读课文。

2. 教学难点

正确规范书写“练”字，理解狮子妈妈说的话，提高说话能力。

【教学策略分析】

运用电子白板的翻版、选择题等模板，以及聚光、放大、无限克隆等功能，改变了枯燥的教学方式，学生趣学课文，突破教学重难点。

【媒体环境下的应用分析】

本课教学主要运用 SMART 白板，运用电子白板图像层叠、双屏等强大功能，加强互动，把学生的读、想、说、写融为一体，提高学生语文学习能力。

【教学过程】

一、复习积累识字方法

（1）猜谜语导入，激发学生学习兴趣。

（2）理解“形声字归类”识字方法。

出示课题后，运用放大、聚光等功能，呈现“狮”。

学生活动：通过观察掌握识字方法。

二、开展游戏巩固识字

（1）给汉字找到正确音节，激发学生参与课堂学习的积极性。

学生活动：运用拖动功能、橡皮擦除功能呈现正确答案。

（2）运用翻板开火车让学生趣记生字。

（3）小老师教读词语。

学生活动：利用图像层叠功能，学生拖动放大镜到狮子身上，显示出词语。学生既发挥了学生的主体性，又巩固了学生字词掌握，突破了教学重点。

三、多层次朗读，学习课文

本环节教学分为三步，通过跟读、自由读、齐读三个层次的朗读，层层深入，有效学习文本。

1. 一读课文，积累运用词语，将语文工具性学习落到实处

（1）播放课文动画朗读，为学生有感情地朗读课文，起到了示范。

学生活动：学生模仿、跟读，并在白板上将描写小狮子动作的词与对应图片连线加深对动词的理解。

（2）动词词组仿说训练。

学生活动：运用拖动功能，将动词拖动到空格中。

（3）灵活运用动词词组。

学生活动：运用选择题模板进行选择操作。

这样由“词——词组——句子”逐层推进的方式，有效帮助学生进行词语积累，突破了教学重点。

2. 二读课文，角色体验

揣摩人物内心，多种形式有感情地分角色朗读课文。

学生活动：双屏功能，运用拖动功能，找准人物对话。

3. 三读课文，说话训练

（1）自主提问，在自读、自问、自悟的过程中理解了“什么是真正的狮子”，突破了教学难点。

（2）说话练习，让学生以“兔子”“猎人”等不同角色，来劝说懒狮子。

学生活动：利用拖动、勾画等功能，理解课文内容，提高说话能力。

四、自主观察，学写生字

出示“练”字，学生自主观察，发现写字方法。教师范写，利用要点显示模板，归纳总结写字方法。

学生活动：自主练习学写生字。

五、拓展思维，好书推荐

布置课后作业，拓展学生思维。由课内延伸到课外，给学生提供了可持续发展空间。

识字四(人教版一年级)

赵冬梅　汉中师范附属小学

【课例简介】

《识字四》是人教版课标实验教材一年级下册第四组的一首充满童趣的儿歌。本单元的主题是关于“夏天的趣事”。教材通过朗朗上口的儿歌形式，介绍了蜻蜓、蚂蚁、蝌蚪、蚯蚓、蝴蝶、蜘蛛等夏天常见的小动物的特点，而其中大多数是昆虫。目的是借助儿歌识字，同时帮助学生更多地了解自然界。通过对本课的阅读学习，可以激发学生对自然界中的生命产生兴趣，并养成善于观察、乐于识字的习惯。

【学情分析】

一年级的学生通过一个多学期的语文学习，已经具备了借助音节认识汉字的能力，且有了一定的识字量，掌握了一定的识字方法，自主识字、自读课文对于大多数学生来讲已经不成问题。他们识字兴趣浓，喜欢读儿歌，尤其对小动物很感兴趣，因此课堂上可以尝试放手让学生自由读书，自学生字，充分调动学生已有的生活经验，借助白板课件辅助教学，帮助学生认读生字词语，积累和感悟语言，以期达到很好的教学效果。课堂上大部分学生表现欲比较强，思维敏捷，发言积极踊跃，气氛活跃，学习效果较好。

【教学目标分析】

1. 知识与技能

（1）认识“蜻”“蜓”等 14 个字，会写“蚂”“蚁”等 6 个字。

（2）能正确、流利地朗读儿歌，背诵儿歌。

（3）能仿照课文编儿歌。

2. 过程与方法

（1）运用多种方法识字，认识小动物。

（2）入情入境地演读课文，培养学生的观察力、想象力和语言表达能力。

3. 情感态度与价值观

（1）有观察小动物的兴趣。

（2）了解夏天小动物的生活习性，激发学生热爱大自然、热爱生活的情趣。

【教学重难点分析】

1. 教学重点

识字、朗读及背诵儿歌。

2. 教学难点

初步认识形声字。

【教　　法】

情景教学法、演示法。

【学　　法】

朗读感悟法、游戏法、练习法。

【教学准备】

多媒体课件、生字卡片。

【教学过程】

第一课时

一、激趣导入，引入新课

（1）同学们，现在是什么季节？夏天是个美丽的季节，树木长得枝繁叶茂，花儿开得姹紫嫣红，夏天里你最喜欢做什么？还有许多动物朋友在和我们作伴呢？仔细听，这是什么声音？

出示青蛙、蛐蛐、蝉的叫声，学生辨别。（通过辨别动物的叫声激发学生的学习兴趣，将学生的注意力集中到课堂上来。）

（2）这节课，老师就带大家走进美丽的夏天（板书：识字四）齐读。

（3）请大家看，多美的一幅画呀，（出示课件）图上有哪些动物朋友呀？请你们仔细观察，小动物在做什么呢？在生活中你们见过这些小动物吗？在什么地方见过它们？

（通过观察画面，引导学生读词语、练习说话，有助于培养学生的观察能力及语言表达能力。）

二、读儿歌，识生字

过渡：你们真是善于观察的好孩子，有一首儿歌就写了这些小动物有趣的活动，想不想读一读呢？

（1）学生初读。现在请大家读读儿歌，借助拼音读准字音，圈出要求学习的生字。

（让学生带着问题边读边圈画，将注意力集中到课文中来，有利于培养学生良好的学习习惯。）

（2）检查朗读情况，认识三个生字。

① 谁愿意来读一读儿歌？其他同学认真听，他们把字音读准了吗？（开火车读）

②（出示生字）这些字你们认识吗？

教师出示“展、运、网”。

a. 指名读：展　组词（展翅）　蜻蜓半空展翅飞。

（个别读，其他同学跟着读。）

b. 除了展翅的“展”你还能组什么词。

c. 教师：谁能学学小蜻蜓做个展翅飞的动作？ 动作多舒展呀，就像“展”字长长的一撇和一捺一样舒展。

③ 出示“运”。

指名读：运 运食粮 还能组个词吗？ “运”字藏在句子中了，谁来读句子蚂蚁地上运食粮。

④ 出示“网”。

指名读：网，结网，蜘蛛房前结网忙。

指名用“网”字组词，读句子。

（通过不同方式的识字、组词、读句，充分调动学生的学习兴趣，体验到成功的快乐，使学生兴趣盎然地投入到字词的学习之中，为朗读儿歌扫除障碍。）

师：你们见过蜘蛛网吗？谁愿意当小画家到黑板上为我们画张蜘蛛网图。（指名画图）师将“网”字拖到图旁问：“你们发现了什么”？

⑤ 出示“网”字的字理分析图，让学生了解“网”字的演变，知道什么是象形字。

我们的祖先特别聪明，他们根据网的样子创造出一个像图画一样的“网”字，后来又经过许多变化，“网”才慢慢变成现在楷书的样子，这样的字叫象形字。瞧，我们的汉字多神奇呀！

（通过“网”字与蜘蛛网图的比较以及“网”字的演变，不仅让学生了解了“网”字的由来，还形象地理解了什么是象形字，拓展了学生的知识面。）

你还知道什么网？（出示课件 篮网 足球网 电网 渔网 羽毛球网）学生判断。

（利用游戏的形式让学生判断所看到的是什么网，增强了趣味性，符合低年级学生的年龄特点和认知规律。）

（3）你们真聪明，老师现在请你们再读课文，看看课文中写了哪些小动物？从儿歌中找出这些小动物的名字，用横线在书上划出来。

① 检查：你都圈出了哪个词？

（圈出了蜻蜓、蝴蝶、蜘蛛、蚯蚓、蚂蚁、蝌蚪）

（多层次的朗读，勾画，目标明确，使学生养成“不动笔墨不读书”的好习惯。）

② 谁和他划的一样呀？聪明的孩子让我们一起呼唤这些小动物，把它们请出来和我们交朋友吧！学生齐读。

（4）小动物们从儿歌中跑出来了，你们还记得它们的名字吗？如果你读对了，它会出来和你见面哟！

（5）（出示课件）没有了图，你能根据拼音找到相应的词语吗？

（6）瞧，小动物们又躲进了课文中，你还会读吗？（指名读。男女生赛读）

（7）这些词语宝宝还悄悄地藏在我们小朋友的课桌上，聪明的你发现它了吗？我们一起来叫叫它们，看谁能把它们找出来贴在黑板上。（教师示范：如：学生说："蝴蝶蝴蝶在哪里？"手持蝴蝶字卡的同学站起来，举卡片大声说："蝴蝶蝴蝶在这里"并贴在黑板上。）

（8）你们真棒，说说你是怎么记住这些字的，（师指字条）想说哪个字就说哪个字。

（9）打乱顺序读：（识字大擂台）。

你们的办法真是又多又好，光说不练可不行，现在，老师要看看你们的真本领，我们进行一次识字打擂，比比谁读得准，记得牢。

（多种形式的认读，层层推进，趣味性强，符合低年级孩子的年龄特点，既调动了学生学习的积极性，又起到了复习巩固的作用，课堂气氛活跃，效果好。）

三、初步认识形声字。

过渡：啊！同学们可真聪明，已经顺利的闯过了识字大擂台，看，小青蛙来了，它来找它的朋友来了，它的朋友就藏在这些字宝宝中，（课件出示生字）你们能帮它找一找吗？

（1）同学们，快快睁大你的眼睛，注意观察这些字，你发现了什么？学生：都有虫字旁。虫字旁的字根什么有关？你还知道哪些虫字旁的字？那三点水的字和什么有关？木字旁呢？提手旁呢？

（2）你们还发现了什么？

引导发现声旁："蜻"这个字念什么？（遮住虫）现在读什么？

学生：蜻蜓的蜻，右边念青，加上虫子旁还念蜻。

师问：这个"青"字在"蜻蜓"的"蜻"中表示什么？ 学生：表示读音。（评价：你真是聪明的孩子。）

（3）小结：像这样，在一个字当中，一部分表示这个字的意思，一部分表示这个字的读音，这样的字叫——形声字。今天我们学的都是形声字，形旁是"虫"，在汉字中有许多形声字，你还知道哪些形声字？

拓展：汽、泳、柱、枫；扶，抓，把。说说这些字的偏旁跟什么有关？瞧，汉字真奇妙，偏旁表示字的意思，声旁表示字的读音，抓住这个特点可以帮助我们牢牢地记住汉字。

（利用白板中的随机文本生成器，形象直观的出示本课的形声字，激发学生的学习兴趣，鼓励学生观察发现，有效地突破了难点。）

（4）识字游戏，巩固生字。

同学们今天表现的真好，现在，我们一起来做个小游戏，把这些小动物送回家好吗？

（利用游戏复习巩固所学生字，符合低年级学生的年龄特点，充满童趣。）

四、学习课文

（1）今天我们和这么多小动物交了朋友，你最喜欢哪种小动物呀？请你读一读相关的句子，可以边读边加上动作演一演。练好之后，读给同桌听。

（学生找到自己感兴趣的小动物表演读句子，尊重了学生的自我需要，有利于展示个性，形成个性的体验。）

（2）师生合作读。

看你们读得这么好，老师也想参与了，我们一起拍手合作读好吗？

师读：是谁半空展翅飞？蜻蜓哪里展翅飞？蜻蜓半空干什么？生接读。

（3）孩子们，通过刚才的朗读我们知道了儿歌中的句子是按谁在什么地方干什么来写的，掌握了这样的规律谁能快速背下来。指名背诵，集体背诵。

你们发现了吗？这些红色的词语都是——（小动物的名字），绿色的词语告诉我们——（小动物的活动地点），从蓝色的词语中，我们知道了——（小动物在干什么），连起来就是“谁在什么地方干什么。”

五、拓展延伸，仿写儿歌

（1）小动物们在夏天玩得这么快乐，还有好多小动物也赶来凑热闹，瞧，它们来了。（出示图片）认识吗？我们大声叫出它们的名字吧。

（2）你能照着课文的样子来说一句话吗？可以选择老师给的图片，也可以说说自己喜欢的其他小动物，要说清楚谁在什么地方做什么？注意要抓住动物的特点来说。如：白兔地上蹦蹦跳。公鸡房顶喔喔啼。

（从学生实际出发，融入语言文字训练，拓展学生的思维，激发学生的想象，使学生在有效的时间里学到更多知识，提高语文素养，切实把“少教多学”落到了实处。）

六、写字指导

今天，我们不仅读通了儿歌，还认识了不说生字朋友，感受到了汉字的奇妙。现在让我们来写两个字。

（1）先观察“蚂蚁”两个字，发现了什么？（虫做偏旁时，身体变得细又长）

（2）老师范写，边写边讲解。

（3）学生书写。

① 提醒正确坐姿：头正、身直、臂开、足安

② 正确坐姿十秒：静下心来才能把字写好。

③ 生练写，师巡视，及时点拨。

④ 评价。

（低年级写字教学是重中之重，必须扎实地做好，把基础打牢。）

七、教师总结

今天我们不但认识了许多形声字，还结交了许多动物朋友。其实，生活就是一个大课堂，只要你做个有心人，一定会从生活中获得更多知识。课后，我们可以把自己创作的句子在儿歌后面写下来，这首儿歌的内容就更丰富了。我们还可以观察这些小动物，或者搜集一些你喜欢的小动物的材料，来丰富我们的知识。

八、板书设计

识字　四

蜻蜓　　蝴蝶　　蚯蚓

蚂蚁　　蝌蚪　　蜘蛛

鸟的天堂（人教版四年级）

袁晓明　汉中师范附属小学

【课例简介】

《鸟的天堂》一课教学，巧妙运用电子白板的屏幕放大器功能、克隆功能等功能，突破了教学重难点，使学生在饶有趣味的情境下理解了课文，体会到了大榕树的大、茂盛，鸟的多、欢快，激发了学生的学习兴趣，增加了学生课堂参与的机会，提高了课堂教学的效率，教学效果显著。

【学情分析】

四年级的学生已经具备一定的认知能力，他们正处于由形象思维向抽象思维过渡的时期，学生学习时不能一味地使用直观，但在突破教学重难点时，也不能一味抽象，使学生丧失学习的兴趣和信心。因此，突破重难点时，可凭借白板的交互性、直观性及强大功能为高效率地完成这篇较长课文提供可能性。对于学生来说，初用白板，它的交互性也为学习增添了不少的乐趣，“兴趣是最好的老师”，有兴趣开路，学生会学得更加顺畅。

【教学目标分析】

1. 知识与技能

（1）引导学生抓重点词体会作者两次去“鸟的天堂”的不同感受。感受南国的美丽风光。

（2）有感情地朗读课文。

2. 过程与方法

领悟作者抓住景物特点进行描写的表达方法。

3. 情感态度与价值观

体会作者热爱大自然的思想感情。

【教学内容分析】

《鸟的天堂》是著名作家巴金先生的作品，选作课文时有改动。作者记叙了他和朋友两次经过“鸟的天堂”的所见所闻，具体描写了傍晚静态的大榕树和第二天早晨群鸟活动的景象。宽阔清澈的河流，充满生机的大榕树，活泼可爱的小鸟，构成了一幅高雅清幽的风景画，展示了一派美丽动人的南国风光，表达了作者对大自然生命力的热爱和赞美。

【教学重难点分析】

1. 教学重点

引导学生想象“鸟的天堂”的美丽景象，体会作者两次去“鸟的天堂”的不同感受。

2. 教学难点

体会描写大榕树特点的语句。

【教学策略分析】

教学时，可用情境教学法突破重点——利用白板媒体播放创设情境，让学生真切感受作者两次经过鸟的天堂看到的不同景致，并通过抓重点词，读思结合，突破课文重点，体会“鸟的天堂”的美丽；运用白板直观、灵活、强大的表现力帮助学生理解描写大榕树特点的重点词即可突破难点。

【媒体环境下的应用分析】

本次教学运用了交互式电子白板的书写功能书写了课题及重点词；运用了（音频、视频、动画）等媒体播放功能再现了作者两次去鸟的天堂的情景，为情境教学提供了必需的平台；用电子白板的拖动功能为学生填表、理解关键词、句提供了便利；用电子白板的放大镜功能，加深了学生对重点词的理解；运用电子白板的抓图、复制粘贴、拖动克隆、板画、图片旋转等功能使有趣的词语理解成为可能；运用电子白板的遮屏功能使背诵积累更富情趣。

【教学过程】

一、复习巩固，导入新课

（一）教学内容

（1）板书课题，进入新课。

（2）检查梳理上节课所学课文脉络。

（二）活动设计

（1）教师播放鸟叫音频文件，拖动飞鸟动画，学生带入课文情境中。

（2）教师出示能体现课文内容脉络的表格，学生回顾上节课所学，在白板上完成表格。

（三）媒体使用及分析（交互式电子白板使用功能）

（1）运用白板播放鸟叫音频，拖动飞鸟动画至直观形象的大榕树图上。并运用电子白板的书写功能板书课题。（在普通黑板和PPT上都很难实现在形象的图片上书写的功能，而这一点在白板的教学中就轻而易举地实现了。动画飞鸟及声音的配合能让学生很快地进入到《鸟的天堂》学习情境中去。）

（2）运用白板的拖动功能让学生选择答案填写，可以高效地回顾课文内容，节约有效的课堂教学时间，增加学生的参与意愿。

二、体会作者第一次到鸟的天堂，看到大榕树高大、茂盛、充满生机的特点

（一）教学内容

学习课文第 7、8 两个自然段。

（二）活动设计

1. 创设情境感受大榕树的特点

（1）教师播放“大榕树”视频，并配以有关课文七 、八自然段内容的解读。学生边听边欣赏有关榕树的视频。

（2）学生自读课文七、八自然段，勾画出描写榕树大及茂盛等特点的语句来。

（3）学生汇报交流大榕树留给自己的印象，并在白板上板书榕树特点。

① 学生汇报学习情况，教师指导学生抓重点词——“不可计数”理解榕树大，枝干多的特点。）

② 体会两个“真”字的不同含义。

两个“真”有什么不同呢？第一个“真”意思是本来的，实际的。第二个“真”指的是确确实实。指导读出惊叹的语气。

③ 理解“一部分树枝垂到水面，从远处看，就像一棵大树卧在水面上”。

教师提问由“卧”字能想到了什么？为什么用“卧”不用“立”？体现了什么？

④ 学生朗读第七节，再次体会大榕树的“大”。

（4）学生交流汇报第 8 段描写大榕树茂盛、富有生命力的句子。

学生汇报描写大榕树“茂盛”的句子。

① 理解“那么多的绿叶，一簇堆在另一簇的上面，不留一点缝隙”。

学生在白板上通过亲手操作展示“一簇堆在一簇上，不留一点痕迹”，感悟大榕树枝叶的茂盛。

② 指导朗读，体悟榕树的茂盛。

（5）学生汇报交流对描写大榕树生命力强的句子的理解：“那翠绿的颜色，明亮地照耀着我们的眼睛，似乎每一片树叶上都有一个新的生命在颤动。”

（6）学生朗读第八节。尝试给第八节的诗一般的文字起一个诗一般的题目。

（三）媒体使用及分析（交互式电子白板使用功能）

（1）利用白板播放大榕树视频，让学生有身临其境的感觉。

（2）学生利用白板的书写功能在逼真生动的大榕树图上板书大榕树的特点。

（3）理解体现大榕树大的词语——“不可计数”：白板出示榕树枝干数目“不可计数”的图片。拖动屏幕放大器，让学生认识气根，并让学生感受即使放大看，榕树的枝干其数目也是不可计数，以从内心深处感受到榕树的“大”。

（4）学生学完“枝上又生根”的文本之后，教师在图文并存的页面上，将文本拖走，剩下一半图一半空白的空间，让学生在右边空白处接续左半部逼真榕树图板画榕树枝上又生根的现象。这种图与文紧密结合，学习理解与展示紧密结合的方法，既给学生逼真的感受，又激发了学生表现展示的热情，从而让文章在学生的心中留下深深的印象。

（5）在区分理解两个“真”的含义时让学生拖动箭头形的注释到正确的位置，以帮助理解，区分含义，实现快乐高效的学习。

（6）教师拖动由屏幕采集来的卧着的大佛像与背景榕树图重合（该卧佛图像刚好与背景大榕树图差不多大小），旋转睡佛像由卧为立，让学生对比理解：一个“卧”字比“立”字更传神地写出了榕树的大。

（7）教师在课前利用白板的抓图功能采集互联网图片上单片的叶子和“一簇”榕树叶，并用复制粘贴功能“造”出几片叶子和很多“簇”榕树叶。

课堂上拖动几片叶子叠在一起，问学生这是不是一簇叶子，然后再拖出一簇榕树叶与之形成对比，告诉学生，簇是用来形容聚成团的东西。从而让学生在脑海中对“簇”这个数量词留下深深的印象。

接着让学生拖动一簇簇的榕树叶，将事先画好的还缺一部分树冠的榕树添补完整，以展示“一簇堆在另一簇上，不留一点痕迹”。在操作的过程中特别提醒学生注意展示“不留一点痕迹”，从而将榕树的茂盛深入学生的心里。

（8）运用白板播放榕树叶片闪闪的视频，帮助学生在质疑后解疑。激发学生大胆想象，开放思维，锻炼学生的语言表达能力。

（9）在诗意字段前，用板书功能书写学生所提诗的题目。

三、体会作者第二次到鸟的天堂，感受到“鸟多、鸟快活”的特点

（一）教学内容

（1）学习课文 12、13 两个自然段。理解鸟儿多、快活的特点。

（2）理解：“到处是鸟声，到处是鸟影。大的、小的、花的、黑的，有的站在树枝上叫，有的飞起来，有的在扑翅膀。”

（二）活动设计

（1）播放 “群鸟纷飞”的动画，教师同步范读课文，学生拍手与文中内容相和，使学生积极、主动、形象地感受这部分的动态美的描写。

（2）学生汇报交流鸟儿留给自己的印象，并在白板上板书鸟儿的特点。

（3）学生自读课文 12、13 自然段，勾画出描写鸟儿多、快活等特点的语句来。

（4）学生交流汇报汇报描写鸟儿多、快活等特点的语句。教师在白板上勾画出学生汇报的重点词语。

（5）学生联系上下文理解“应接不暇”。

教师播放鸟儿翻飞，令人应接不暇的动画。

（6）学生看动画，想象树上还有什么姿态的鸟，并用“有的……有的……”练习说话。

（7）学生配乐带动作朗读第 12、13 自然段。

（三）媒体使用及分析（交互式电子白板使用功能）

（1）播放“群鸟纷飞”的场面，以此引导学生进入教学情境。

（2）学生在群鸟纷飞的榕树图上运用白板书写功能板写鸟儿的特点。这幅图比学生板写大榕树特点的那幅图多了很多鸟儿，能与前面的学习形成对比，更能给学生留下深刻印象。

（3）教师依据学生的回答运用白板的书写功能，在课文第 12、13 自然段中勾画最能体现鸟多、鸟欢快的词语。在文本上勾画这个功能看起来很简单，却有着黑板及 PPT 不可及的便捷性。

（4）教师播放“应接不暇”的鸟儿翻飞动画，学生联系动画就能形象直观地理解该词。

（5）教师在白板上播放音频，以配合学生快乐的朗读。

四、思维拓展，深化主题

（一）教学内容

（1）读写结合，拓展思维。

（2）呼应课题，深化主题：理解“昨天是我的眼睛骗了我，‘鸟的天堂’的确是鸟的天堂啊!”

（二）活动设计

（1）教师出示小画眉形象，请学生以画眉鸟的语气，用诗、歌、顺口溜或其他形式表达鸟。

（2）学生自由对话。

（3）学生选择自己最喜欢的方式来表达自己学习的感受，汇报交流。

（4）看到这么一棵奇特的榕树，领略到树上鸟儿欢腾的场面，作者又发出了怎样的感叹呢？理解：昨天是我的眼睛骗了我，“鸟的天堂”的确是鸟的天堂啊！

教师追问：从这句话中，你发现了什么？（第一个“鸟的天堂”有引号，而第二个则没有。第一个“鸟的天堂”指的是这棵大榕树，第二个鸟的天堂指的是真真正正鸟的天堂。鸟儿在这里栖息繁衍，过着幸福的生活。）

（5）学生阐述“鸟的天堂”成为鸟的天堂的原因。

（6）用巴金先生的名言深化主题，让学生明白：世界时时充满爱，人间处处是天堂。

我是什么（人教版二年级）

王　红　汉中师范附属小学

【学情分析】

二年级学生通过一年多的语文学习，有了一定的学习基础。他们喜欢阅读，特别是和他们生活贴近的故事，童话更是受他们的欢迎。在阅读的过程中有些同学领悟力很好，还特别爱提问题，个人的表现欲也很强。在他们的带动下，同学们常常是畅所欲言，讨论气氛热烈，对课文的理解很到位，语文学习的效果很好。

【知识基础情况分析】

学生已掌握了一些识字方法，大多数学生识字速度会比较快；有一定的阅读基础，特别是喜欢和他们生活贴近的故事、童话；SMART 电子白板已在教室安装使用，学生操作性良好，课堂互动活动能大大激发学习热情。

【媒体使用情况分析】

（1）初读课文，学习字词环节中用翻版识字、钟表归类、骰子认读，既使零散的生字分门别类得以集中展示，又使枯燥的字词教学变得生动有趣。

（2）精读课文，了解水的变化环节中运用了白板的表格放大展示、图片无线克隆，使学生真切感悟云的变化之美；动画、视频的播放使学生身临其境感受水的变化。这既使教学内容整合紧凑，又能紧密联系生活实际，使学生充分感悟领会教材内容。

（3）品读课文环节中运用了白板的声音和问答器、图片文字翻版功能，使学生在对比分析中做准确评判。

【教学目标分析】

1. 知识与技能

（1）认识 11 个字。会写 8 个字。

（2）正确、流利、有感情地朗读课文，能背诵自己喜欢的部分。

（3）知道云、雨、雹子、雪等自然现象都是水的变化形成的。

2. 过程与方法

（1）抓重点词句理解课文。教学生抓重点词句结合生活实际理解课文内容，并展开丰富的联想和想象。

（2）入情入境演读课文，培养学生的观察力和思维能力。

3. 情感态度与价值观

（1）喜爱阅读，感悟这篇拟人的科学短文朴实而生动的语言中的情趣。

（2）知道水在一定条件下会变成汽、云、雨、雹子和雪；了解水既能给人们带来好处，也能给人们带来灾害。激发学生观察大自然的兴趣，培养观察大自然的能力。树立环保意识。

【教学内容分析】

《我是什么》是一篇优秀的科学短文。课文采用拟人手法，以第一人称的方式，以谜语的形式，生动形象地展示了水在不同的条件下，会呈现出的不同状态以及水与人类生活的关系。文中始终不点明“我”就是水，而是通过水的形态变化和与人类生活的关系的描写，让读者去猜。文中语言有时如同一幅幅色彩鲜明的图画，有时如同一个个动态变化的场景。在作家笔下，“水”就是魔术师，“水”就是调皮的娃娃，增加了文章的趣味性。

【教学重难点分析】

1. 教学重点

正确、流利地朗读课文，引导学生懂得“我”是指水。

2. 教学难点

通过读文理解，了解自然界中的水的变化及其与人类的关系。

【教学策略分析】

本课例在尊重科学性的前提下，利用 SMART 白板的优势，创建了不同的水的变化、生活、与人类生活的趣味场景，采用情境法、发现法、质疑法、朗读法，使学生能紧密联系生活实际，紧扣课文感受语言、品味语言，感悟科学文艺作品的魅力。

【媒体环境下的应用分析】

SMART 白板各种功能在本课的运用，使课堂的容量得到增加，学生对文本的理解更为透彻。与其他教学媒体相比，互动性更好，使学生的观察、表达、动手操作能力都得到锻炼和提高，课堂充分体现了学生学习的自主性，教学模式发生了根本性的变革，提高了学习效益。

【教学过程】

一、猜谜激趣，揭示课题

（1）请同学们猜个谜语：千条线、万条线，数不清，剪不断，落到田里庄稼绿，落到水里看不见。猜猜这是什么呢？我们曾经学过一篇有关它的课文，叫什么？

（2）小小白花六个瓣，一夜北风飘下来。这又是什么呢？ 咱们还学过一篇课文，叫什么？

（3）今天我们就来学习第 30 课《我是什么》，对它们做更多的了解。（强调“么”的读音，读出问话的语气。）

二、检查预习，认读字词

（1）认读生字，文中要求认识的字大家都会读吗？

（2）看谁发现钟面上的字都有一个共同的特点是什么？点击指针随机认读这些汉字。这些字里还有一个是多音字，谁发现了，是什么？

（3）词语宝宝出来了，快和他们打招呼，引导学生利用偏旁表意的特点区别形近字。点击骰子，随机认读其他词语。

（4）这篇课文共有几个自然段？分段读课文。

三、精读课文，了解水的变化

1. 学习课文第一段

看它穿上了白衣服，现在又换上了黑衣服，又把红袍披在身上，好看吗？。

（1）水娃娃的介绍也很美呢！你能把这句话读正确吗？

（2）这三种不同颜色的衣服，你最喜欢云穿上哪种衣服呢？说说理由。

（3）齐读第一段。

2. 学习课文第二段

（1）云在空中飘浮着，碰到冷风又会变，课文第二段就写了这些变化，快找出来读一读。

（2）如果你也变成了雨，你想落到哪里？为什么？

（3）雹子：（出示雹子图）你刚才看见了什么？雹子是怎么下来的？

（4）看雪花飞舞，结合朗读课文，了解到了冬天“我”变成了什么？

（5）创设情境，做连一连的练习。

四、品读课文，了解水的生活

（1）水娃娃多会变啊！请大家闭上眼睛，听老师读第三段，想想水又是怎样生活的？

（2）同学们了解图画内容，结合自身感悟给图画找朋友，说说为什么？

（3）水娃娃的生活真是丰富多彩，让我们一起用朗读课文。

五、理解课文，了解水的脾气

（1）水娃娃有怎样的性格？

（2）谁知道什么是“温和”，什么是“暴躁”？

（3）那么“温和”时会做什么？“暴躁”时呢？把它圈出来。具体都做了什么？用波浪线划出来。

（4）请学生联系生活实际，根据图画内容，说说他们做的是好事还是坏事？

（5）人们对多变的水娃娃又是怎么做的呢？你们知道有些什么好办法可以让它只做好事不做坏事？

六、联系生活，升华主题

（1）小朋友们，你们猜猜，我是什么？

（2）学习最后一段，结合生活实际，看生活中我们见到的水的各种变化

（3）今天的学习，我们了解了，更要珍惜水资源。

习作七（人教版六年级）

魏　姣　汉中市四〇五学校

【课例简介】

这是一篇趣闻，因此把文章写出趣味是重点。设置这么一个图片作文，旨在调动学生的各种感官，去想象/揣摩，把文章的趣字写出来，同时自己也乐于表达。安排这么一篇图片新闻还在于训练学生用含蓄的语言去表达其中的人文意味，使他人能够在读了自己的文章后受到启发。

【学情分析】

1. 知识基础情况分析

小学六年级的学生已经具备一定的思考能力及习作能力，通过之前课文的学习，同学们已经初步掌握了本单元的学习内容及主题，在性格上学生活泼好动，平时在课堂上积极发言、讨论热烈。本次习作的内容是图片作文，旨在调动学生的各种感官，去想象、揣摩，乐于表达。

2. 媒体使用情况分析

在课堂教学中，我根据需要选择了 SMART 交互式电子白板，制作了 Notebook 课件，因其具有各种强大的功能，除了基本的 PPT 常见的图片、文字的呈现方式外，播放音视频、标注、书写、遮屏等功能对激发学生的学习兴趣，吸引学生全身心投入到学习中来起到了较好的引导作用。

【教学目标分析】

1. 知识与技能

根据图片进行合理想象，然后写一个故事，做到内容具体、感情真实。力求表达自己的独特感受和真切体验。

2. 过程与方法

观看图片，表述自己的观点、故事，分组讨论，分角色模拟对话，展开合理的想象。

3. 情感态度与价值观

以生动的事实告诉学生，动物不仅有浓浓的亲情，也有一定的应变能力，进一步激发学生对动物的了解与热爱，深化对单元主题的认识。

【教学内容分析】

“习作七”是人教版六年级上册第七单元的内容，与本单元教学主题“人与动物”密切相关。“习作七”是一篇想象作文，要求学生根据教材呈现的图片报道，进行合理想象，然后写一个故事，做到内容具体、感情真实，加深对动物的认识，做到爱护动物，与动物和谐相处。

【教学重难点分析】

1. 教学重点

体会动物之间的情感。动物不只是有亲情，还有其他我们没有了解的情感。

2. 教学难点

理解人类不应该伤害动物，要爱护动物，要与动物和谐相处。

【教学策略分析】

运用图片和视频的插入，唤起孩子善良的天性，做好写作前感情的铺垫。在想象与分析中感受动物之间浓浓的亲情，由说到写，一气呵成。

【媒体环境下的应用分析】

应用交互式电子白板使老师走出讲台，更亲近学生，也使师生都能远离粉笔尘，先进、环保，注重以人为本。总之，利用电子白板教学，老师教得轻松，学生学得快乐，极大提高了教学效果。

学生通过这样一堂充分运用现代教育技术与课堂教学整合的课程学习，调动了课堂积极性和主动性，同时，也激发了学生的学习兴趣，为今后的现代教育技术融入课堂教学奠定了基础。

【教学过程】

一、回顾课文，谈话导入

（1）引导学生回顾所学课文。

（2）通过交谈引入主题：写与动物有关的作文。

二、情景对比，感情铺陈

（1）课件出示人类残害动物的图片和相关文字材料。

（2）播放一组人与动物和谐相处的画面。

（3）学生阅读及观看后说一说感受。

（4）小结：当前世界各国已经把保护动物当作一项重要的任务来抓，各国都相应的制定了保护动物的法律，成立了野生动物保护组织，可以说保护动物已经深入人心。

三、看图说话，深入想象

（1）师：今天老师给大家带来一幅与动物有关的图片，同学们请看。（课件出示教材插图：鸭妈妈领着自己的一队孩子，摇摇摆摆，不慌不忙地穿过马路。）

（2）师：请大家仔细观察，你从图片中看到了什么，通过图片你还想到了什么？

（3）指交流、汇报。

① 师：在我们印象中，小鸭子一般是生活在……（农场、田野里）即便散步也应该是在田间小路上、小河边，他们怎么会出现在街头？他们有过怎样的经历？这可能是很多同学心中的疑问。现在我们来看一段文字，相信同学们读了这段文字就明白了，也许让你感动的不仅仅是人们没有伤害小鸭子。

② 师：来，谁愿意把这段话朗读给大家听？（指名读）

（课件出示内容：据古巴《起义青年报》9 月 29 日报道，一群憨态可掬的小鸭子正在鸭妈妈的带领下漫步在温哥华街头。突然，几只小鸭失足跌入了路旁的下水道。危急时刻，鸭妈妈沉着冷静，向巡警求助，并带领他们赶到“出事地点”。巡警从下水道中捞出了将要被冲走的小鸭子，目送它们摇摇摆摆地上路了。）

③ 师：哦，原来是这么回事啊！进一步说明。

（课件：《参考消息》是我国发行量最大，主要刊登外电外报和台港澳媒体信息的独一无二的报纸。古巴是北美洲的一个国家。温哥华是加拿大的一座港口城市。）

④ 师：看了这则报道，同学们有什么想说的或是想问的吗？

（学生发言，随机点评）

是啊，天下之大，无奇不有啊！小鸭子跌入下水道，鸭妈妈请来巡警来帮忙，最后成功救出小鸭子，真是有点不可思议啊！乍一看有点像天方夜谭里的故事，但这却是一则真实的报道。（你们说这事儿是真的吗）？真实性是这则报道的基本特点。

⑤ 师：新闻报道这种体裁还决定了这段文字简明扼要，内容不多，倒给我们留下了想象的空间。现在让我们根据图片报道，合理想象，来写一写这个故事。（板书：看报道写故事）

⑥ 师：我们想象的基点就是这则真实的报道。来，我们一起来仔细地读一读，加深对这件事的了解，看看我们可以从哪几个方面展开想象。（学生齐读报道）

⑦ 学生反馈，师根据学生回答板书：（怎样求助?为什么会来到街头？……）

⑧ 师：不错，大家都很会思考。我们可以把同学们想到的几点归纳成这几个问题：（课件出示）

a. 鸭妈妈是怎样向巡警求助的？（求助）

b. 巡警是怎样奋力搭救小鸭子的？（搭救）

c. 小鸭子被救出后，鸭妈妈会有怎样的表现？（过街）

四、畅所欲言，由说到写

（1）师：尽管我们没有亲眼见到报道所叙述的场面，但这并不妨碍我们可以通过丰富而合理的想象来再现15年前这动人的一幕。请同学们在这三大方面中选取自己感兴趣的片段进行具体想象。（统计人数）为了待会儿交流时你的发言更有条理，老师建议你不妨在自我准备时边说边写下几个关键词。

（2）推选学生发言，师生评价。

（提醒要将鸭妈妈和巡警的语言、动作、神态、心理、环境写具体。）

（3）师：有人说细节决定成败，细节决定精彩。写作文也是一样，我们来看一个细节。（课件：鸭妈妈带着剩下的几只小鸭子赶紧跑去找正在街头执勤的巡警。两只小鸭子使劲啄着巡警的脚，鸭妈妈在巡警面前拍打着翅膀，还不停发出“嘎嘎”的尖叫。）谁来读？谁来评？我们也当场来选一个细节写写好吗？

（4）学生写作，交流评议。（师：可不可以想象成童话呢？）（基点是报道，要真实）

五、提炼主题，完成习作

（1）现在我们已经把这个故事说得很生动了，那么我们再回过头来看看画面和文字，看书，想一想：这则报道要表达的是什么？（你感受到了什么？）

（板书：动物间浓浓的亲情，随机应变的能力，以及人类对动物的爱护、和动物和谐相处。）

（2）同学们说的都有道理。那你觉得通过这幅图片，你最能感受到的是哪一点呢？（待会儿在写作中你可以选择你最想表达的感情把这部分内容作详写，也就是说我们要抓住最能表现情感的地方去扩展。）

（3）对了，我们还得确定这次作文的题目。常言道，题目为文之眼，是文章的窗户。一个好题目能吸引人的阅读兴趣，是成功的一半。那么，你想给你的作文拟一个什么样的题目呢？

学生发言。（老师问：你怎么会想到这个题目？）

（4）写作的时候，我们可以从不同的角度来起题目，既可以从事情、人物、地点角度命题，也可以从关键词、主题出发来命题。老师备课的时候也进行了一番思考。（课件出示各类题目）

学生读，师随机问：你看出这些题目分别是从什么角度来命题的吗？

（5）我们再来确定写作的人称和顺序。一般的看图写话，我们都以第三人称的角度来写。这里你觉得还可以用其他人称吗？（还可以把自己想象成其中的巡警，以第一人称的口吻去写，一定会很有趣。）你打算按照怎样的顺序？（事情发展结果置前）

（6）好的，现在我们来对照一下本次习作的要求，相信同学们都能朝这个要求去努力。

① 书面整洁，用词准确，语句通顺。

②想象合乎情理，叙述具体，感情真实。

③ 适当的细节描写（环境心理语言行动神态）

（7）同学们还有什么问题吗？如果没什么问题的话，现在可以动笔写作了。

（8）学生习作，教师巡视指导。

葡萄沟（人教版二年级）

魏　姣　汉中市四〇五学校

【课例简介】

《葡萄沟》是一篇充满浓郁风土人情的游记式文章，课文“以葡萄沟真是个好地方”为主线贯穿全文，主要介绍了新疆葡萄沟的葡萄品种多，颜色鲜，味道甜，产量高，葡萄干非常有名的特点。生动的画面，优美的语言，畅游其间，令人流连忘返。葡萄是孩子们最喜欢的水果之一。“爱屋及乌”的情感迁移会激发孩子们对葡萄沟的向往和热爱之情。在教学中根据低年级学生实际，挖掘情感因素，采用演示、画图、朗读、导游等方式引导学生入情入境，自主赏析，在各种语文活动中提升审美情趣，受到情感熏陶。

【学情分析】

1. 知识基础情况分析

二年级学生感性认识比较强，对图画、视频等直观教学材料特别感兴趣。学完本篇课文，学生字词掌握扎实，朗读到位，对葡萄沟这个地方充满了向往，对新疆人民的热情好客及新疆的风土人情有了一定的认识。

2. 媒体使用情况分析

这堂课运用交互式电子白板多媒体教学，来缩短时空距离，形象地再现情境，使学生不仅理解课文中的重点词语“茂密、凉棚、五光十色、阴房”等等，而且还让学生身临其境，感受了新疆葡萄多、美，此时的朗读不用说是水到渠成了。在教学中，运用电子白板的书写、遮屏、画图等功能突出教学重点，让学生理解“葡萄沟真是个好地方”。

【教学目标分析】

1. 知识与技能

会认 11 个生字，会写 12 个字。正确、流利、有感情地朗读课文，领略葡萄沟的风土人情。

2. 过程与方法

运用多种方法感悟重点词句的意思。

3. 情感态度与价值观

产生对葡萄沟的向往和对维吾尔族人民的喜爱之情。认清葡萄沟是个好地方，增强学生的爱国之情，陶冶情操。

【教学内容分析】

《葡萄沟》是二年级上册第三组的一篇课文，本组课文是围绕爱祖国、爱家乡的专题来组织的。通过这组教材的学习，进一步了解祖国的辽阔、美丽，并激发学生认识家乡的渴望和赞美家乡的感情。本课是一篇充满浓郁风土人情的文章，分两个课时来完成教学任务，本课为第二课时。

【教学重难点分析】

1. 教学重点

学习本课生字新词，有感情地朗读课文。

2. 教学难点

领略葡萄沟的风土人情，感悟“葡萄沟真是个好地方”，产生对葡萄沟的向往和对维吾尔族人民的喜爱之情。

【教学策略分析】

借助多媒体给学生营造一个色彩缤纷、能动能静的教学环境，利用图片、视频等直观形象再现葡萄沟的美景及“葡萄干”的制作过程，使学生在学习课文内容时豁然开朗，事半功倍，取得了较好的效果！

【媒体环境下的应用分析】

本课使用的是鸿合一代交互式电子白板，本节课教学媒体是选用交互式电子白板系统及 PPT 课件。教学作用为：

（1）创设情境，激发学生学习兴趣；

（2）文字声像结合，直观感知教学内容；

（3）创设和谐氛围，搭建师生互动平台；

（4）突出教学重点，帮助理解课文；

（5）补充相关内容，拓宽知识领域。

【教学过程】

第二课时

一、激趣导入

今天老师要带同学们去一个风景优美的地方。（课件播放小汽车从汉中到新疆吐鲁番的动画，激发学生学习兴趣。利用白板放大镜操作让学生了解葡萄沟的地理位置。）

二、回顾导读

（1）师生合作以填空的方式复习第一自然段，了解葡萄沟盛产水果，人们最喜爱葡萄。（学生回顾课文内容，老师根据学生回答用电子笔快速板书在电子白板上，强调出重点词。）

（2）指导学生有感情地朗读第一自然段。

三、理解感悟

1. 学习第二自然段

（1）葡萄沟到了，快看看葡萄种在哪儿？学生读文后，看课件理解山坡、梯田。

（2）赶快登上山坡，咱们去看看这里的葡萄生长的怎么样？学生读课文。（师生合作在白板上画图理解“茂密”），用动作演示理解“一个个凉棚”。

（3）快抬头看，透过这些茂密的枝叶你发现了什么？引读书上的句子看看葡萄沟的葡萄有什么特点。

（4）通过课件让学生明白葡萄颜色的不同，理解“五光十色”等词语，并且通过课件感受葡萄的特点，数量多，颜色多，品种多。

（5）游戏采访，通过课件音乐，师生互动，理解维吾尔族老乡的热情好客。

（6）有感情地朗读第二自然段。

2. 学习第三自然段

（1）看课件，读课文，说说阴房是什么样子的？（利用白板的遮屏功能遮住文字，留下有关图片进行提示。）

（2）找小导游介绍葡萄干是怎么制成的？

（3）观察、品尝葡萄干，谈感受。

四、总结拓展

（1）今天老师带大家参观了葡萄沟，请你把你的感受说一说。

（2）小结：千言万语化作一句话：葡萄沟真是个好地方！

（3）推荐给学生网站，回家后搜集了解更多有关新疆吐鲁番葡萄沟的资料。

五、板书设计

10 葡萄沟

葡萄	五光十色
老乡	热情好客
葡萄干	色鲜味甜

真是个好地方

乞巧（人教版三年级）

朱　婷　汉中市四〇五学校

【课例简介】

《乞巧》是唐代诗人林杰描写民间七夕乞巧盛况的一首想象丰富、流传很广的古诗。诗句浅显易懂，并涉及家喻户晓的神话传说故事，表达了少女们乞取智巧、追求幸福的美好心愿。古诗教学一直是教学中的难点，要怎么样从这短短的四行字中感悟出诗人所蕴含的深意和表达的感情是一个重点。这节课，我觉得我重视知识与能力的迁移，努力实现课内向课外的延伸，拓宽语文的学习空间，这是一种很好的教学取向。“语文课程应致力于学生语文素养的形成和发展。”在教学中，我比较关注学生的切身感受和自我体验，重视过程与方法，充分发挥学生的主体性，在自主、合作、探究的语文实践中学习和运用语文，充分体现了传统“诗教”的熏陶、感染功能，也体现了语文课程“全面提高学生语文素养”的基本理念，教学目标完成，教学效果良好。

【学情分析】

1. 知识基础情况分析

三年级下学期的小学生有了一定的古诗学习经验，可以借助注释对诗歌的整体有模糊认知。但由于古今词义的差异，理解能力的欠缺，他们在诗歌细节理解、深层诗情的领悟上需要教师的帮助和引导。同时由于孩子年龄偏小，课堂还需要活跃的气氛，引起他们的兴趣，寓教于乐。

2. 媒体使用情况分析

SMART 电子白板。

【教学目标分析】

1. 知识与技能

（1）认识生字，并能区分“宵”“霄”“渡”“度”四个汉字。

（2）感知“字形字义相联系区别同音字、形近字”的方法。

（3）能正确、流利、有情感地朗读古诗，背诵古诗。

2. 过程与方法

借助神话故事和想象理解诗歌大意，渗透“利用注释，抓重点词语，通过故事，背景资料袋”等读懂诗句的重要方法。

3. 情感态度与价值观

通过诵读体会诗歌通过对乞巧节盛况的描绘，表达人们追求幸福生活的美好愿望的情感以及诗人丰富的想象。

【教学内容分析】

本课是人教版课程标准实验教材第六册第八组的一篇课文，是围绕本组专题“民间故事和神话故事”而选编的。《乞巧》是唐代诗人林杰描写民间七夕乞巧盛况的名诗，它想象丰富、浅显易懂，涉及家喻户晓的神话传说故事，表达了少女们乞取智巧、追求幸福的美好心愿。

【教学重难点分析】

1. 教学重点

借助诵读、想象理解诗意、诗情，学习古诗学习的基本方法。

2. 教学难点

理解诗歌的含义，了解古诗中的传统文化并对此产生兴趣，体会诗中丰富的想象。

【教学策略分析】

语文教学要求突出学生的主体作用，培养他们的创新思想。以学定教，以教促学。学生能做的，教师不说；学生需要帮助的，教师提供学习支架；学生想不到、不能理解的，教师帮助打开思路，点拨启发。教学中引导学生全程参与，在探究活动中达到自悟自得，充分调动学生的想象，使品读层层递进，让学生和作者的心灵得到碰撞。在教学中主要通过读、思、悟、说、写等形式使学生主动探求知识，进入古诗境界，在体验感悟、入境动情的品味中，感受汉语言的魅力。体现语文课程“全面提高学生语文素养”的基本理念。

【媒体环境下的应用分析】

在课堂教学中，我根据需要选择了 SMART 交互式电子白板，交互式电子白板，具有各种强大的功能，除了基本的标注、书写、放大镜、聚光灯、魔术笔等等外还有很多很好玩的游戏激发学生的学习兴趣，吸引学生全身心投入到学习中来，让学生以前的被动学习为主动学习，更为快乐学习。教学中，教师真正成了教学的组织者、参与者，而学生真正成为了学习的主体，师生互动、生生互动，课堂呈现出另外一种与众不同的风采。电子音频视频播放，效果明显；用电子笔选取不同颜色绘画，色彩亮丽，极大地提高了学生的学习兴趣；电子白板中的聚光灯和放大功能吸引学生注意力，在教学中强调出重点，并及时帮助老师检测学生的学习效果，还有很多其他各式各样的游戏，让学生乐在其中的同时还对当堂课所学的内容记忆犹新。

【教学过程】

一、古诗导入

（1）谈话导入：由以前所学《清明》和《九月九日忆山东兄弟》引出中国的传统节日清明节和重阳节。今天，我们就来学习另外一首与我国的传统节日有关的古诗——林杰的《乞巧》。

（2）解诗题。

① 乞和巧两个字都是三声，当两个三声的字作为词语一起出现时候，第一个三声的字要变为二声，所以题目应该读作乞巧。

② 请大家举起右手跟老师一起写诗题。交流“乞”和“气”的区别。

③ 题目乞巧是什么意思呢？见注释。利用注释，是我们学习诗歌的一个非常重要的好方法。

乞巧节，在每年农历的七月初七，又名七夕节、女儿节、少女节，乞巧节是古人非常喜欢的一个节日，很多文人墨客在乞巧这一天留下了诗句。

④ 作者简介：林杰，唐，小时候非常聪明，六岁就能赋诗，下笔即成章，又精书法棋艺。是一个非常了不起的诗人。

二、初读古诗

（1）林杰笔下的七夕这天，天上人间是怎样的一幅情景呢？请同学们大声自由地读读古诗，注意读准字音，读通诗句。

（2）生个别读。同学们，你们听出来他们是在哪里停顿的吗？

诗和音乐一样也是有节奏的，有节奏的读才能读出诗的韵味！

（3）师示范读（配乐）。学生点评，老师读的好不好，好在哪里？相机展示朗读技巧。

（4）生各种形式读同桌互读。

边读边想象画面，还可以加上动作，读完之后同桌之间进行讨论，不懂的地方做出标记。

三、深入理解与感悟

同学们，这首诗句还藏着一个故事呢，你们发现了吗？从哪儿发现的？

板块一：

（1）讨论交流“霄”和“宵”的区别。

（2）这两个字读音相同，字形相似，的确很容易混淆，那你们有什么好方法来区分它们吗？

你发现了形声字的规律，肖表示它们的读音，知道宝盖头和雨字头代表什么意思吗？

宝盖头很像是屋顶，代表房屋，人们日出而作日落而息，晚上要回到家里睡觉，这个宵就是夜晚的意思，诗中的今宵就是——今晚；雨从哪里来？所以雨字头一般和天空有关，霄就是指天空。

板块二：

（1）人们在七夕的夜晚，情不自禁地凝望着这样的夜空，他们到底在看什么呢？

（2）交流学习“度”和“渡”的区别。

（3）那你知道牛郎织女渡的是哪一条河吗？天河。补充资料，杜甫的《牵牛织女》：牵牛出河西，织女处其东。

（4）银河是那样的波涛汹涌，他们如何相会呀？原来是成千上万的喜鹊为他们搭桥牵线呢，这就是鹊桥。终于相聚了，他们高兴吗？仅仅是牛郎织女高兴吗？看插图。

（5）是呀，在这样一个美丽的夜晚，牛郎织女一家终于团聚了，此情此景，你的心情怎样？请带着你的感受读读这个诗句。

板块三：

（1）那一夜的天空充满神话色彩，牛郎织女在尽情地向对方诉说着相思之苦，而人间的女子又在做什么呢？学生自由读三四句。

谁来读读这两句？要读好这一句，重点在一个“望”字。怎么样的望？

（2）学生质疑，提出问题。师生共同交流讨论。

（3）补充课后资料袋的内容，相机展示各种乞巧方式。

对月穿针是最普遍的乞巧方式。在那一天，上至达官贵人的深宅大院，下至平民百姓的农家小院，不管哪一家的少女，家家都在——乞巧望秋月，穿尽红丝几万条，甚至连皇宫也不例外。据说，每年的七夕节，唐玄宗就命人在宫中搭建百尺高的乞巧楼，让宫中女子登楼乞巧，难怪唐朝诗人崔颢曾这样赞叹“长安城中月如练，家家此夜持针线。”这是怎样的盛况啊！

可见他们追求幸福的愿望是多么的强烈！同学们，带着你们的愿望齐读这首古诗。

（4）可是，这么多美好的愿望要实现，穿一根红丝线够吗？三根五根够吗？一百根一千根够吗？指导朗读。

（5）老师也有很多的愿望，请允许老师带着自己的愿望读读这首古诗。（配乐）

我的愿望就像古代民间的《乞巧歌》所唱的那样——乞手巧，乞容貌；乞心通，乞颜容；乞我爹娘千百岁，乞我姊妹千万年。

你们知道老师的愿望是什么了吗？学生说。

四、情感升华

是啊！这就是我向织女乞求的愿望。你们想不想也向织女乞求些什么呢？请你们也拿出九孔针向织女乞巧吧。（学生对月穿针乞取智巧）

写一写：

你们的愿望那么多，穿的完吗？那就拿出你们的笔和纸，在纸上许下美好的心愿吧！

姑娘，七夕之夜，你要乞求的是——

小伙，七夕之夜，你要乞求的是——

这就是我们每一个人美好的愿望，这就是我们对美好生活的向往。同学们，让我们把这美好的心愿都融进这首诗中，一起再来吟诵（全诗）。

熟读成诵：现在，请同学们闭上眼睛，一起背诵古诗，为家人乞巧吧。

五、回归全诗，意境提升

（1）（配乐）和着这优美的音乐，让我们一起走进时光隧道回到千年以前的唐朝。一年一度的七夕终于到了，夜色好美呀，诗人和人们一起仰望这浩瀚无际的青天，禁不住吟出——七夕今宵是碧霄；今天的日子有什么特别吗。哦，原来是分隔了整整一年的牛郎织女相聚的日子，善良的喜鹊也来为他们塔桥成全他们的相会了，这正是——牵牛织女渡河桥；他们的故事感动了无数人，织女的一双巧手更是令少女们羡慕不已，于是所有的少女都在这一天对月乞求，这便是——家家乞巧望秋月。是啊，可织女离他们太远了，听不见她们的说话，少女们只能把这么美好的愿望寄托在穿针引线之中，于是才要——穿尽红丝几万条 。

（2）歌曲欣赏：

此时此刻，我特别想送给大家一首歌曲，歌曲的名字叫《乞巧》，演唱庞岩，我们一起来聆听，一起来欣赏！

（过门旁白词）勤劳的牛郎、心灵手巧的织女、热心的喜鹊、美丽的神话故事以及姑娘们乞取智巧、追求幸福的美好愿望深深打动了我们的心。再过不久就又到了一年一度的七夕节，相信在那一天我定会拿起那九孔针对月穿针，乞求织女也赐予我一双她那样的巧手。

结束语：我觉得心灵手巧是对一个女子最高的赞扬！希望大家能够拥有一双像织女那样的巧手，祝大家天下有情人终成眷属、一生幸福！

六、作业

课后把牛郎织女的故事讲给家人和朋友听。

小学数学

分桃子（北师大版二年级）

郭　丹　汉中师范附属小学

【课例简介】

“分桃子”是第四单元除法学习的第一课时，是小数目的平均分，通过分桃子的过程使学生感受随意分与平均分的区别，体验平均分的意义，为今后继续认识除法做铺垫。低年级学生思维正处在由形象思维向抽象思维过渡，以具体形象思维为主的阶段。而这些学生活泼好动，已经具备了一定的动手操作能力和“平均分”的生活经验，这节课的设计凸显了电子白板的交互性，许多环节都需要学生参与操作，因此要求学生有一定的电子白板操作能力。通过交互式电子白板的教学，学生能更加直观地对所学知识进行掌握，让学生在实际操作中突破课堂教学的重难点问题，提高了教学效率。电子白板清晰的可视化界面、便捷的操控方法和灵活的交互功能，比以往投影屏幕上只能是“一成不变”的显示内容更适合多样化教学和创造性教学的需要。传统的多媒体课件更多的只是演示功能，课件在演示过程中学生无法参与，因为课件的内容无法更改。而用白板技术制作的“课件”，为师生在教学过程中的互动和参与提供了极大的方便。整个教学过程中，学生可以更改、充实教师原先的“课件”内容，不管是学生对知识的正确理解，还是错误的回答，只要在白板上操作，白板系统会自动储存这些宝贵的资料，从而生成每个教师每堂课的个性化的“课件”，并且成为教师今后授课、总结和反思等促进教师专业发展的资源基础。

【学情分析】

1. 知识基础情况分析

“分桃子”这一课是在学生已经掌握了5以内的乘法的基础上来学习的，让孩子们动手操作（如：分一分、摆一摆、填一填、圈一圈、画一画等），逐步体会什么是“同样多”“一样多”“平均分”。这节课的教学在学生今后学习除法知识过程中，起着至关重要的作用。

2. 媒体使用情况分析

本节课应用了交互式电子白板的遮屏、拖拽、无限克隆、屏幕记录、圈画、批注、遮盖、配对模板、书写功能等，丰富了传统计算机多媒体的工具功能，增加了学生对课程内容的参与性和趣味性，这样的交互教学直观、生动，易于学生对知识的理解和掌握，从而激发学生主动参与教学过程，积极参加教学讨论，并对知识进行大胆的假设和说明，进而促进了学生认知规律的发展。

【教学目标分析】

1. 知识与技能

在具体的情景中，让学生初步体验平均分的过程，体会平均分的含义。

2. 过程与方法

理解平均分的方法，结合实际问题感知平均分的两种可能：全部分完；有剩余。

3. 情感态度与价值观

经历观察、操作等实践活动，在合作与交流的过程中，获得良好的情感体验。

【教学内容分析】

“分桃子”是“分一分与除法”的第一个分一分，是在学生已经初步了解了乘法的意义，学会用 2 ~ 5 的乘法口诀进行乘法运算的基础上进行的。本单元的标题为“分一分与除法”，体现了动手操作与概念思考对于除法意义的重要性。

【教学重难点分析】

1. 教学重点

理解“平均分”的含义，感受平均分的过程。

2. 教学难点

初步体会有余数的“平均分”。

【教学策略分析】

在突出重点、突破难点上，我首先想到的是借助电子白板的强大功能尤其是交互功能，让教师的“教”变的直观、生动、高效，让学生的“学”更加积极主动，凭借电子白板提供的交互功能，使学生在操作中经历学习过程，展现思维创造，在观察、比较、思考、练习以及游戏的活动中，发展学生动手操作能力和思维的灵活性。

【媒体环境下的应用分析】

电子白板技术在传承了百年来教育习惯的同时，弥补了传统多媒体课件“预设有余，生成不足”的缺陷。

（1）例如学生在学习平均分的多种策略时，使用无限克隆和拖拽的功能，一张页面可以多次由师生演示平均分的多种策略，让学生真正感受到“分”的过程。如果我是用 PPT 教学，那就要在课前按照我的思路预设好。而现在我用电子白板教学，可以任意演示各种策略而不分先后顺序，将本节课的学习重点灵活方便的展示出来，这样既是实现学生为中心的有效方法，又能有效提高学生的注意力和理解力，激发他们的学习兴趣，使他们加深了对本环节的印象，从而实现了真正意义上的多媒体教学。

（2）在游戏活动中，通过电子白板的拖拽、遮盖、配对模板功能，让学生在白板上进行互动练习，这种方式不仅调动了学生参与学习的积极性，而且展现了学生思维发展的过程，可以让教师及时捕捉到来自学生的思维信息，并及时进行引导，有效发挥了电子白板的交互功能，充分体现了民主、和谐的教学氛围。

（3）在拓展练习 16 只蜜蜂在采蜜，飞走了一半，还剩几只？这一环节的教学中，借助了白板的屏幕记录、书写功能，学生通过对图片、动画的视觉效果到思维的联想，使抽象的学习内容转化成有形的、可视的、可感知的动感内容。分批呈现资源，不仅有利于学生集中注意力，更有效引导学生思维的发展。

【教学过程】

一、创设情境，激发兴趣

1. 观察情境图，发现图中的数学信息

老师使用屏幕遮盖由上往下出示情境图，学生猜出在小猪家举办宴会，通过引导学生观察情境图，找出图中的数学信息。

（在这一环节的教学中，借助了白板的遮盖、无限克隆、屏幕显示功能，增强学生的好奇心，激发学生的学习兴趣。）

2. 揭示课题：分桃子

出示图画，学生观察得出数学信息：有 2 只猴子，小猪为它们准备了 8 个桃子。那么，我们一起帮助小猪来分桃子吧！（板书课题）

二、实际操作，体会平均分

1. 体验任意分桃子的多种方法

把 8 个桃子任意分给两只猴子，请学生用 8 个小圆片代替桃子分一分。先自己分一分，再同桌讨论分法并在全班汇报，看哪组的分法多。

（本环节通过电子白板的屏幕显示功能，创设学习环境，归纳总结讨论交流的结果，运用白板的批注功能，引起学生注意。）

2. 从任意分引入“平均分”的概念

让学生观察任意分的多种方法，找出能使两只猴子都满意的一种方法。（4 和 4）师在白板上进行重点圈画，介绍“平均分”的概念。

3. 探究“平均分”的不同策略

师演示把 8 个桃子平均分给 2 只猴子的一个一个分的方法，学生观察并探究出其他不同的策略。如：两个两个、三个三个、四个四个分……请学生用 8 个小圆片代替桃子进行平均分，再抽生在白板上演示多种策略。

（在这一环节的教学中，电子白板的交互功能，创造了良好的教与学的模式和方法。借助了白板的拖拽和无限克隆功能，使学生能现场展示“平均分”的不同策略，通过观察他人的操作过程，和自己的方法进行对比，提高自己的学习能力。）

4. 练习“平均分”的方法。

（1）给小猫分小鱼。

（2）给小狗分骨头。

出示 12 条鱼，请学生帮小猪分给 4 只小猫，18 根骨头平均分给 3 只小狗，在白板上圈出“同样多”引导学生理解“同样多”就是“平均分”的意思。圈出“平均分”引导学生理解“平均分”就是“分得同样多”的意思。

请一位同学在白板上演示，其他同学观察他采用了怎样的平均分策略。

（在这一环节的教学中，借助了白板的拖拽、圈画、书写和无限克隆的功能，学生在动手操作和观察的过程中体验不同的平均分策略，这方便、高效的方式，在以前的教学手段中是不能想象的。）

三、结合生活，练一练

（1）完成课本 33 页习题：12 根筷子，可以分成几双。

师引导学生理解一双筷子有 2 根，两根就是一双，也就是说每 2 个圈一个圈。请同学们在书上圈一圈，抽一人在白板上完成。

（2)完成课本 33 页习题：出示 14 支铅笔，2 个文具盒，平均每盒放几支？

请同学们在书上圈一圈，抽一人在白板上完成。师引导学生研究用乘法口诀“二七十四”来解决。

师小结：乘法口诀与平均分有着密切的联系，用乘法口诀进行平均分会非常快速方便。

（在这一环节的教学中，运用了白板的书写、圈画功能，这种及时呈现学生练习和思维的成果的方式，便于教师及时发现问题，及时评价。）

四、游戏活动：判断“平均分”

游戏：（白板操作）。

（1）图文配对：学生判断每幅图是不是平均分的，把相应的答案拖入框中，集体检验。

（2）把不是平均分的图变成是平均分的图。

判断平均分：学生判断每幅图是不是平均分的，用手势表示对错，扎气球揭晓答案，并把不是平均分的图改成平均分的。（师引导学生体现策略的多样性）

（本环节通过电子白板的拖拽、遮盖、配对模板功能，让学生在白板上进行互动练习，这种方式不仅调动了学生参与学习的积极性，而且展现了学生思维发展的过程，可以让教师及时捕捉到来自学生的思维信息，并及时进行引导，有效发挥了电子白板的交互功能，充分体现了民主、和谐的教学氛围。）

五、拓展延伸。

（1）完成课本 33 页习题：有 9 个气球，分给 4 个小朋友，平均每人分到几个？还剩几个？

抽一人在白板上分一分，是引导学生观察还剩的一个气球还能给其中的一个小朋友吗？为什么？如果每人分一个气球行吗？（师介绍有剩余的平均分方法）

（2）完成课本 33 页习题：16 只蜜蜂在采蜜，飞走了一半，还剩几只？

师引导学生理解“一半”的含义，请同学们说说你是怎么想的。

拓展：8 只再飞走一半还剩几只？4 只呢？

（在这一环节的教学中，借助了白板的拖拽、书写、屏幕记录功能，学生通过对图片、动画的视觉效果到思维的联想，使抽象的学习内容转化成有形的、可视的、可感知的动感内容。分批呈现资源，不仅有利于学生集中注意力，更有效引导学生思维的发展。）

六、全课总结

（1）回顾总结。

（2）布置课外作业

搭配中的学问（北师大版三年级）

李玉安　汉中师范附属小学

【课例简介】

“搭配中的学问”一课是北师大版小学三年级下册“数学好玩”的数学综合实践课之一。教材通过“搭配服装”、“营养配餐”和“去动物园的路线”的问题串展开，旨在训练学生有序思维的能力；使学生初步学会解决最简单最基本的排列组合微问题，并且进一步体验解决问题策略的多样化。

【学情分析】

本节课是相对独立的数学综合实践课之一，但是丰富的情境可以激发学生的学习兴趣，三年级学生好奇心强烈、探索欲望强烈、合作探究需求充分；因此本节课具有很大生成成果。

1. 知识基础情况分析

本节课属于数学综合实践课之一，尽管知识点相对独立存在，但是教师恰当引导学生合作探究后学生可以通过猜测、探究、验证、运用等一系列数学活动可以探索出多样化的问题解决策略。

2. 媒体使用情况分析

本节课我主要运用了 SMART 互动电子白板的视频音频播放功能、放大镜功能、魔术笔功能以及图像克隆等主要功能。

【教学目标分析】

1. 知识与技能

通过“搭配服装”、“营养配餐”和“去动物园的路线”，训练学生有序思维的能力。

2. 过程与方法

使学生初步学会解决最简单最基本的排列组合微问题，并且进一步体验解决问题策略的多样化。

3. 情感态度与价值观

培养学生学习数学的兴趣和用数学方法解决问题的意识。

【教学内容分析】

本节课是北师大版小学三年级下册“数学好玩”的数学综合实践课之一。教材通过“搭配服装”“营养配餐”和“去动物园的路线”的问题展开，旨在训练学生有序思维的能力，使学生初步学会解决最简单最基本的排列组合微问题，并且进一步体验解决问题策略的多样化。

【教学重难点分析】

1. 教学重点

联系实际，通过“搭配服装”“营养配餐”和“去动物园的路线”，训练学生有序思维的能力。掌握搭配方法。

2. 教学难点

使学生有序的思考问题，做到既不重复也不遗漏。初步学会解决最简单最基本的排列组合微问题，并且进一步体验解决问题策略的多样化。

【教学策略分析】

教师创造一个完整的情境故事贯穿整个课堂探索环节；以问题为导向的问题驱动教学；通过一系列数学活动重点培养学生猜测、观察、探究、验证、运用的能力。

【媒体环境下的应用分析】

“田忌赛马”的微课视频在本节课的导入环节能快速激发学生学习兴趣和

探究欲望；课程进行中 SMART 软件的放大镜、魔术笔、聚光灯等功能在帮助学生突破学习重难点上起到事半功倍的效果；此外，在探究和验证“搭配中的学问”时情境图片的无限克隆功能和几何直线自由连线功能为本节课的规律生成起到直观简洁、升华内化的效能。

【教学过程】

一、故事导入，激发兴趣

播放田忌赛马的动画故事，激发学生思考：谋士孙膑是如何帮助大将田忌赢得比赛的，你们想探索其中的奥秘吗？让我们一起来学习本课的数学知识。

板书：搭配中的学问

（设计意图：激情导入，引发学生思考，导入新课。）

二、自主探究数学化思维

1. 创设情境，引导学生自主探索

马戏团的小丑逗逗听说咱们三（一）班同学最近学习特别认真，所以他准备来给大家表演节目，你们喜欢吗？但是逗逗出场前，还没有选好帽子和裤子，急的他满头大汗，同学们帮帮他好吗？他有 2 顶帽子和 3 条裤子，可以怎样搭配呢？共有几种搭配方法？这里可有学问啦！

2. 再次揭题

齐读板书：搭配中的学问。

3. 动手操作，探究方法

（1）猜一猜会有多少种搭配方法？

（2）我们用学具摆一摆，试一试。

（3）操作提示。

（4）学生分组合作：白板演示和学具演示同时进行，拿出学具想法试试，教师巡视指导

4. 用图影仪展示学生的搭配方法

（1）一组无序搭配，教师安排无序搭配小组展示，全班同学发表意见。

（2）一组有序搭配。学生选择、鉴赏，觉得那种方法好一些，并说说这种搭配方法的好处（不重复 不遗漏）。

教师梳理方法：有序的搭配，先固定一顶帽子，再搭配裤子，每一顶帽子可以搭配三条裤子，各有三种搭配方法，两顶帽子分别搭配三条裤子，一

共有 6 种搭配方法。或者先固定一条裤子，再搭配两顶帽子，每一条裤子可以搭配两顶帽子，各有两种搭配方法，三条裤子分别搭配两顶帽子，一共有 6 种搭配方法。

5. 教师归纳、板书

帽子数（顶）	裤子数（条）	搭配方法数（种）
2	3	6

（设计意图：通过有些搭配和无序搭配的比较，让学生初步感知有序搭配、有序思考的必要性。）

6. 符号化过程

（1）如果没有实物也没有学具，我们可以怎么记录刚才摆一摆的过程呢？用你喜欢的方式画一画。

（用图形或者字母、符号来代替帽子和裤子，记录刚才搭配的方法。）

（2）学生分组合作、交流、讨论，试着画一画。

（3）汇报、交流。

学生交流自己的想法，教师用图影仪展示出来，予以纠正、肯定。

（4）说说借助图形、符号的方法搭配有什么好处？

（简单、明确，既不重复也不遗漏。）

（5）教师归纳总结：在选择搭配方法时，方法可能很多，但要按一定的顺序进行有序思考，这样才能做到不重复不遗漏，才能数的又快又准。

7. 探寻规律，抽象数学模型

（1）如果没有实物卡片，也不借助图形、符号，有没有其他方法可以得出 6 种搭配方法呢？

解释 6=2×3 的意义

一顶帽子可以搭配三条裤子，有 3 种方法，另一顶帽子与 3 条裤子也有 3 种搭配方法，2 个 3 种就是 6 种。2 指 2 顶帽子，3 指 3 条裤子。

（2）探索规律，讨论，并将结果填入表 1-1 中。

表 1-1

帽子数量（顶）	1	2	2	2	3	3	…
裤子数量（条）	2	2	3	4	3	4	…
搭配方法（种）							

分组交流，选择自己喜欢的方法，探讨搭配方法数量，然后汇报，教师填在表格里。

学生汇报时，要说明自己是用什么方法。

教师提问：帽子数量、裤子数量与搭配方法有什么关系？

帽子数量×裤子数量=搭配方法

（3）小结：用数学计算的方法有条理地解决了生活中的搭配问题，快速、简单、易学。

（设计意图：强调动手操作，不能降低思维强度。让学生用自己喜欢的方法记录摆法，探寻其中蕴含的规律，在经历数学化的过程中，去抚摸数学脉搏，感受数学的魅力，体验成功的喜悦。）

三、应用拓展

1. 午餐搭配

同学们观看完马戏表演，到了午餐时间，看餐厅的午餐多么丰富！但是一种主食只能搭配一个炒菜，一共有几种搭配方法呢？你们愿意帮着逗逗搭配一下吗？

2. 旅游线路

午餐后，同学们带着逗逗从学校出发，途经少年宫，去动物园，有几条路可以走？

3. 回顾田忌赛马

田忌和齐威王各有三种赛马：上等马、中等马、下等马。

你知道孙膑是怎样给田忌出谋划策赢得比赛的吗？敢不敢和孙膑比一比呢？请动手画一画、算一算。

（设计意图：有层次、有梯度，富有现实性、开放性，挑战性的练习内容，把巩固知识和解决问题融为一体，让学生在解决问题中感受、体验到数学知识的价值。）

四、课堂小结

学习了本节课你有什么收获？

（1）有序思考：不重复、不遗漏。

（2）老师寄语：田忌赛马的小故事其实我们遇到困难应该勤于动脑、扬长避短、树立自信。

五、板书

搭配中的学问

有序思考

帽子	裤子	搭配方法
2 顶	3 条	2×3=6 种

搭配的方法=帽子的数量×裤子的数量

课桌有多长（北师大版二年级）

胡丽萍　汉中师范附属小学

【课例简介】

“课桌有多长”是北师大版二年级数学上册第六单元第二课时的内容，主要学习“厘米”的认识，它是学生学习完以不同物品长度作为标准去测量物体后的一节课。“厘米”是学生认识的第一个长度单位，它将为以后学习“米”“分米”等长度单位做准备。本节课是让学生借助测量课桌的长，去体会统一测量工具的必要性，并且在测量中认识“厘米”长度单位，感受 1 厘米有多长，并且能大概估计物体的长度，能够正确使用刻度尺测量较短物体的长度。

【学情分析】

二年级的学生年龄小，虽然对尺子并不陌生，每个学生都见过尺子，但对 1 厘米有多长，怎样用尺子来测量物体的长度，这些知识并不理解和掌握，因此他们对这些未知知识充满好奇和求知欲，这时可以从孩子们已有的知识和经验出发，引导学生认知使学生建立 1 厘米的长度概念，并且学会用刻度尺测量物体的长度。

1. 知识基础情况分析

学生已经会借助一定物品作为标准去测量物体，在生活中已经对尺子有或多或少的认识，知道尺子可用来测量物体的长短。

2. 媒体使用情况分析

教师能在课堂中够熟操作用电子白板和运用多媒体技术。学生能够熟练使用 SMART 书写、拖动、旋转等基本功能。

【教学目标分析】

1. 知识与技能

初步学会用刻度尺测量物体和线的长度（限整厘米），能估计较小物体的长度，会用刻度尺测量物体的长度。

2. 过程与方法

经历用不同的工具测量同一物体长度的过程，体会统一长度单位的必要性。

3. 情感态度与价值观

认识厘米，体会厘米的实际意义。

【教学内容分析】

本节课在测量中，教材安排了丰富的测量活动，如自选工具测量物体的长度、估测物体的长度、实际测量物体的长度是学生体会到统一测量工具的必要性，在这个基础上引导学生认识“厘米”，体会“厘米”的实际意义，形成估测意识，学习测量的技能等。在教学中，教师帮助学生在自主探索和合作交流的过程中掌握数学知识与技能，获得广泛的数学活动经验。

【教学重难点分析】

1. 教学重点

让学生初步建立对 1 厘米的印象。

2. 教学难点

能用刻度尺测量较小的物体长度。

【教学策略分析】

（1）为了使学生认识统一长度单位的必要性，在教学中让学生借助多种物体的标准去测量课桌长，让学生知道测量的结果不同是因为选用的测量工具不同，使学生经历长度单位的统一和形成过程。

（2）教学中设计“看一看”“估一估”“比一比”“量一量”的多种实践活动，帮助学生形成厘米的正确表象，对测量物体的长起必要的铺垫作用。

【媒体环境下的应用分析】

本节课以白板为助手把一节数学动手操作课，以“活动课”的形式呈现的活泼有趣，吸引了孩子的注意。多次同伴合作，师在白板上写、画、拖、标记、淡入、无线克隆，生在白板上写、画、拖的方式实现了师生互动，生生互动。白板使用在本节课中还在于兴趣的激发，让学生在观察中发现、思考、理解、总结，并巩固所学知识。

新媒体和新技术给本次课堂教学带来了新的教学设想：节约课堂时间，实现课堂的“交互性”。孩子们能轻松快乐的掌握所学内容并收到了好的教学效果，就像最后谈感受一样：“这节课学得很开心，同时收获的很多。”孩子体验到成功的乐趣。SMART 软件和课堂教学相结合进行互动教学服务，数学课堂更加高效，精彩！

【教学过程】

一、问题情境，引入课题

师：瞧！孩子们坐得真端正！我们教室的课桌也摆得多整齐呀！那你们想不想知道每天陪伴我们学习的课桌到底有多长呢？

（想）

师：这节课我们就一起来学习“课桌有多长”。

（板书课题——课桌有多长）

二、引导操作，探究新知

1. 估计课桌有多长

（1）师：上节课我们在测量教室的时候想了很多方法！现在测量这一张课桌，你能想到用哪些工具来测量呢？谁愿意为大家分享一下！（出示课桌图片）

生 1：我用铅笔测。

生 2：我用尺子测量。

生 3：我用文具盒来测量

生 4：我用数学书来测量

生 5：我用本子来测量。

生 6：我用手来测量。

师：现在同桌合作确定一种工具来测量你们课桌的长度，并把测量的结果记在心里，好吗？

学生生测量。

生汇报。

师：谁来汇报一下，——你是用什么工具测的？

生 1：我是用数学书测量的。

生 2：我是用本子来测量的。

生 3：我是用文具盒测的。

生 4：我是用手测的。

（师板书学生的汇报。）

（2）师：请孩子们观察这些测量结果，你发现了什么？

生：测量结果不同。

师：那老师有疑惑了，为什么同样的课桌测量的结果不一样呢？

生：测量的工具不同。

师小结：真聪明！只有使用的测量工具相同了，结果才会（相同）。所以统一测量的工具非常重要。

2. 认识厘米尺

（1）观察直尺。

师：你们知道在日常生活中，我们用什么工具来测量物体的长度吗？（尺子）

师：看！这就是我们生活中各种各样的尺子。（有卷尺、米尺、软尺、还和你们文具盒里装的一样的直尺！）

师：现在请同学们拿出你们的尺子，仔细观察，你发现了什么？

生 1：尺子上有数字。（我们把这些数字叫作刻度，师板书：数字（刻度）。还有什么？）

生 3：竖线、（我们把这些长长短短的线叫作刻度线，师板书：刻度线）

生 3：有字母 CM。（板书：cm 厘米）

师：为了便于你们观察的更清楚，老师带来了一把放大的尺子，请同学们收起自己的尺子吧！这把尺子数字是从几开始的？

生：从 0 开始的。

师：0 在这里表示什么？

生：0 表示开始。

师：对！0 表示起点，我们把它叫作刻度 0。我们一般测量的时候从刻度 0 开始。（板书：0 表示起点）

师：尺子上长长短短的线叫作刻度线，观察这些刻度线哪的长，哪的短？

生：每个数字对着的线最长，两个数字中间的线短点，其他的线最短。

师：观察的真仔细！像这样两根短线间的长度，我们把它叫作一小格，两根长线之间的长度是一大格。

师：尺子上的字母 cm 表示厘米，厘米是一个长度单位，国际上统一用 cm 表示。读作厘米，和老师一起读厘米，1 厘米也可以写作 1 cm。（板书：cm 厘米

1 厘米　1 cm）

（2）介绍 1 厘米。

师：在尺子上找出 1 厘米，从刻度 0 到刻度几是 1 厘米?

生：从刻度 0 到刻度 1 是 1 厘米。

师：尺子上还有从哪到哪是 1 厘米。

生 1：刻读 1 到刻度 2 是 1 厘米。

生 2：刻读 3 到刻度 4 是 1 厘米。

生 3：刻读 5 到刻度 6 是 1 厘米。

师：大家说的都很好，尺子上相邻两个数字之间的一大格就是 1 厘米

师：请给你的同桌在你的尺子上指一指 1 厘米。

（3）感知 1 厘米。

师：找到了吗？孩子们看！老师这里有一个小方块，它的厚度刚好就是 1 厘米（拿尺子比画），现在请同学们将你的小方块像老师这样放在两个手指中，然后轻轻地取出小方块。你的拇指和食指之间的长度就是 1 cm。

师：现在知道 1 cm 有多长了吗？闭上眼睛，想一想！睁开眼睛比一比 1 cm 有多长。

师：有的同学所比的长度不是正好 1 厘米，这时，我们可以怎样说？（引导学生用大约形容。）

师：说一说 1 厘米的感觉怎么样？（学生感知 1 厘米很短。）

（4）体会 1 厘米。

师：你能发现生活中的哪些物体的长度、宽度、厚度大约是 1 厘米。

生：手指的宽度、纽扣的宽度、开关的按钮，笔尖的长度。

3. 认识其他的厘米数

（1）从刻度 0 开始的。

师：尺子上从刻度 0 到刻度几是 2 厘米呢?

生：从刻度 0 到刻度 2 是 2 cm。

师：你是怎么知道的?

生：数格子，有两大格就是 2 cm。

师：对，这是 1 大格、2 大格，2 大格就是 2 厘米。

师：那从刻度 0 到刻度几是 3 厘米了?

生：从刻度 0 到刻度 3 是 3 厘米。

师：从刻度 0 到刻度几是 5 厘米了?

生：从刻度 0 到刻度 5 是 5 厘米。

师：说了这么多，你发现了什么？

生：我发现从 0 到几就是几厘米。

师：对！一般从刻度 0 开始到几就是几厘米。

（2）从任意刻度开始的。

师：那这是几厘米（师手指黑板 3 厘米），你是怎么知道的？

生：数格子。（可以）。

师：还有其他方法吗？

生：用 6-3=3 厘米。

师：说得真好！我们可以用后面大的刻度减去小的刻度，得到几就是几厘米。所以 6-3=3 厘米。

师：这是几厘米？为什么？

生：5 厘米，8-3=5 cm。

4. 测量物体的长度

师：认识了测量工具——尺子，我们就要学会使用它，老师这里有一支铅笔，想跟大家一起测量出它的长度。

（1）估一估。

师：在测量之前，请先估一估，这支铅笔有几厘米？（指名回答：我估计大约有……）板书学生的估计。

（2）量一量。

师：你们想不想知道它的准确长度？（想！）那我们就来测量一下（师投影演示）老师演示的时候请同学们仔细观察！

①（首先）将铅笔和尺子放平。

② 铅笔的一端和尺子的（0 刻度对齐）。

③ 看铅笔的另一端对着几刻度，就是几厘米。

师：这支铅笔笔尖对着几？所以他就是（12 厘米）。看来谁估计的最准？估计时，估计的数和实际的数不能相差太远，越接近越好。

师：一般我们测量物体时从 0 刻度开始测量，可是老师也会遇到这种情况，尺子断了（展示一把断尺），或者 0 刻度了不清楚了，这时还有办法测量吗？

师：谁可以来演示（学生演示，一边演示要一边说方法）你怎么知道它是 12 cm 的。

生：用后面的大刻度减前面小刻度就是铅笔的长度。

师小结：真厉害。用后面大刻度减去小刻度得到几就是几厘米。大家会了吗？

三、课堂练习——巩固与运用

这节课我们认识了厘米，学会了使用尺来测量物体的长度！接下来我们来做一个闯关游戏！敢不敢挑战？

1. 第一关：我会评

如图 1-1 所示，有 4 只小熊它们也认识了尺子，想利用尺子来测量铅笔的长度，小熊们想请你们来评一评，谁的测量方法是对的。

图 1-1

师：谁愿意试一试？（指名回答）

生 1：第 1 只小熊的测量方法是错的，物体没有对齐 0 刻度。

生 2：第 2 只小熊的测量方法是对的。

生 3：第 3 只小熊的测量方法是对的，但它的结果错了。

生 4：第 4 只小熊的测量方法是对的，1—6 相差 5 厘米，所以是 5 厘米。（学生边回答，老师边演示课件。）

2. 第二关：我会说

说一说图 1-2 中各是几厘米？

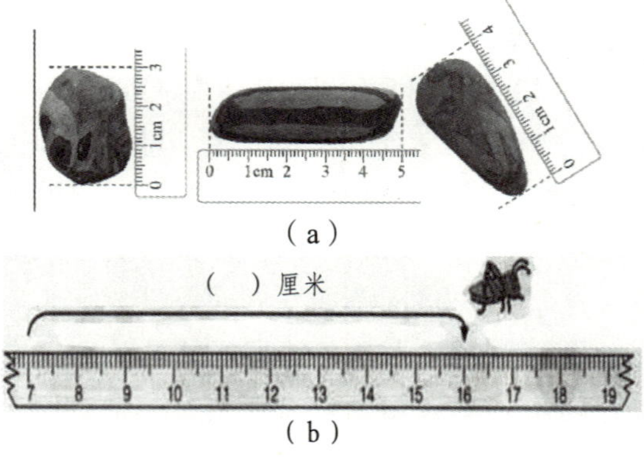

（a）

（b）

图 1-2

3. 第三关：我会量

测量自己课桌长是多少厘米，并将结果填入表 1-2 中。

表 1-2

	估计	测量
数学书的长	（ ）厘米	约（ ）厘米
铅笔的长	（ ）厘米	约（ ）厘米
你食指的宽	（ ）厘米	约（ ）厘米

（由于测量的物体不是正好整厘米数，所以较小的误差也是正确的。）

四、课堂小结

师：这节课你有什么收获。

师：看来这节课大家收获真不少。课后利用今天所学的知识用尺子量一量自己课桌更准确的长度好吗？

五、板书设计

课桌有多长

数字（刻度）　　0 表示起点

刻度线

cm　→　厘米　　1 厘米　　1cm

什么是周长（北师大版三年级）

赵　婷　汉中师范附属小学

【课例简介】

本课是义务教育课程标准试验数学教科书（北师大版）三年级上册第五单元第一节内容。本课在学生认识了三角形、平行四边形、长方形、正方形等平面图形的基础上，学习平面图形的周长。初步感知周长的含义，为后面认识各种图形的周长，以及周长的计算做好铺垫。

【学情分析】

1. 知识基础情况分析

周长是一个比较抽象的基础概念，学生第一次接触，教材通过描一描，认一认，说一说，量一量，数一数等活动帮助学生理解周长，培养学生初步的空间观念、创新精神和实践能力。

2. 媒体使用情况分析

通过白板展示各种不同的物品、图形，生活中见到的各类实景，增加感觉，促进认知。利用白板的多种功能，让学生通过看、指、描、摸、画、比、算等，进一步认识周长，判断图形是否有周长。利用已学知识，知道长方形、正方形边的特点，会比较和计算图形的周长。同时延展知识，对比封闭图形和不封闭图形，判断有没有周长。

【教学目标分析】

1. 知识与技能

结合具体事物与图形，通过观察、认知、分辨、操作等活动，认识周长。能独立测量并计算三角形、长方形、梯形等，及一些不规则特殊图形的周长。

2. 过程与方法

通过观察、比较、发现、迁移，能够自己去发现怎样的图形有周长，怎样的图形没有周长。通过改变或增加图形的部分，使没有周长的图形有周长。会初步比较周长的长短。

3. 情感态度与价值观

培养学生迁移推理能力、概括能力和总结规律的能力。结合具体情境，感知周长和现实生活的密切联系。

【教学内容分析】

本课是义务教育课程标准试验数学教科书（北师大版）三年级上册第五单元第一节内容。本课在学生认识了三角形、平行四边形、长方形、正方形等平面图形的基础上，学习平面图形的周长。初步感知周长的含义，为后面认识各种图形的周长，以及周长的计算做好铺垫。周长是一个比较抽象的基础概念，学生第一次接触，教材通过描一描，认一认，说一说，量一量，数一数等活动帮助学生理解周长，培养学生初步的空间观念、创新精神和实践能力。真正理解周长的概念。

【教学重难点分析】

1. 教学重点

（1）认识周长。会用自己的话描述什么是周长。

（2）测量并计算平面图形的周长。

2. 教学难点

（1）认识到封闭图形才有周长。

（2）周长是图形一周边线长度的总和，和图形面积的大小没有关系。

【教学策略分析】

通过白板展示各种不同的物品、图形，生活中见到的各类实景，增加感觉，促进认知。利用白板的多种功能，让学生通过看、指、描、摸、画、比、算等，进一步认识周长，判断图形是否有周长。利用已学知识，知道长方形、正方形边的特点，会比较和计算图形的周长。同时延展知识，对比封闭图形和不封闭图形，判断有没有周长。本课主要使用了情境教学法和实践操作法，让学生在实践中感知事物的特征，激发学生的求知欲。

【媒体环境下的应用分析】

三年级的学生对白板已经比较熟悉了，有一定的学习基础和自主学习的能力，也掌握了一些基本的学习技能和方法。学生在二年级时学过长方形、正方形、三角形等简单的平面图形，了解这些图形的一些基本特征。认识了角这个特殊的平面图形。在学生已有知识经验的基础上，通过创设生动具体的情境导入新课，激发学习热情，能通过观察，发现它们的不同之处。通过描树叶的边线、摸物体的面的边线，让学生感受、体验周长。通过让学生摸一摸的课桌面和书封面的周长，会解决黑板、硬币的周长，关注学生对测量的体验。学生能用自己的语言表达观点，总结规律。会发现题目中的细微之处，善于自己思考来解决问题。绝大多数学生接受新知识速度较快，他们喜欢表现自己，特别是自己亲自动手去操作，去活动。在他们的带动下，同学们常常是争先恐后，课堂气氛热烈，对周长的理解很到位，能通过观察比较，自己发现总结出封闭图形的含义。并能认识到图形的周长和图形的面积没关系。大家都很喜欢多功能白板的教学方式。

【教学过程】

一、利用情景，引入发现

同学们，现在是什么季节？（秋天）

秋天有哪些显著的特点？（丰收、落叶……）

秋天是一个丰收的季节，收获了果实，飘落了树叶。周末的时候，老师去郊外收集了一些美丽的树叶，我们一起来欣赏一下。这么多树叶美不美啊？

这一片片美丽的树叶里，包含着许多数学知识呢。我们一起来看看，有什么发现？

（用此时此刻的季节，引发学生的思考。为我们马上要引出的树叶做铺垫。生动的情境吸引学生，激发学生愿意去探究，愿意去思考。将学生的注意力集中到课堂学习中来。以此为切入点，贴近学生的生活和认知水平，有利于激发兴趣，活跃思维。）

二、活动探究，获取新知

1. 看一看

有一只小蚂蚁，它发现了一枚叶子，它沿着树叶的一周爬了一圈，我们看看，它是怎样爬的？你看到了什么？

小蚂蚁有所发现，它说："我爬过一周的长度就是树叶的周长。"

有没有我们第一次接触的词？

什么是周长呢？今天，我们一起来学习它。（板书课题：什么是周长）

2. 说一说

师：老师这儿还有一枚漂亮的叶子，我们想一想，它的周长是什么？

我们把这样的线叫作"边线"。生活中除了树叶，还有很多图形都有周长。大家看，这幅图（小鸟）的周长呢？谁来给大家指一指？

你打算从鸟的哪里出发？绕过一周，又回到了出发的地方。

通过对这几个图形的认识，你们认为什么是周长？

3. 描一描

我们已经会找图形的周长了，那能不能描出来呢？看屏幕，这是一片银杏叶和梧桐叶，打开课本，独立完成 44 页"描一描"，描完后同桌互相察看，评评谁描得好。银杏叶片里面的黑线能不能描呢？为什么？

我们描的边线就是这个图形的周长。

（提问后板书：图形一周的长度就是图形的周长。）

4. 摸一摸

不仅图形有周长，我们身边的物体也有周长。课桌面和数学书封面是什么形状？（长方形）长方形有几条边？（4 条边）

摸一摸课桌面一周的边线。课桌面一周的边线就是课桌面的周长。

书封面一周的边线又是哪里呢？数学书一周的边线就是它的周长。

周长就是图形一周边线长度的总合。

5. 找一找

在我们生活中，还有很多常见的周长例子呢？有腰围、相框、花园、车轮……你还能想带什么？

是呀，生活中只要善于发现，总能收获知识。像游泳池、篮球场都有周长，可我写了一个英文字母 U，它有没有周长？它没办法回到出发的地方。

封闭图形才有周长。

（先引导学生观察老师介绍的生活中的物体、物品、实景等的周长。拉近学生对周长的理解和认知。切身体会到身边处处有数学，细心发现都能找到周长。从而进一步让学生来找一找自己身边物品的周长。这样，也为学生自己发现身边物品的周长提供了素材和保障。使学生有话可说，有物可找。贴近数学和生活之间的关联。）

三、联系生活促进应用

很快就要过国庆节了，我想给黑板装饰上花边。可我不知道黑板的周长，要准备多长的花边呢？（把 4 条边加起来，量一量有多长。）花边的长就是黑板的周长。

这枚硬币周长该怎么量呢？和同桌一起说一说。

大家今天帮老师解决了这么多的难题。能不能再挑战一下自己？

（应用活动的目的是要让学生用所学知识灵活处理生活中的问题。学生单从教室的黑板，不易理解怎样装饰，露出图片，用花边围绕黑板一周就可以。结合知识，就是计算黑板的周长。由此过渡到对长方形边的理解和应用。学生能自己尝试解决。圆形是较特殊的图形，不能用直尺直接测量。需要借助其他工具。从而开发学生的思维和能力。）

四、拓展知识，比较周长

老师带来了 2 幅图（见图 1-3），请教你看一看，想一想，比一比，它们的周长一样吗？

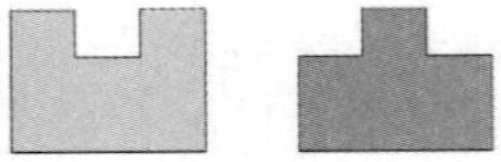

图 1-3

（不同但相似的图形，对学生的思维带来较大的冲击。刚刚接触周长的概念，比较周长大小就是一个难题。）

五、周长和面积不一样

如图 1-4 所示，老师不小心把一块正方形的玻璃打破了。玻璃边长 5 cm，中间的裂纹长 9 cm。现在的“甲”“乙”2 部分，谁的周长要长呢？或者其他结果。

图 1-4

（这一环节的设计目的，是让学生区分周长和面积的概念。学生还未学过面积，容易用直观去比较。但思考正方形边的特点，和中间曲线共用的因素，自己发现，周长比的是边线长度总和。也可以用计算的方法来解决。）

六、图形计算巩固周长

老师带来了 3 幅不同的图形，你能计算它们的周长吗？

独立完成课本第 55 页习题。

七、总结知识，体验感悟

同学们，今天我们共同学习，你的表现怎么样？给自己评价一下！有什么收获？

我们一起来看看今天的活动流程：看一看，说一说，描一描，摸一摸，找一找。

我们在共同的努力下，学到了：封闭图形一周边线长度的总和就是图形的周长。

（学完本课知识，学生能独立的说出什么是周长，怎样的图形有周长，如何计算周长。其中，规则图形和不规则图形，怎样借助其他工具，来测量图形，物品的周长，是对学生能力的培养，对测量意识的巩固。）

认识人民币（北师大版二年级）

赵　婷　汉中师范附属小学

【课例简介】

本课是义务教育课程标准试验数学教科书（北师大版）二年级上册第二单元认识人民币。能结合具体的购物情境，认识人民币，经历购物过程，感受 1 元的实际价值，会进行简单的计算，积累购物经验。能和生活密切联系起来，爱护人民币。

【学情分析】

1. 知识基础情况分析

通过一年多的学习和使用白板，学生对白板已经比较熟悉了。在好奇心和模仿力的驱动下，大部分学生有一定的学习基础和自主学习的能力，也掌握了一些基本的学习技能和方法。学生在生活中知道人民币，了解这些人民币的使用方法。在生活中也经常使用人民币。在学生已有知识经验的基础上，通过创设生动具体的情境导入新课，激发学习热情，能通过观察，发现它们的不同之处。通过自己动手付 1 元钱，让学生感受、体验 1 元钱变化和组合的奥妙。通过让学生自主、合作付钱，培养学生创造力和思维力的训练和提高，关注学生对钱币组合的体验。

2. 媒体使用情况分析

通过白板展示各种不同的情境和组合，生活中见到的各类实景，增加感觉，促进认知。利用白板的多种功能，让学生通过看、指、拖、选、合、拼等，进一步认识人民币的特点，初步认识人民币的组合是如此的强大。

【教学目标分析】

1. 知识与技能

结合具体的购物情境，认识人民币，知道 1 元=10 角，1 角=10 分。

2. 过程与方法

经历购物过程，感受 1 元的实际价值，并会进行简单的计算，积累购物经验。

3. 情感态度与价值观

了解人民币在日常生活中的应用，及与生活的密切联系，感受人民币的实用价值，懂得要爱护与节约人民币。在活动中培养学生探究精神和合作意识。培养学生创新意识。

【教学内容分析】

在学生已有知识经验的基础上，通过创设生动具体的情境导入新课，激发学习热情，能通过观察，发现它们的不同之处。通过自己动手付 1 元钱，让学生感受、体验 1 元钱变化和组合的奥妙。通过让学生自主、合作付钱，培养学生创造力和思维力的训练和提高，关注学生对钱币组合的体验。学生能用自己的语言表达观点，总结钱币组合的规律和一些简单的方法。会发现题目中的细微之处，善于自己思考来解决问题。

【教学重难点分析】

1. 教学重点

（1）创设情境，认识人民币。

（2）通过具体情境，学会付钱、找钱，解决简单购物问题。

2. 教学难点

（1）付钱策略的多样性，体会正确计算应付的钱或应找回的钱，换钱、付钱、找钱等使用人民币，培养学生解决实际问题的能力。

（2）爱护并节约人民币。

（3）认识元、角、分及其相互关系。

【教学策略分析】

新的课程改革提出：在数学知识的学习中要加强与现实生活的联系，培养学生的数学思维和兴趣，使人人学有价值的数学。本节课适当调整了教材的呈现方式，整节课以为灾区的同学捐款引出，从而串成一体。同时，关注了学生的感官接受和心理特征，引导学生通过观看地震的可怕景象，引发对灾区学生的帮助与关爱之情，激发学生的求知欲，关爱心，助人为乐的精神。并且，知道不能乱花钱，从小养成节约的美德。能在他人有危难时伸出援手。从小有关爱之心，感恩之心。

主要体现以下几个特点：

（1）巧设情境，感受人民币与实际生活的紧密联系。

（2）巧设练习，充分展示数学的思维美。

（3）人人参与，发挥小组合作的意识。

（4）在学习活动的过程中，加强对学生的品德教育。

【媒体环境下的应用分析】

（1）通过交互式模板的无限克隆功能，让学生把自己想的方法都能罗列并展示在白板上，便于学生观察、思考。从而认识 1 元=10 角。并类推得出 1 角=10 分。

（2）在体会付钱的多样性中，通过克隆与组合的功能，展示出各种学生能想到的方式。

（3）在认识了人民币后，通过“聚光灯”的功能，发现人民币的特点，观察其共同点，引导学生爱护人民币。

（4）练习题中，通过多样的活动模板，充分调动学生的积极性和参与性，提高解决问题的能力。

通过白板展示各种不同的情境和组合，生活中见到的各类实景，增加感觉，促进认知。利用白板的多种功能，让学生通过看、指、拖、选、合、拼等，进一步认识人民币的特点，初步认识人民币的组合是如此的强大。

【教学过程】

一、观看视频，引出新知

同学们，这是四川的美丽风景。

然而，一场突如其来的大地震，摧毁了那里的城市、楼房、学校、村庄……

全国各界都向四川伸出了援助之手，孩子们也捐出了自己仅有的零花钱。

大家看到他们手里拿的是什么了吗？

（观看视频，激发学生学习下去的欲望。激发学生探索新知识的好奇心和欲望。将学生引入情境，并向学生渗透观察发现的理念，为后面的教学做好铺垫。）

二、自主探究，学习新知

1. 体验交流，引出钱币

课前，老师让大家和爸爸妈妈一起体验了一次购物，谁想来和大家交流一下自己的购物过程。

说一说，买了什么，花了多少钱，并举起来给大家看看。

2. 细心观察，认识钱币

你们是怎么认识 1 元的呢？这两个字“壹元”你们认识吗？

这是人民币的大写汉字，表示“1 元”，“元”是人民币的一个单位。

来看看 1 元的背面，你会辨认吗？

那这些汉字你们认识吗？出示大写汉字“壹贰伍拾”。

结合刚才同学们介绍的方法，你们就会认识更多的人民币，出示贰元、五元、一角、贰角、五角、一分、二分、五分。

“角”和“分”也是人民的单位，“分”现在已经很少用到了。

3. 相同购物，等量代换

两位同学买同一支钢笔，1 支钢笔 1 元钱。

男生：我付 1 张 1 元。

女生：我付 10 张 1 角。

他两谁说的对？你是怎么想的？

4. 对比观察，发现特点

请大家观察人民币，发现了哪些共同特点？

汉字便于我们辨认。

头像有毛主席头像和少数民族头像。

标明了发行单位。

国徽是中国的象征，要爱国，爱护人民币。

怎么做就是爱护人民币？

5. 根据特点，自主分类

你会根据不同的标准把它们分类吗？

对于学生的回答都要做出积极地响应。学生的发言非常精彩。

（分类这一环节，既是对一年级所学的分类的巩固，也是对人民币的更深一层的认识。引导学生能细心观察，找准分类标准。）

三、合作交流，运用新知

声音信息：我想给在灾区的同学送支钢笔，一支钢笔 1 元钱，我该怎样付钱呢？

同桌 2 人交流探讨，动手摆一摆，然后汇报。

大家不论怎样付钱，都是 10 角，或者 1 元，说明 1 元=10 角。1 角=10 分。

（根据学生已有的生活经验，和刚才所学的知识，在帮助他人和支援灾区的情景中，组织学生开展购物活动，激发思考，体验购物策略的多样性。）

四、融入生活，巩固新知

声音信息：用1元钱买1把尺子，应找回多少钱呢？

图片展示购物信息：1把尺子8角。

大家想一想，这个问题怎么解决呢？

组织学生讨论发言。

声音信息：1元正好可以买哪些物品呢？

首先引导学生说一说什么是“刚好”，就是不多也不少。

帮助别人的感觉怎么样？

只有学好知识，才有能力帮助别人。

（在实际生活中，学生偶有参与购物活动的基础与能力，在这里，充分利用原有的生活经验，为学生创设熟悉的情景，使他们体会到这部分内容的实际背景。）

五、熟练运用，提高能力

1. 换币练习

课本习题。引导学生能熟练掌握元与角之间的关系，并能正确的代换。

2. 钱币组合

课本习题与拓展。能正确的把不同面额的人民币进行简单的叠加，知道最终的数量。

3. 填空练习

知道人民币的单位，熟练运用元角的转换。

4. 填数练习

会熟练的转化元与角，角与分，元角转换角，角分转换分等习题的拓展。

（让他们学习并掌握更多的新知识与新方法。在学生动手操作及观察的过程中，培养学生多角度观察事物、多策略解决问题的意识及能力，培养学生思维的灵活性。同时，在交流中，相互倾听，逐渐让学生学会接纳、鉴赏、帮助，并逐步提高学生的认识。）

六、了解历史，小结知识

古代的钱最早有刀币，随着社会发展，有了铜钱，银圆，以及后来的纸币。

新中国成立后，人民币也经历了4次改版，我们现在使用的是第五套人民币。

学了今天的知识，你有什么收获？你打算以后怎样使用零花钱？

（简单了解古代钱币的发展史，大概知道人民币的历史发展与改版。学会爱惜人民币，节约使用人民币。从小养成勤俭节约的美德。）

七巧板（北师大版一年级）

赵　婷　汉中师范附属小学

【课例简介】

本课是义务教育课程标准试验数学教科书（北师大版）一年级下册第四单元动手做二。借助七巧板初步认识平行四边形，进一步熟悉学过的平面图形。引导学生学会用七巧板拼摆各种图形。在操作中感知图形特征，发展学生的动手操作能力、想象力和创造力。

【学情分析】

1. 知识基础情况分析

学生在生活中知道长方形、正方形、三角形等简单的平面图形，了解这些图形的一些基本特征。初步知道尖尖的是角，直直的是线或者边。在学生已有知识经验的基础上，通过创设生动具体的情境导入新课，激发学习热情，能通过观察，发现它们的不同之处。通过自己动手拼正方形、三角形，让学生感受、体验图形变化和组合的奥妙。

2. 媒体使用情况分析

通过白板展示各种不同的图形和图案，生活中见到的各类实景，增加感觉，促进认知。利用白板的多种功能，让学生通过看、指、摸、画、比、拼等，进一步认识七巧板中各个图形的特点，初步认识平行四边形。通过组合和旋转，会组合出一些三角形和正方形。同时延展知识，通过对拼图的进一步理解和认识，能简单的创造一些自己熟悉的、喜欢的图案。

【教学目标分析】

1. 知识与技能

通过用七巧板拼图的活动，进一步熟悉学过的平面图形，初步认识平行四边形。发展空间观念。

通过观察、比较、发现、迁移，能够自己去发现三角形有大有小，有的一样大。通过组合、旋转、替换等方法，能拼出正方形、三角形，甚至是长方形。

在进一步的观察发现中，能利用图形的特点，拼出美丽的图案。

2. 过程与方法

能够有序地进行学具操作，在学习过程中注意倾听，在学习活动中积累对数学的兴趣。学会与伙伴互助合作，培养与同学的交往，合作意识。

3. 情感态度与价值观

培养学生的空间观念及动手操作能力和创作能力。发挥学生的想象力和创造力。培养学生探究精神和合作意识。培养学生创新意识。

【教学内容分析】

通过让学生自主、合作拼图，培养学生创造力和思维力的训练和提高，关注学生对拼图的体验。学生能用自己的语言表达观点，总结拼图的规律和一些简单的方法。会发现题目中的细微之处，善于自己思考来解决问题。绝大多数学生接受新知识速度较快，他们喜欢表现自己，特别是自己亲自动手去操作，去活动。在他们的带动下，同学们常常是争先恐后，课堂气氛热烈，对七巧板的理解很到位，能通过观察比较，自己发现总结出简单拼正方形、三角形的方法。

【教学重难点分析】

1. 教学重点

认识七巧板，学会用七巧板拼图，感悟平面图形特点，培养学习兴趣，发展空间观念。

2. 教学难点

体会七巧板中图形间的特点和联系。创造性地拼图。

【教学策略分析】

在学生已有知识经验的基础上，通过创设生动具体的情境导入新课，激发学习热情，能通过观察，发现它们的不同之处。通过自己动手拼正方形、三角形，让学生感受、体验图形变化和组合的奥妙。通过让学生自主、合作拼图，培养学生创造力，训练和提高思维力，关注学生对拼图的体验。学生能用自己的语言表达观点，总结拼图的规律和一些简单的方法。会发现题目中的细微之处，善于自己思考来解决问题。绝大多数学生接受新知识速度较快，他们喜欢表现自己，特别是自己亲自动手去操作、去活动。在他们的带动下，同学们常常是争先恐后，课堂气氛热烈，对七巧板的理解很到位，能通过观察比较，自己发现总结出简单拼正方形、三角形的方法。并能认识到图形的组合、搭配、调整能变化出不一样的图案。大家都很喜欢多功能白板的教学方式。

已知：学生已经初步认识了正方形、长方形、三角形，并且在日常生活中有较多的经验积累，对这三种图形比较熟悉。部分学生知道平行四边形的名称。许多学生在生活中接触过七巧板，有一点比较浅的认识。

想知：通过课前的访谈我们发现学生想知道七巧板可以拼出什么图案，如何来设计。

能知：学生能够通过对七巧板的分类、整理、比较、拼图等活动中加深对长方形、正方形、三角形和平行四边形的认识，能够通过有趣的拼图发展空间观念和动手能力，激发对数学的兴趣。

难知：学生可能对比较 3、5、7 号图形的大小感到困难。在创造性拼图时，有的孩子可能会遇到困难。

怎知：在本课中安排了有趣的情境导入，通过“认一认”“比一比”“拼一拼”等丰富的动手操作活动，让学生在实践中感知，在动手中领悟，逐渐加深认识，突破难点。并且让先想到办法的孩子去演示给大家看，再让全班同学跟着做一做，以此带动个别理解稍困难的学生。

【媒体环境下的应用分析】

通过白板展示各种不同的图形和图案，生活中见到的各类实景，增加感觉，促进认知。利用白板的多种功能，让学生通过看、指、摸、画、比、拼等，进一步认识七巧板中各个图形的特点，初步认识平行四边形。利用已学知识，通过三角形、正方形、平行四边形的组合和旋转，会组合出一些三角形和正方形。同时延展知识，通过对拼图的进一步理解和认识，能简单的创造一些自己熟悉的，喜欢的图案。

【教学过程】

一、创设情境，激趣导入

谈话：同学们，你们喜欢玩拼图游戏吗？

师：老师也很喜欢玩。来欣赏一下老师的作品吧。（在音乐背景下，白板

课件出示拼成的图形——鹰、房子、大树、轮船、鱼、蜡烛等）

天空中飞来一只雄鹰，俯视着地面上的房子和大树。轮船开过来了，一条小鱼雀跃着……这些拼图漂亮吗？

（激发学生探索新知识的好奇心和欲望。将学生引入情境，并向学生渗透观察发现的理念，为后面的教学做好铺垫。）

二、自主探索，对比观察

1. 数一数

谈话：大家知道，为什么把它叫“七巧板”吗？

我们一起来数数看吧！（边数边标号）

（拖出文本）七巧板中有 7 块板子。

2. 分一分

老师想考考大家，请将这七块板子按不同的形状分分类吧！（点出要求）

快快请出你的七巧板，动手分分看。分好的孩子请举手。（请学生上台，一位在白板上分类，一位在黑板上分类。）

巡视全班学生分类情况。

（问台上学生）你分了几类？你呢？

（问全班学生）你们分了几类？他俩分的对不对呀？

和他俩分的一样的孩子，向老师挥挥手吧。

你们真棒！通过分类，我们知道了七巧板中有 3 种不同的形状。

（板书：有 3 种形状）

孩子们，我们来看看，三角形有几个？

（板书：三角形 5 个）

正方形有几个呢？（板书：正方形 1 个）

这个形状的图形，你们认识吗？

（培养学生的观察、思考、推理、归纳、概括能力。会从别人的发言中汲取新知识。知识由浅入深，学生易于接受。目的就是要引起学生的好奇心，为什么要分类呢？分类后又要做什么？）

三、认识平行四边形

像这样的图形就是平行四边形。（板书：平行四边形）

（单独观察课件中的平行四边形）我们数数看，平行四边形有几条边？有几个角？

平行四边形有 4 条直直的边，4 个尖尖的角，但却不像正方形、长方形那样方方正正。和老师一起念：平行四边形。以后，我们还会详细的学习它。

（引发学生对新知识的思考，并从同学的回答中获取新知识，初步认识平行四边形。）

四、探秘三角形

我们认识了平行四边形这个新朋友，可老朋友三角形不高兴了！走，我们去看看，三角形中还有什么秘密，需要大家共同学习。

（1）请同学们观察桌面上所有的三角形，它们一样大吗？

（2）赶快动手比比看，哪个三角形最大？哪个最小？比出结果的举起来给老师看。

谁想和大家说说你的发现？

生：我发现……我观察……我看出……（引导学生把话说完整）

他发现的对吗？快举起你手中最大的三角形，让老师看看。最大的三角形有几个？

那最小的呢？你说说你的发现吧。

你们发现了吗？举起最小的三角形，让大家都看看。最小的三角形有几个？

大家真善于观察！通过观察、对比，发现 1、2 号最大，4、6 号最小。

（3）通过刚才的观察、比较，大家还发现这些三角形中有什么特点？

生：7 号不大也不小。

生：1、2 号一样大，4、6 号一样大。

（预设）没有发现啊？那老师考考大家，有没有一样大的三角形呢？

你是怎么知道的？

（预设）看出来的，是观察法。数学是一门很严谨的学科，谁能用更好的方法证实给大家看？

重叠法。（学生说，老师在白板上演示怎样重叠，并教会学生怎样使用白板。）

拖出 2 个最大的三角形，按住绿色图标旋转，拖动使图形重叠。我们发现，2 个大三角形是一样大的。

你们发现了吗？快举起 2 个大三角形让老师看看，你是不是学会重叠法了。

难道只有这 2 个三角形一样大吗？还有没有呢？

同样，老师先拖出要比较的 2 个小三角形，按住绿色图标旋转，拖动图形重合。我们发现，2 个小三角形也是一样大的。

对不对？举起你手中 2 个小三角形，让老师看看是不是一样大！

通过大家的共同努力，我们认识了七巧板中图形的各自特点。大家真了不起！

（通过观察、对比、发现，引导学生认识三角形中一些基本的特点。激发学生的求知欲和表现欲。训练学生语言表述的完整性和准确性等能力。培养学生的观察、思考、整理、归纳、概括能力。会从别人的发言中汲取新知识。）

五、动手动脑，开发潜能

上节课我们学习了平面图形，老师想考考你们，会用七巧板拼学过的平面图形吗？敢挑战吗？

1. 拼正方形

准备好了没？我们先来试一试，拼正方形。

听指令！用 2 块板拼一个正方形！拼好的请举起来。

请你给大家说说，用几号和几号，拼出了一个什么图形？（多提问，有 1、2 号，也有 4、6 号）

你们拼出来了吗？

孩子们太棒了！掌声送给自己。

老师告诉大家一个秘密，拼正方形，出了用 2 块板，还能用 3 块、4 块、5 块，甚至 7 块。

请同桌 2 人合作，快动手试一试吧。（巡视，请学生上台拼）

挑战成功的孩子请坐端。我们来欣赏一下同学们拼的正方形。

这个正方形用了几块板子？拼出这样正方形的孩子向老师点点头，你们真棒！

这个正方形用了几块板子？

这个正方形还有谁拼出来了？向老师挥挥手。用了几块板子呢？

孩子们真是太棒了！掌声响起来！

咱们真了不起！把掌声送给他们，也送给我们自己！

2. 拼三角形

谈话：拼正方形有意思吗？还敢挑战吗？下面我们用七巧板拼三角形。看老师要求。

活动要求：

① 4 人小组合作。

② 用七巧板拼不同的三角形。

③ 拼好后举手示意老师。

④ 拼好的七巧板放在桌上，不能再动。

老师也透露给大家一个秘密，拼三角形，可以用 2 块板子，也可以用 3 块、4 块、5 块、6 块、甚至 7 块呢。

老师请一个学习小组上台研究吧。

同学们，快快挑战一下吧。（巡视，发现，请学生上台拼图）

大家竟然有这么多的想法！真是太棒了！

孩子们，我们一起来欣赏一下大家的作品吧。

这个三角形用了几块板子？谁拼出来了？

我们在拼的过程中，用到了“替代”的思想和方法，这是数学里很重要的一种思想。以后，我们还会经常用到。

（完成知识由积累到自己生成的过程。培养孩子观察能力，动手操作能力，迁移推理能力、概括能力和总结规律的能力。也能锻炼提高学生细致、敏锐的观察能力。）

六、发挥想象，创意拼图

谈话：七巧板除了拼咱们学过的平面图形，还可以拼很多有趣的图案呢。

你们看，老师拼的是什么？（树，鱼）你们想不想也来大展身手呢？开动脑筋，把你拼好的图案贴在纸上，我们要在全班展览呢！

哪位孩子想上台来拼呢？（巡视，发现，沟通）

请用一句话介绍自己的拼图作品吧。

（引导学生说清说完整。我用三角形，正方形，拼了一个房子。我用了一个平行四边形，四个三角形拼了一根蜡烛……）

我们一起来欣赏一下，拼的漂亮吗？掌声送给他们！

下面同学的作品美不美呢？举起来也让老师欣赏一下吧。

大家的创意真让老师惊叹不已！我相信，咱们中间坐的一定有未来的设计大师！

（这样的观察、思考、动脑动手、创意拼图训练，既培养孩子思维、理解能力、迁移推理能力、概括能力和总结规律的能力。也培养学生细致、敏锐的观察能力。更重要的是，发现每一个孩子的创新点和创意图案。）

七、联系生活，创新运用

七巧板已经渗透到了我们生活中的方方面面，设计师们根据七巧板的原理，设计出造型独特，美观适用的家具，工艺品，楼房……漂亮吗？

只要用心创造，就能改变生活！

（通过观察，欣赏，体会数学与生活之间的联系。感受生活中数学的应用，欣赏数学的美。）

八、了解来历，认识七巧板

你们知道这些美丽的拼图是用什么拼出来的吗？

孩子们真聪明！

（听录音）七巧板又称智慧板，是我国一种古老的智力游戏玩具。宋朝有个叫黄伯思的人，发明了一种桌子，可以根据吃饭人数的不同，把桌子拼成不同的形状。3 个人吃饭拼成三角形，4 个人吃饭拼成四边形，5 个人吃饭拼成五边形，孩子们想一想，6 个人吃饭呢，拼成什么形状呢？

（边拖图片边问）7 个人吃饭呢？8 个人呢？

大家觉得神奇吗？

后来，这种桌子演变成了巧妙好玩的七巧板。

课堂小结，收获成就

这节课玩得开心吗？和大家说说，你有什么收获？

只要我们用心观察，细心发现，总会有很多收获。

2~5 的乘法口诀整理与复习（北师大版二年级）

赵晓丽　汉中市四〇五学校

【课例简介】

本节课复习乘法的意义、乘法与加法的关系。会用乘法的意义解决问题。熟记 2~5 的乘法口诀，能利用口诀解决简单的数学问题。在教学中通过数学飞行棋的游戏复习乘法与乘法口诀的相关知识，培养学生的动手操作和按规律识记的能力。通过数学飞行棋的游戏进行数学知识的复习使学生体会学习数学的乐趣，激发学习的积极主动性和兴趣。

【学情分析】

本节课我根据二年级学生的活泼、好动的特点，利用交互式电子白板既形象、生动、直观，又重点突出，又能充分发挥学生的作用的特征。利用学生常玩的飞行棋游戏激发了学生的学习兴趣和创新思维，学生不再是固定的思考—举手—回答问题的模式，而是根据自己的思维创造出意想不到的答案，学生们兴趣比以前浓厚了，争先恐后地举手展示自己优秀的一面。其中我展示了大量的游戏操作模板和互动游戏，使本节课变得新颖有趣，效果甚佳。

【媒体使用情况分析】

在教学中我发现电子白板很大程度方便了教师的教学，学生对这一教学平台和软件兴趣很浓。在本次教学中我力求做到电子白板功能利用效果的最大化：整个教学过程我使用了电子白板中的拖放功能、照相功能（放大镜、添加背景和主题、动画渐入）、隐藏功能（屏幕遮盖、垃圾箱、聚光灯）、拉幕功能、涂色功能、匹配功能（关键词配对、分类、链接、图片选择）、即时反馈功能（选择、配对、翻板、魔术笔）等。从学生积极参与的态度来看使用交互式电子白板教学是合理的，高效的。本节课的教学传统黑板的书写功能，教具演示、PPT 的播放功能，变教师主体教授、学生被动接受，为学生主动参与、教师辅助指导。教师和学生平等的交流互动，很好地体现了新课程理念：教师只是学习的组织者、指导者、参与者，达到了教师和学生融为一体的目的。教学不但加强了师生关系，还调动了学生多元化、智能化、积极地参与。课堂内容变得灵动多样，课堂的每一分钟变得饱满、有趣，充满活力，课堂教学因此而生动、形象、高效。

【教学目标分析】

1. 知识与技能

复习乘法的意义、乘法和加法的关系。会用乘法的意义解决问题。熟记 2 ~ 5 的乘法口诀，能利用口诀解决简单的数学问题。

2. 过程与方法

在教学中通过数学飞行棋的游戏复习乘法与乘法口诀的相关知识，培养学生的动手操作和按规律识记的能力。

3. 情感态度与价值观

通过数学飞行棋的游戏进行数学知识的复习使学生体会学习数学的乐趣，激发学习的积极主动性和兴趣。

【教学重难点分析】

1. 教学重点

复习乘法的意义，熟练地利用乘法口诀解决问题。

2. 教学难点

乘法的意义，乘法和加法的关系。熟练地运用乘法口诀。

【教学策略分析】

这节课在教学时，我注重了学生学习兴趣的调动，积极创设各种教学情境。如利用创作笔画图表示乘法的意义，用红花配绿叶、儿歌、小松鼠过河等充分调动学生的兴趣，激发学习积极性。让学生从生活中认识新知，又把所学新知运用于生活中，体现《课标》要求数学知识“源于生活，用于生活”课堂上我充分尊重学生，教师只是适当地引导，当个引路人，而学生是学习的主人，充分动口、动手、动脑，自主探究，合作交流，教师关注学生，及时捕捉各种课堂信息，课堂气氛和谐、平等。

【媒体环境下的应用分析】

在教学中我深深体会到交互式电子白板，在有效展示丰富的多媒体资源的同时，又能够方便灵活地引入多种类型的数字化信息资源，并可对多媒体材料进行灵活地编辑组织、展示和控制。它使得数字化资源的展示更有效率。教学的内容和呈现方式不再实现预设，它根据学生的思维结果拖拽，或者书写出来，这样就能充分调动学生参与学习的积极性。有效课堂不仅仅是让学生在有效的时间内高效地掌握好本节课的知识，更为有意义的是要在课堂上能做到师生积极互动，共同构建好知识体系。交互式电子白板中各式各样的功能如：拖拽功能，匹配功能在这时就能起到不可替代的作用以及受到良好的效果。

【教学过程】

一、游戏互动，引入课题同学们我们今天要一起来学习什么知识呢？

秘密呀就藏在这些彩色的小方格后面，谁愿意帮我们点开小方格看一看？

看来大家都愿意，那我们就来进行小组口算比赛每组口算最快的两名同学来帮我们点开小方格。

（设计意图：分小组口算比赛，获胜两名同学点开遮盖板，逐步显示的过程中引发学生的兴趣。利用隐藏课题引发学生的好奇心，并在小组口算比赛中促进学生乘法口诀的熟练记忆。）

二、互动游戏，整理复习

既然我们要复习乘法和乘法口诀，老师的第一个问题是什么是乘法？

我们学过 2 ~ 5 的乘法口诀一共有几句？

出示 2 ~ 5 的乘法口诀，寻找重复的乘法口诀。

去掉重复的几句，一共有多少句口诀？

今天就利用这 30 句口诀和乘法知识一起来玩一个飞行棋的游戏吧！让我们全班齐努力完成游戏任务顺利到达终点好吗？

出示飞行棋棋盘。

（设计意图：喜爱游戏是孩子的天性，利用飞行棋的方式在玩中学习可以引发学生浓厚的兴趣。）

1. 画一画

利用用星星和笑脸图画出 3×4 的意义。

为什么说你画的是 3×4？

你一共画了多少个星星？

还有其他的画法吗？

那位同学能像刚才几位同学一样画出漂亮的图？

再请几名同学画一画 2×5。

左标注提示：画得真漂亮前进 5 步！

在飞行棋面前进 5 步到达 6。

2. 分一分

观察松果图和桃子图把下面的七个数学式子分一分，看看哪个属于松果图那个属于桃子图？

为什么还剩一个 6 + 3？它表示什么意思？

6×3 可以放在桃子图吗？为什么？

提示：完成任务前进 4 步！

飞行棋前进到 10。

（设计意图：引导学生回忆乘法的意义为复习整理打好基础。）

3. 红花配绿叶

三朵美丽的花没有叶子多难看呀，请大家仔细观察花上的数找一找哪把这些叶子属于那一朵花？

我们来检查一些对不对？

有一朵花有 4 片叶子对吗？

同学们花儿再美丽也需要绿叶的衬托，一个人再强大也需要亲人和朋友的帮助的。让我们团结起来继续前进。

提示：真漂亮！前进 6 步！

到达飞行棋 10。

4. 数青蛙

同学们刚才我们连过三关累了吧，让我们一起休息一下听首儿歌吧！

播放自制数青蛙儿歌微课视频

问：这首儿歌和我们学过的乘法有关系吗？

你能说出 4 只青蛙嘴、眼睛、腿的乘法算式吗？

谁能照样子说出 5 只青蛙嘴、眼睛、腿的乘法算式？

同桌之间说一说。

全班一起吧 4 只和 5 只青蛙的儿歌说一说。

提示：唱得真好听！前进 8 步！到达 24。

全班齐唱儿歌。

（设计意图：通过儿歌复习 2～5 的乘法口诀。并会用乘法算式表示青蛙的嘴、眼睛、腿的乘法关系。采取同桌互唱和全班齐唱的方式既即学习了乘法口诀活跃和气氛。）

5. 小松鼠过河

一只可爱的小松鼠采到了一个大松果，它想到河对岸去和朋友分享，可它不会游泳只能踩着正确的石头过河，同学们仔细观察那块石头和松鼠肚子上的数有关系，找一找。

我们先看第一排石头。

哪一个正确？为什么？

我们再看第二排石头。

哪一个正确？为什么？

第三排石头。哪一个正确？为什么？

第四排石头。哪一个正确？为什么？

任务提示：太棒了！直达终点！

学生观察到达终点的红旗和燃放的烟花获得成功的喜悦。

（设计意图：通过小松鼠过河游戏进一步复习乘法和乘法口诀并会灵活运用。）

三、游戏总结，提出要求

课件出示到达终点红旗图像，全班庆贺胜利。

（学生经历七个数学活动，五个任务练习成功地把数学飞行棋走到终点，获得了极大的成功体验。）

今天我们利用乘法口诀解决了这么多的数学问题，乘法口诀的用处多吗？
我们要不要背好乘法口诀？
让我们最后在齐声背一背我们学过的乘法口诀吧！学生齐背口诀。

四、布置作业

继续熟练 2 ~ 5 的乘法口诀。

五、全课总结

数学既能帮我们解决生活中的问题又好玩，而且乘法口诀这么有用大家一定要进一步熟练的背诵乘法口诀为下一步学习 6、7、8、9 的口诀打好基础。

六、课后反思

复习课的教学对传统教学主要是两只模式：一种是大量的练习题的堆积，另一种是有梯度的闯关练习，无论是哪种形式对学生来说都是被动的练习计算，大部分学生兴趣缺失。本节课我根据二年级学生的年龄特点，利用交互式电子白板既形象、生动、直观，又重点突出，又能充分发挥学生的作用的特征。利用学生常玩的飞行棋游戏激发了学生的学习兴趣和创新思维，学生不再是固定的思考-举手-回答问题，而是根据自己的思维创造出意想不到的答案，学生们兴趣比以前浓厚了，争先恐后地举手展示自己优秀的一面。其中我展示了大量的游戏操作模板和互动游戏，使本节课变得新颖有趣效果甚佳。但本课不足之处在于没有让学生动笔练习，应再合理安排时间让学生完成针对性练习更好地掌握全班同学的复习效果。

小学英语

Numbers（人教 PEP 版三年级）

石若凝　汉中市四〇五学校

【课例简介】

本课选自人教 PEP 版小学英语三年级上册 Unit 6 My birthday，是一节词汇课。引导学生听、说、认读数字 six，seven，eight，nine 和 ten。

【学情分析】

三年级的小朋友活泼好动，对一切新鲜事物都存在着极大的好奇心和求知欲，对新接触的英语的学习有一种莫名地热爱的期望。同时这一时期的孩子们同时又注意力不集中，很容易受外界影响，因此我想尽办法提高学生们的兴趣，让学生们在学中玩，玩中学，达到语言学习的目的。

【知识基础情况分析】

本次我所教授的学生大部分是刚刚接触到英语的初级学习者，英语学习的基础非常薄弱。几乎有一半学生来自农村，而这部分学生上课时几乎不敢发言，怕说错了或者羞于启齿。由于学生的水平悬殊比较大，因此也给授课带来了很大的难度。较好的学生可以在上完课后马上背出所学的课文，能力弱的连当堂课所学的单词都读不出来。好在部分学生通过电视、网络、补习班等其他方式已经学习过一些，因此也可以带动这些同学。

【媒体使用情况分析】

对新媒体新技术从初步了解到熟练操作再到深入挖掘，我觉得与自己对各种应用软件的不断尝试和使用是分不开的。就拿本节课来说，交互式电子白板中的隐藏、配对等等多种强大的功能使一节传统的课堂教学完成了质的飞越。熟练的操作也使我对相关教学及学科软件的功能及特点有了更多的了解和掌握。并能通过多种途径获取更多的数字教育资源，也掌握了更多有效制作和管理教育资源的工具与方法。

【教学目标分析】

1. 知识与技能

（1）能够听说读并且拼写：six，seven，eight，nine 和 ten。

（2）会用 I'm…years old 表达年龄并能在实景情景中应用此句子。

（3）会说 Show me six/seven/eight/nine/ten，并能根据指令做动作。

2. 过程与方法

本节课我通过互动游戏和互动歌曲带领孩子们走进英语课堂，然后通过一系列有趣的活动（单词游戏、chant 表演、拍单词卡片等）引导孩子们自己动手动脑，让孩子们在欢快的气氛中体会英语学习的乐趣。

3. 情感态度与价值观

（1）教会孩子善于发现身边的英语。

（2）引导孩子学会与他人友好交流，合作。

【教学内容分析】

本节课首先以师生共同表演“问候歌”活跃课堂气氛，然后通过复习已经学过的数字 1 ~ 5 引入课题，新课教学中，通过表演、游戏等环节学习数字 6 ~ 10 的认、读、拼写，指导学生自己操作电子白板，来达到强化记忆。最后通过分组练习、表演、唱歌、比赛等方式，巩固十个数字的认识和记忆。在本节课中我搜集了大量图片和可以链接的视频，让学生参与其中，提高学生的学习兴趣，寓教于乐。

【教学重难点分析】

1. 教学重点

听说认读 six，seven，eight，nine 和 ten。

2. 教学难点

I'm six/seven/eight/nine/ten years old 在实际情境中的应用。

【教学过程】

Step 1 Warm-up

（1）Greetings.

（2）Do the actions.

学生活动：学生和老师一起表演“问候歌”。

（设计意图：活跃课堂气氛，建立良好师生关系，为后面的课能够顺利进行打下坚实基础。）

Step 2 Revision/lead in

（1）lead students review the words that they had just learned before: frog, pencil, rice and so on.

（2）Count flowers.

学生活动：学生自己上讲台操作翻板

（设计意图：对前面刚刚学过的单词和数字复习回顾，很自然地将学生带入本节课将要学习的新内容。）

Step 3 Presentation

（1）Teach: six/seven/eight.

（2）Teach: nine and ten.

（3）Let's do.

（4）Teach: six/seven/eight.

（5）teach: nine and ten.

（6）Let's do.

学生活动：① 大声读单词；② 游戏：用枪击老师手中的单词并在老师隐藏单词时迅速趴下；③ 表演 Let's do；④ 学生迅速用双手拍老师手中的卡片并大声说出所拍单词。

（计意图：通过闪卡、拍拍拍、对错读等游戏法教会学生认、读和拼写 six, seven, eight, nine, ten 这五个单词。）

Step 4 Practice

（1）Guess the spelling of the words.

（2）Match the right words with their definitions.

学生活动：学生上讲台自己操作白板。

（设计意图：加强学生对 six 到 ten 这五个单词音和形的记忆，引导学生对其进行拼写识记。）

Step 5 Consolidation and extension

（1）Ask and answer:

—How old are you?

—I'm ____ years old.

（2）Make a new dialogue with the partner.

（3）Do sums.

学生活动：① 同桌两人合作练习对话；ER5 学生上讲台表演所练习的对话；③ 学生上讲台自己操作白板。

（设计意图：学生能够掌握对年龄的提问和回答方式，能将其应用到生活情景中来。）

Step 6 Summing up and homework

（1）Sing the song:《Ten little Indian boys》.

（2）Sum-up.

（3）Try to say telephone numbers to your parents.

用树状图或表格求概率—“配紫色”游戏
（北师大版九年级）

樊广顺　汉中市四〇五学校

【课例简介】

“用树状图或表格求概率—‘配紫色’游戏”这节课用两个可修改其等份和颜色的转盘引入问题，激发学生的兴趣。学生分别用两种方法—树状图和表格求概率来判断游戏是否公平。在学生自学后，播放 SMART 白板附件中的微课，引发学生的认知冲突，随后展开讨论和相互评价，掌握求概率时应注意的问题。在自我检测和反馈中，学生逐渐深入理解求概率的思想方法。最后让学生动手改变转盘的等份和颜色来设计指定概率值的“配紫色”游戏，提高学生的思考和探究能力，从而达成学习目标。

【学情分析】

1. 知识基础情况分析

学生已经学习了不确定事件及其发生可能性的大小，并且掌握了求一些简单事件的概率的知识，前两节课又学习了借助于树状图、列表法计算两步随机实验的概率。通过本节“配紫色”游戏的学习，学生能够掌握对不是等可能性事件的转化处理方法，更熟练求较为复杂事件的概率。

2. SMART 白板使用情况分析

学生在教师的指导下用 SMART 电子白板进行触摸式互动学习，能够熟练将已有的旋转亮片通过修改其等份和其颜色来设计转盘。

教学中教师使用了电子白板的淡入动画、添加背景和主题、隐藏注释按钮、匹配功能（隐藏显示按钮的活动模板）、拖拽功能、插入图片、播放录制的视频等操作增强了视觉感和互动感。

【教学目标分析】

1. 知识与技能

灵活运用画树状图或列表的方法求“配紫色”游戏中的概率，进一步发展学生合作交流意识及反思习惯。

2. 过程与方法

经历画树状图或表格可以清晰地表示出某个事件发生的所有可能出现的结果，较方便地求出某些事件发生的概率.鼓励学生思维的多样性，提高应用所学知识解决问题的能力。

3. 情感态度与价值观

通过课堂的数学活动，培养学生合作交流的能力，理解概率在生活实践中的指导作用，体会概率是一种重要的数学模型，发展应用意识。

【教学内容分析】

本节课是九年级上册第 3 章第 1 节的第 3 课时，前面学生已学过概率与频率的关系；还学习了用树状图或表格求概率。而这节课的配紫色游戏：体会用树状图或表格求概率时必须以等可能性为前提，自己动手设计转盘求概率。为后面的用频率估计复杂事件的概率提供了知识上、思想方法上的指引。

【教学重难点分析】

1. 教学重点

借助于树状图、列表法计算“配紫色”游戏的概率。

2. 教学难点

在利用树状图或者列表法求概率时，各种情况出现可能性不同时的情况处理。

【教学策略分析】

用 SMART 软件快速呈现问题和图片，便于学生交流、展示、思考、理解。对学生理解上的困难可及时讲解。利用 SMART 白板进行互动，比如让学生设计两个转盘求概率，并展示自己的设计作品时，只需要将资料夹中的旋转亮片拖入，再修改转盘中等份和颜色进行设计，节约了大量时间，让整个课堂生动、形象而高效。

【媒体环境下的应用分析】

本课的应用软件为 SMART 白板软件：它自带活动页面和工具模板呈现学习问题。其附件中能插入微课并播放，它有丰富的教学资源，比如旋转亮片，可以修改其等份及颜色来设计转盘，通过师生交互学习，激发学生兴趣，提高学习能力。

【教学过程】

一、知识链接

（1）两人用图 1-5 中的转盘做游戏时，它公平吗？

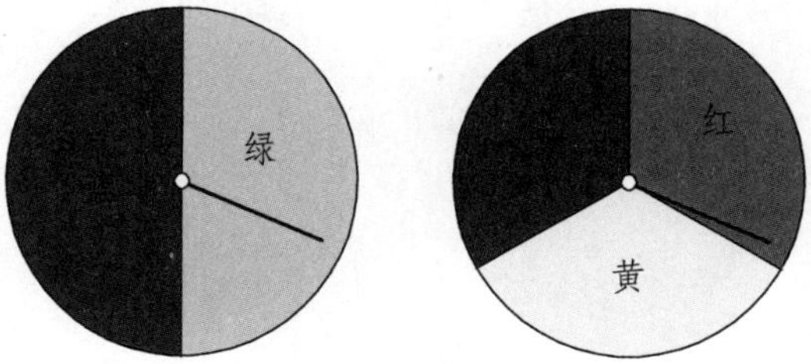

图 1-5

（2）当两个转盘中的红色与蓝色遇到一起时就变为“紫色”。今天我们一起来做“配紫色”游戏中的概率。

学生活动：启发思考回答问题。

二、揭示课题，呈现学习目标

（1）本节学习“用树状图或表格求概率—‘配紫色’游戏”。

（2）学习目标：以“配紫色”为主要情景，经历利用画树状图或列表的方法求出概率并解决问题的过程，提高自己运用所学的概率知识解决问题的能力。

学生活动：快速浏览、阅读，明确学习目标。

三、自主学习、交流、展示、理解、总结方法

1. 自主学习一

按要求认真看课本 P65 ~ P66 上面的内容：

（1）“配紫色”游戏 1：如图 1-6 小颖设计的“配紫色”游戏，你能用画树状图或列表的方法求出“配成紫色”的概率吗？为什么？

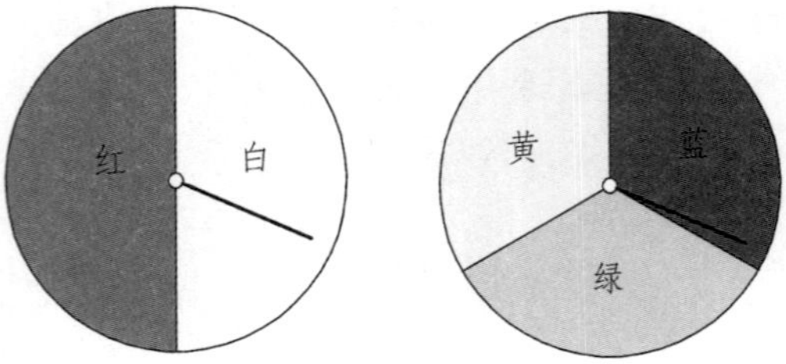

图 1-6

（2）如果将 P65 的两个转盘改变成如图 1-7 所示的两个转盘，你还能画树状图或列表法求吗？为什么？

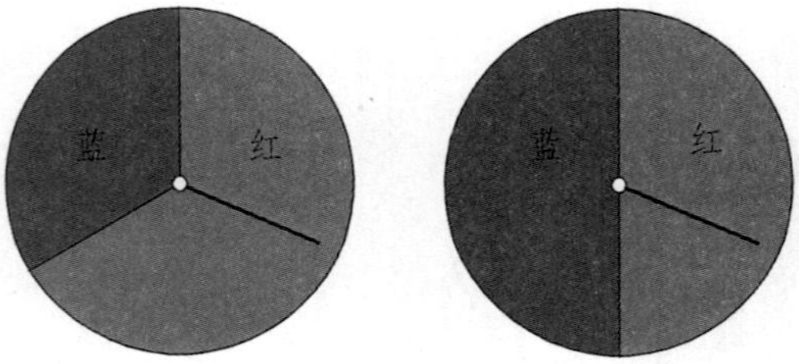

图 1-7

2. 交流、理解

“配紫色”游戏 2：学生在看完小颖和小亮的解法后思考交流：你认为谁做得对？说说你的理由。

3. 方法总结

用树状图和列表的方法求概率时应注意些什么？

小颖的做法不正确.因为左边的转盘中红色部分和蓝色部分的面积不相同，因而指针落在这两个区域的可能性不相同.而小亮的做法则是一种常用的方法.用树状图和列表的方法求概率应注意各种结果出现的可能性务必相同。

学生活动：独立自学，观看微课，板演计算，表达、合作、分享。

四、自主学习：典例探究，交流理解

认真看课本 P67 例 2 的内容：

（1）理解例 2 的解题格式和方法。

（2）例 2 的解法中为什么要把两个红色球和两个白色球分别编号？这样做的目的是什么？

分析：这样就能保证摸到每个球的可能性相同了。

解：把两个红球记为红 1、红 2；两个白球记为白 1、白 2，则列表格如表 1-3。

总共有 25 种可能的结果，每种结果出现的可能性相同，能配成紫色的共 4 种，所以 P（能配成紫色）$=\frac{4}{25}$

表 1-3

	红 1	红 2	白 1	白 2	蓝
红 1	（红 1，红 1）	（红 1,红 2）	（红 1,白 1）	（红 1,白 2）	（红 1，蓝）
红 2	（红 2，红 1）	（红 2,红 2）	（红 2,白 1）	（红 2,白 2）	（红 2，蓝）
白 1	（白 1，红 1）	（白 1,红 2）	（白 1,白 1）	（白 1,白 2）	（白 1，蓝）
白 2	（白 2，红 1）	（白 2,红 2）	（白 2,白 1）	（白 2,白 2）	（白 2，蓝）
蓝	（蓝，红 1）	（蓝，红 2）	（蓝，白 1）	（蓝，白 2）	（蓝，蓝）

学生活动：自学探究典型例题，交流、展示、理解。

五、自我检测

（1）用如图 1-8 所示的两个转盘做“配紫色”游戏，每个转盘都被分成三个面积相等的三个扇形。请求出配成紫色的概率是多少？

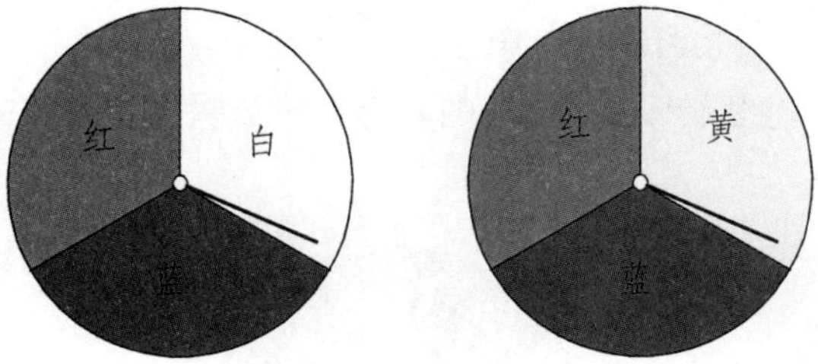

图 1-8

（2）转动如图 1-9 所示的转盘两次，两次所得颜色相同的概率是多少？

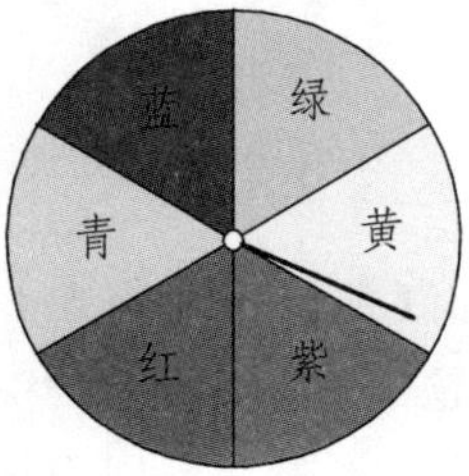

图 1-9

学生活动：动手做题，讲解思路。

六、拓展提高

请你设计两个转盘进行“配紫色”游戏，使配得紫色的概率是$\frac{1}{3}$。

学生活动：修改转盘的等份和颜色进行游戏设计并解答，讲解思路。

七、感悟与收获

本节课你学会了哪些知识？掌握了什么数学方法？有什么感悟和收获？

总结：

（1）用树状图和列表的方法求概率时应注意些什么？

用树状图和列表的方法求概率应注意各种结果出现的可能性务必相同。

（2）由配紫色游戏你想到了什么？

“配紫色”游戏体现了概率模型的思想，它启示我们：概率是对随机现象的一种数学描述，它能帮助我们更好地认识随机现象，并对生活中的一些不确定情况做出自己的决策。

学生活动：学生思考回答，互为补充、评价。

八、课后拓展与思考

必做题：课本：68 习题 3.3 第 1、2、3 题。

思考题：如果连续转动图 1-10 的转盘（转盘被分成面积相等的三个扇形）3 次。

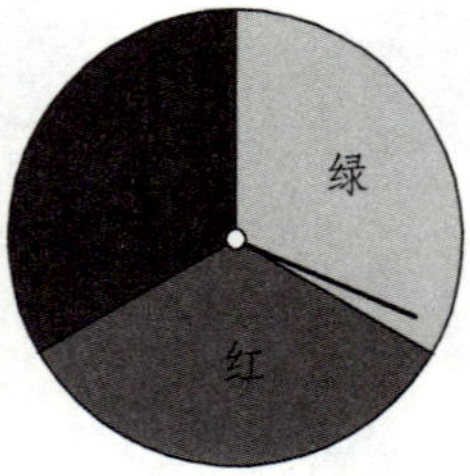

图 1-10

（1）转动转盘 3 次都转到红色的概率是多少？

（2）你觉得求解第（1）题时，适合画树状图还是用列表的方法？

学生活动：课后练习，巩固新知，拓展思考。

简单的轴对称图形（2）（北师大版七年级）

樊广顺　汉中市四〇五学校

【课例简介】

“简单的轴对称图形”主要是学习线段的轴对称性及其应用，课中用SMART软件引导学生“先自主学习，再合作交流，展示讲解，及时训练，总结提高”，并观看GIF动画演示，再动手实践，最后进行拓展练习和对实际问题的合作探究，在不断的自我检测和反馈中，达成本节课的学习目标。

【学情分析】

1. 知识基础情况分析

学生已经学习过生活中的轴对称图形，对轴对称图形的特点及对称轴有所了解，并能通过折纸动手制作轴对称图形。在本章前面一节课中，又学习轴对称现象，对轴对称和轴对称图形的概念有了进一步的了解，通过本节课的学习，学生已掌握并会用线段的垂直平分线解决数学中的问题。

2. 媒体使用情况分析

学生能够熟练地在 SMART 软件上进行互动学习，比如在白板上书写，利用图形分类模板对图形进行拖动分类，用选择模板进行答案选择并自我评价。学生能迅速完成老师要求的操作。

【教学目标分析】

1. 知识与技能

（1）经历探索、操作与尺规作图，探究简单的轴对称图形“线段”的对称性，以及线段垂直平分线的性质。

（2）掌握尺规作线段的垂直平分线的方法，并能解决实际问题。

2. 过程与方法

（1）通过自主学习，培养自学探究能力。

（2）通过折叠、画图、分析、说理的探索过程，培养学生观察、独立思考、合作交流、归纳总结的学习过程，开拓学生的思维。

（3）通过小组动手操作与尺规作图，培养学生的识图、作图能力及语言表达能力。

3. 情感态度与价值观

（1）培养学生的抽象思维和空间观念，结合教学进行审美教育，让学生充分感知数学美，激发学生热爱数学的情感。

（2）结合课本和联系生活实际培养学生的学习兴趣和热爱生活的情感。

（3）通过小组折叠协作活动，培养学生协作学习的意识和研究探索的精神。

【教学内容分析】

“简单的轴对称图形”是北师大版七年级下册第五章第3节的内容。学生通过动手折叠画在纸上的线段，发现线段垂直平分线的性质，进而学会用尺规作线段的中垂线，这是本节课的重点，最后在拓展应用中提升自己各方面能力。本课是第3节的第2课时。

【教学重难点分析】

1. 教学重点

（1）掌握线段的对称性。

（2）探索线段垂直平分线的性质。

（3）会用尺规平分线段或者作出相应线段的垂直平分线。

2. 教学难点

（1）通过折纸操作归纳出线段的垂直平分线的性质。

（2）会灵活应用线段的垂直平分线解决实际问题。

【教学策略分析】

学习简单的轴对称图形时利用画图、动手操作、动画演示、分析、说理的方式并借助SMART交互式电子白板等手段完成。

【媒体环境下的应用分析】

本课用的应用软件是SMART白板软件，利用图形分类模板；单元格放大；链接动画演示；无限克隆；选择题模板等功能进行互动学习，化解教学难点，是师生学习展示的好平台。

【教学过程】

一、图形分类，情景引入

我们已经认识了一些轴对称图形，请将图 1-11 中图形分为两类。

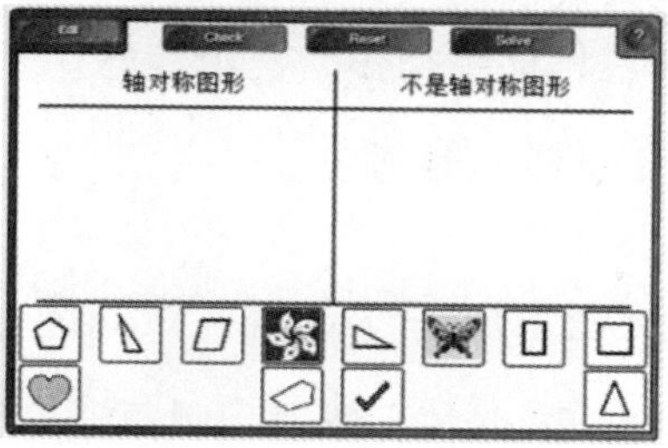

图 1-11

对于轴对称图形中的等腰三角形沿对称轴折叠时，发现等腰三角形底边的两个部分能够完全重合。那么，一般的线段是轴对称图形吗？

学生活动：学生用分类模板对是否是轴对称图形分类操作。

二、揭示课题，呈现学习目标

（1）课题：简单的轴对称图形（2）

（2）呈现学习目标：

① 经历探索、操作与尺规作图，探究简单的轴对称图形“线段”的对称性，以及线段垂直平分线的性质。

② 掌握尺规作线段的垂直平分线的方法，并能解决实际问题。

学生活动：学生快速阅读。

三、自主探究，合作交流，展示讲解，及时检测

（一）线段的轴对称性

1. 自主学习

认真看课本 P123 的内容：

（1）结合课本动手实践体会线段的轴对称性；

（2）理解线段垂直平分线的定义，探究其性质。

2. 合作探究

线段是轴对称图形吗？

如果是，你能找出它的一条对称轴吗？这条对称轴与线段存在着什么关系？

3. 自学检测

（1）线段是________图形，________的直线是它的一条对称轴，它有________条对称轴。

（2）线段的垂直平分线的定义：________于一条线段，并且________这条线段的直线，叫作这条线段的________，简________。

学生活动：自主学习，动手操作，交流表达。

（二）线段垂直平分线的性质

1. 合作探究

（1）按下面的步骤做一做：

① 在纸上画一条线段 AB，对折 AB 使点 A，B 重合，折痕与 AB 的交点为 O；

② 在折痕上任取一点 C，沿 CA 将纸折叠；

③ 把纸张展开，得到折痕 CA 和 CB。

（2）问题思考：

① CO 与 AB 具有怎样的位置关系？

② AO 与 BO 相等吗？CA 与 CB 呢？能说明你的理由吗？

③ 在折痕上移动 C 的位置，结果会怎样？

学生活动：动手折纸操作，猜想、发现性质。

2. 自学检测

（1）如图 1-12 所示，线段______上的点到线段的______的______相等。（证明这个结论）

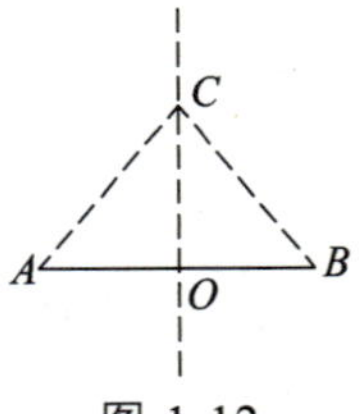

图 1-12

（2）如图 1-13 所示，在△ABC 中，AC 边的中垂线交 BC 于点 D，垂足为 E，则________=________；或者______=_______；或者______=_______；或者______=_______；或者______=_______。

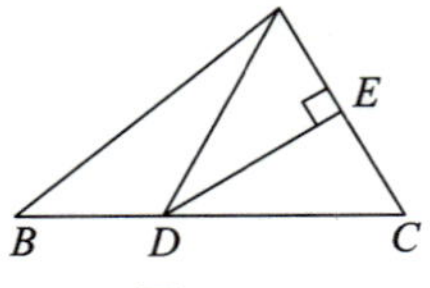

图 1-13

（3）如图 1-14 所示，在△ABC 中，$AB=AC$，∠A=50°，AB 的垂直平分线交 AC 于点 N，则∠NBC=__________。

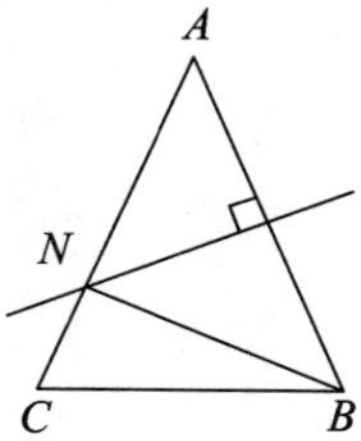

图 1-14

学生活动： 问题思考与交流，板演填空，讲解思路。

（三）尺规作图及应用

1. 自主学习

认真自学课本 P124 页的例 1。

要求：看例 1 时注意“已知、求作和作法”是怎样叙述的？

作图时应注意什么？

学生活动：自学例题，动手操作，展示讲解。

2. 自学检测

（1）利用尺规，作图 1-15 线段 AB 的中点。

图 1-15

（2）如图 1-16，一张纸上有 A，B、C，D 四个点，请找出一点 M，使得 $MA=MB$，$MC=MD$.

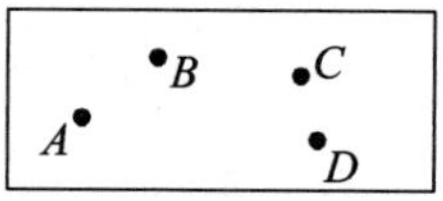

图 1-16

（3）利用尺规作如图 1-17 所示的△ABC 的重心。

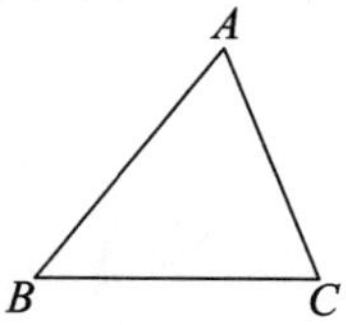

图 1-17

学生活动：点开色块，观察问题，板演示范，互相评价。

四、拓展延伸

（1）如图 1-18 所示，AB 是$\triangle ABC$ 的一条边，DE 是 AB 的垂直平分线，垂足为 E，并交 BC 于点 D，已知 AB=8 cm，BD=6 cm，那么 EA=______，DA=______。

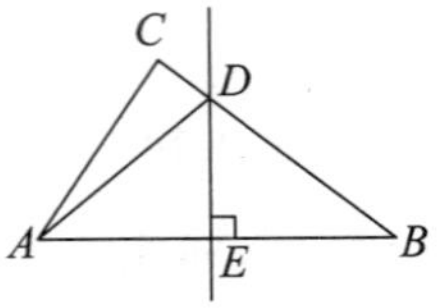

图 1-18

（2）如图 1-19 所示，在$\triangle ABC$ 中，$AB=AC$=16 cm，AB 的垂直平分线交 AC 于 D，如果 BC=10 cm，那么$\triangle BCD$ 的周长是______cm。

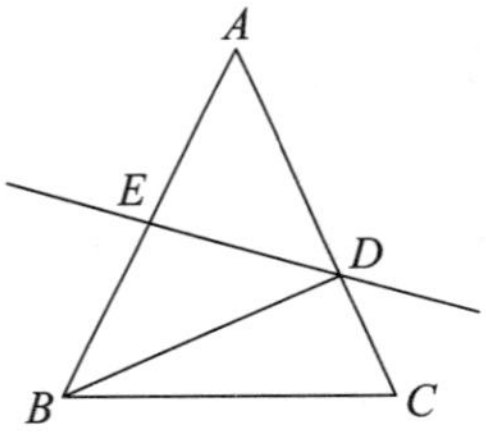

图 1-19

（3）如图 1-20 所示，已知点 D 在 AB 的垂直平分线上，如果 AC=5 cm，BC=4 cm，那么$\triangle BDC$ 的周长是（　　）cm。

A. 6　　B. 7　　C. 8　　D. 9

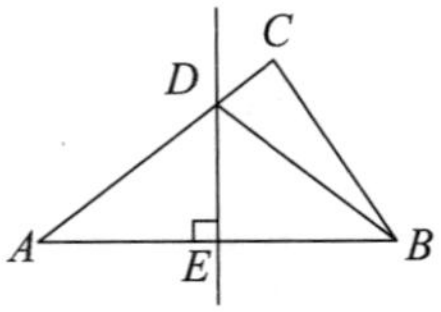

图 1-20

学生活动：理解识图，板演填空，选择题完成后自我评价。

五、合作探究

（1）如图 1-21 是某城区的三所小学 A、B、C 的分布示意图，现准备修建一座儿童游乐中心 P，若要使三所学校到儿童游乐中心的距离相等，则儿童游乐中心应建在何处？

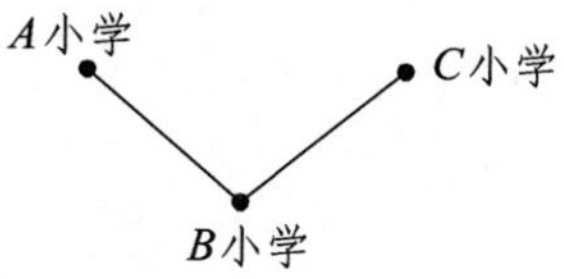

图 1-21

（2）你还能自己创造一个类似的实际问题并解决它吗？试一试。

学生活动：合作探究生活的问题并解决问题。

六、梳理总结

（1）本节课你学会了哪些知识？

（2）本节课你掌握了哪些数学思想方法？

学生活动：阅读回答老师的问题，互相补充。

初中物理

声音的产生与传播（北师大版八年级）

刘玉梅　汉中市四〇五学校

【课例简介】

“声音的产生与传播”是北师大版第四章第一节的内容，本节是解释各种声现象的基础，处于较重要的地位。本节课采用交互式电子白板环境下的高效课堂教学模式，以先进的教育理念为先导，以学生为主体，构建和谐融洽的课堂氛围，抓住物理学科的特点，鼓励学生大胆猜想科学探究。在教学过程中创设有趣的声音的情景和活动，把学生引入到声音的世界，激发学生的学习兴趣，引发学生对于声音相关问题的思考。

【学情分析】

1. 知识基础情况分析

学生在生活中积累了大量与声音有关的感性认识，在小学时也学习了与声音有关的常识。尽管有这些前期的经验与常识，但是对于“为什么会产生声音，人们为什么能听到声音”，大多数学生并不是很清楚。在教学中唤醒学生在已有感性认识，并使之系统化，理性化。

2. 媒体使用情况分析

在本次教学中我力求做到电子白板功能的最大化：整个教学过程我使用了电子白板中的照相功能（缩放、添加背景和主题、动画渐入）、隐藏功能（屏幕遮盖、显示隐藏工具）、拉幕功能、拖拽功能、遮盖、涂色功能、荧光笔、淡出、无限克隆、骰子—图片、单元格放大、作图工具、链接等；插入视屏、声音、图片；匹配功能（翻版、分类、图片配对）、即时反馈功能（翻板、魔术笔、橡皮擦）等。

【教学目标分析】

1. 知识与技能

（1）通过观察和实验初步认识声音产生和传播的条件。

（2）能举出固体、液体、气体是声源的实例。

（3）能举例说明固体、液体、气体都可以传声。

（4）知道人耳听到声音的过程和声音在不同介质中传播的速度不同。

2. 过程与方法

（1）通过自主学习，培养学生的自学能力。

（2）通过合作探究，培养学生初步的观察能力、掌握初步研究问题的方法、与人合作的能力。

（3）通过小组展示，培养学生的表达和组织能力。

3. 情感态度与价值观

（1）通过教师、学生双边的教学活动，激发学生的学习兴趣和对科学的求知欲望，使学生乐于探索自然现象和日常生活中的物理学道理。

（2）通过引用“对联”“古诗”“音乐”“舞蹈”让学生体会学科的渗透思想。

（3）通过新闻“嫦娥三号首次实现两机对拍，五星红旗首次在月球完美展现”，培养学生关注新闻热点，关注科技，热爱祖国的爱国情怀。

【教学内容分析】

我们生活在一个充满声音的世界里，学生在小学也学过声音，所以声音对于学生来讲是很熟悉的。正因为司空见惯，所以学生从没思考过声音是怎么产生的，为什么不同物体发出的声音不一样，没有思考过自己听到的声音有什么不同，我们为什么能听到声音等问题。本节是解释各种声现象的基础，处于较重要的地位。在教学过程中创设有趣的声音的情景和活动，把学生引入到声音的世界，激发学生的学习兴趣，引发学生对于声音相关问题的思考。

现阶段的学生以形象思维为基本思维方式，喜欢动手动脑，对直观的内容比较感兴趣，但欠缺对问题的深入思考及理性化的思维过程，所以本节课主要从现象入手得出比较简单的结论。作为刚接触物理不久的初二学生，对实验的观察和概括能力不强，学习本节内容对于提高学生的观察和概括能力，激发学生学习物理的兴趣，热爱生活、热爱大自然的美好情操都有重要的意义，让学生感悟物理与技术、物理与社会的联系，也让学生初步了解探究的基本要素，加深对探究的认识，培养学生的科学探究能力。

【教学重难点分析】

1. 教学重点

声音的产生和声音的传播。

2. 教学难点

声音的传播需要介质。

【教学策略分析】

本节课采用交互式电子白板环境下的高效课堂教学模式，以先进的教育理念为先导，以学生为主体，构建和谐融洽的课堂氛围，抓住物理学科的特点，鼓励学生大胆猜想科学探究。本节课的教学我完全脱离了传统黑板的书写功能、PPT 的播放功能，教师和学生平等的交流互动，很好地体现了新课程理念：教师是学生学习的组织者、指导者、参与者。教学不但加强了师生关系，还调动了学生多元化、智能化、积极地参与。课堂内容变得灵动多样，课堂的每一分钟变得饱满、有趣，充满活力，课堂教学因此而生动、形象、高效。

【媒体环境下的应用分析】

（1）运用电子白板交互功能，大大提高了教学效率。

例如：传统的教学方法，我只能讲到“声音的产生”，使用白板与导学案相结合，我可以从容的处理三个问题：声音的产生、声音的传播、人怎样听到声音。

在引入新课时，运用白板单元格放大；插入声音和图片；拖拽等功能声音、图片相结合，创设了一个良好的课堂情景，激发学生的学习兴趣。分组展示时，利用白板互动功能在骰子里选择实验器材，翻版，遮盖等功能增加学习乐趣和参与探究的热情。

（2）操作演示灵活，方便教学互动。

与传统利用 PPT 等媒体进行教学，白板互动性强，功能全面，操作简单，

能较好地支持学生上台操作演示，有助于师生互动，交流。例如：利用遮盖、插入声音学生在白板上先猜声音，再点开遮盖，进而解释有趣的动物发声原理。在讲解声源等相关概念时，巧妙用到擦处、魔术笔（放大、聚焦）等功能，方便、灵活。

（3）资源查找方便，提升备课效率。

电子白板中自带的资源可由省去老师制作课件找素材的时间。例如：人

耳的结构和听到声音的过程，在SMART资源库里可直接调用，节约了时间，提高了效率。

（4）演示形象生动，激发学习兴趣。

学生对新鲜事物有强烈的好奇心，电子白板更具吸引力。例如，通过旋转亮片，我给起名叫幸运大转盘，学生兴趣高涨；学生亲自在白板上填空、做选择题、排序、分类等亲自操作，有成就感，提高了学习兴趣。

（5）对课堂生成的资源能及时保存并转化为素材，还可以资源共享。例如我在课件中自己制作了一个时间轴，形象又生动，有利于资源下次使用。

（6）通过文字、图片、声音、视频增加了课堂的饱满度和观赏性。恰到好处、不动声色地成为使用白板的“无痕派”，更好地为学生服务！

交互式电子白板以其多样、强大的功能在多媒体教学手段中必将占有一席之地。只要愿意尝试，我们的课堂一定是成功的！

【教学过程】

一、声音的产生

1. 自主学习一

（1）________________________________叫振动。

（2）声音是由______产生的，一切发声的物体都在______，______停止，发声也就停止。

2. 课堂合作探究

探究声音的产生。

学生准备器材：橡皮筋、钢直尺、笔帽等，教师提供：音叉。

3. 自主学习二

（1）________________________________叫声源。

（2）从物质的三种状态考虑，__________、__________、__________都可以是声源。具体事例如____________________。

4. 网络查询

查询1：乐器的分类。

它们的发声原理分别是：

管弦乐器：________________________________；

管乐器：__________________________________；

打击乐器：________________________________。

查询 2：解释有趣的动物发声。

蛐蛐 ____;

牛 ____;

蜜蜂 ____;

喜鹊 ____。

二、声音的传播：

1. 自主学习

（1）____________________________________叫介质。

（2）________、________、________都是传播声音的介质。

（3）猜想真空是否可以传声。

2. 课堂合作探究

探究声音的传播是否需要介质。

（1）声音能否在固体中传播？举例说明。

（2）声音能否在液体中传播？举例说明。

（3）声音能否在气体中传播？举例说明。

探究真空是否可以传声。

举例说明：____________________________________。

教师提供器材共同探究。

三、人怎样听到声音

看图 1-22 观察（教材上图 4-6）：人耳的结构。

图 1-22

思考：人听到声音的过程。

【交流讨论】

分析教材中表 4 中数据，总结三点有用信息：

① ____；
② ____；
③ ____。

不同物质的导电性能（北师大版九年级）

刘玉梅　汉中市四〇五学校

【课例简介】

“不同物质的导电性能”是北师大版第十一章第六节的内容，这节课与生活实际联系紧密，学生自学导体、半导体和绝缘体之后引导他们进行科学的探究，并深入到微观世界去解释导体导电的原因和绝缘体不容易导体的原因。半导体的电阻学生体会不深，教师通过演示实验进一步探究光敏电阻和热敏电阻受哪些因素的影响，增加学生对光照、温度对半导体材料的影响的认知。

从学生积极参与的态度来看使用交互式电子白板教学是合理的、高效的。本节课的教学中我完全脱离了传统黑板的书写功能、PPT 的播放功能，变教师主体教授、学生被动接受，为学生主动参与、教师辅助指导。教师和学生平等的交流互动，很好地体现了新课程理念：教师只是学习的组织者、指导者、参与者，达到了教师和学生融为一体的目的。教学不但加强了师生关系，还调动了学生多元化、智能化、积极地参与程度。课堂内容变得灵动多样，课堂的每一分钟变得饱满、有趣、充满活力，课堂教学因此而生动、形象、高效。

【学情分析】

学生已经学习了电路、电荷、电流、电压的相关知识，为本节课探究不同物质的导电性能做好了知识储备。具备设计并连接电路，会通过电流表的示数和观察小灯泡的明暗来检测并判断不同物质的导电性能。

1. 知识基础情况分析

本节课是第十一章第六节的内容，这节课与生活实际联系紧密，学生自学导体、半导体和绝缘体之后引导他们进行科学的探究，并深入到实质去解释导体导电的原因和绝缘体不容易导体的原因。半导体的电阻学生体会不深，教师通过演示实验进一步探究光敏电阻和热敏电阻受哪些因素的影响，增加学生对光照、温度对半导体材料的影响的认知。

2. 媒体使用情况分析

在教学中我发现电子白板很大地方便了教师的教学，学生对这一教学平台和软件兴趣很浓。在本次教学中我力求做到电子白板功能的最大化：

（1）Smart Notebook 软件常规功能。

整个教学过程我使用了电子白板中的照相功能（缩放、添加背景和主题、动画渐入）、隐藏功能（屏幕遮盖、显示隐藏工具）、拉幕功能、拖拽功能、遮盖、涂色功能、荧光笔、淡出、无限克隆、单元格放大、作图工具、链接等；插入视频、声音、图片；匹配功能（翻版、分类、图片配对）、即时反馈功能（翻板、魔术笔、橡皮擦）等。

（2）Smart Notebook 软件新功能。

运用了 Smart Notebook 15.0 的新功能课程活动创建器的超级分类，把知识的考察放入游戏中体验，学生在规定的时间内完成任务。超级分类背景创造了情景氛围和紧张的气氛，学生兴趣浓厚。

还使用了课程活动创建器的翻版，把自主学习的内容放入翻版中，然后随机抽取学号，完成自主学习的检测，学生参与度高。

（3）使用“作业盒子”。

提前建立好班群，老师布置作业，学生完成课堂检测，数据分析反馈，教师根据反馈，把错的多的题统一分析。

【教学目标分析】

1. 知识与技能

（1）了解我们周围的物体哪些属于导体，哪些属于绝缘体；能解释导体导电的原因和绝缘体不容易导体的原因。

（2）了解导体和绝缘体是相对的，在一定条件下可以相互转化。

2. 过程与方法

（1）通过探究，能区分导体和绝缘体。

（2）通过探究，感知导体和绝缘体相互转化的条件。

（3）通过教师演示实验，体会半导体受温度、光照等因素的影响。

3. 情感态度与价值观

通过自主学习、合作探究、交流讨论、课堂检测等过程，学会科学探究的实验方法，培养与人合作的意识，激发学生的学习的兴趣和学习热情。

【教学内容分析】

先从寻找周围的物体哪些属于导体，哪些属于绝缘体入手，然后深入到微观世界，解释导体导电的原因和绝缘体不容易导体的原因。再介绍导体和绝缘体是相对的，在一定条件下可以相互转化；接着教师通过演示实验进一步探究光敏电阻和热敏电阻受哪些因素的影响，增加学生对光照、温度对半导体材料的影响的认知。最后引入电阻是表示导体对电流阻碍作用大小的物理量，掌握电阻的单位及其运算。

【教学重难点分析】

1. 教学重点

（1）实验探究生活中的哪些物体容易导电，哪些不容易导电。

（2）深入到微观世界，解释导体导电的原因和绝缘体不容易导体的原因。

（3）电阻的概念。

2. 教学难点

（1）如何设计电路探究生活中的哪些物体容易导电，哪些不容易导电。

（2）微观解释导体导电的原因和绝缘体不容易导体的原因。

（3）对电阻的理解。

【教学策略分析】

1. 技术策略

（1）Smart Notebook 软件新功能。

运用了 Smart Notebook 15.0 的新功能课程活动创建器的超级分类，把知识的考察放入游戏中体验，学生在规定的时间内完成任务。超级分类背景创造了情景氛围和紧张的气氛，学生兴趣浓厚。

还使用了课程活动创建器的翻版，把自主学习的内容放入翻版中，然后随机抽取学号，完成自主学习的检测，学生参与度高。

（2）使用“作业盒子”。

提前建立好班群，老师布置作业，学生完成课堂检测，数据分析反馈，教师根据反馈，把错的多的题统一分析。

（3）使用了微课，教师编辑制作了微课，链接在白板课件中，大大提高了课堂效率。

2. 课堂模式创新策略

由于学校硬件技术和网络的限制，无法实施翻转课堂，在教学中我融合了高效课堂和翻转课堂课内翻转的教学模式，知识的内化在课堂。

3. 教学理念和教学组织策略

整个教学过程以学生为主体，教师是组织者和引导者，在教学中设置了合作探究、有交流讨论、自主学习、教师演示、课堂检测、知识反馈等环节。

4. 教学课件策略创新

在本节课中，制作的整体性强，教学环节设置清楚，逻辑性强，环节与环节之间结合紧密。

5. 教学内容策略创新

教师在淘宝上购买了热敏电阻、光敏电阻、压敏电阻等，在教学中融入了温度、光照分别对热敏电阻和光敏电阻影响的实验探究

【媒体环境下的应用分析】

（1）运用电子白板交互功能，大大提高了教学效率。

在引入新课时，运用白板单元格放大；插入图片；拖拽等功能声音、图片相结合，创设了一个良好的课堂情景，激发学生的学习兴趣。分组展示时，利用白板互动功能在骰子里选择实验器材，翻版，遮盖等功能增加学习乐趣和参与探究的热情。

（2）操作演示灵活，方便教学互动。

与传统利用 PPT 等媒体进行教学，白板互动性强，功能全面，操作简单，能较好地支持学生上台操作演示，有助于师生互动，交流。

（3）资源查找方便，提升备课效率。

（4）演示形象生动，激发学习兴趣。

电子白板更具吸引力，学生兴趣高涨；学生亲自在白板上做选择、画图、分类等，有成就感，提高了学习兴趣。

（5）对课堂生成的资源能及时保存并转化为素材，还可以资源共享有利于资源下次使用。

（6）通过文字、图片、声音、视频增加了课堂的饱满度和观赏性。恰到好处、不动声色地成为使用白板的“无痕派”，更好地为学生服务！

【教学过程】

一、情景引入

观察下面几段导体，说出它的内部是什么材料？外部是什么材料？你知道为什么要这样设计吗？

二、探究不同物质的导电性能

（1）你准备探究哪些物体的导电性能，带到教室一起来探究吧？
（2）需要哪些实验器材？它们的作用分别是什么？
（3）实验探究
（4）实验现象及结论分析：____________________________。
（5）____________叫导体；举例：_______________。
________________叫绝缘体；举例：________________。

丛林探险游戏：带着你学到的知识，我们去丛林探险吧！

设置丛林探险游戏，区分导体和绝缘体。

走出丛林，我们继续思考，有没有导电性能介于导体和绝缘体之间的物质呢？

科学窗：_______________叫半导体，举例：______________。

演示实验：半导体的影响因素并介绍半导体的应用。

观察教材上的图 11-58，你发现了什么规律呢？

三、探究同一物体的导电性能

同一物体的导电性能是一成不变的吗？ 分别从导体、半导体、绝缘体举例说明。

教师演示人体潮湿和干燥时的导电性能。

微课演示玻璃加热变成导体。

四、为什么导体容易导电，绝缘体不容易导电

学生利用微课自主学习。

五、电阻

自主学习电阻的相关知识，让后利用交互式电子白板相关功能考查学生掌握情况。

六、课堂随练

利用选择题检测模板，当堂检测并反馈。

七、知识梳理

本节课学习的知识归纳。

八、作业盒子检测

使用“作业盒子”检测共 9 道习题，生成数据，教师进行数据分析，让后找学生和讲解出错的原因。

第二部分

2016—2018 年汉中教师荣获
陕西省微课大赛一、二奖作品教学设计

小学语文

识字四

陆　婷　汉中师范附属小学

【微课简介】

学段学科：小学语文
微课名称：识字四

【学情分析】

一年级孩子要写好字具有一定难度，他们对生字的感悟能力、理解能力都不足，所以没有正确的书写体系做铺垫，孩子们的书写很难达到一定效果。学生年龄小，归纳概括能力不强，通过微课可以有效解决写字中出现的问题。

【知识点描述】

本节微课完全围绕如何写好左右结构并且带有虫字旁的汉字展开，指向性明确，重点鲜明，学生一目了然，清楚自己要学习的主要内容。

【知识点来源】

学科：小学语文　　年级：一年级
教材：人教版　　章节：第四单元

【基础知识】

一年级的孩子语文教学注重字词的积累和运用，本课确定教学目标为认识带有虫字旁的生字，通过“蚂”这个字了解书写左右结构汉字的方法和技巧，举一反三，事半功倍。

【教学类型】

☐讲授型 ☐问答型 ☐启发型 ☐讨论型 ☑ 演示型 ☐联系型
☐实验型 ☐表演型 ☐自主学习型 ☐合作学习型 ☐探究学习型

【适用对象】

学生：本微课是针对本学科平时成绩多少分的学生？
☑40 分以下 ☑40 ~ 60 分 ☑60 ~ 80 分 ☑80 ~ 100 分
教师：☑ 班主任 ☐幼儿教师 ☐普通任课教师 ☐其他
其他：☐软件技术 ☐生活经验 ☐家教 ☐其他

【设计思路】

微课分别从看结构、看笔画两个大的方面进行阐述，在结构的讲解中又将它划分为左右宽窄和上下的高低来讲解。在笔画的讲解中又将其分为三个层次，一看起笔、二看压线、三看变化。这样环节紧扣，层次分明，学生一看就一目了然，能够准确又轻松地掌握书写方法，对学生写好汉字有很大的帮助。

【教学过程】

一、片头

谜语导入：个子不大，能量不小，团结互助，勇敢勤劳，能啃骨头，会挖地道，行军作战，井井有条。

二、正文讲解

（1）让学生通过观察，发现“蚂”是一个左右结构的生字。从而了解它在宽窄上是不一样的，左边的虫，要窄一点，右边的马字要比左边的虫字稍微宽一点。

（2）发现起笔位置大致在一条直线上。

（3）通过讲解发现下边收笔处，马的竖折折钩的收笔要比虫写得低，所以整个字书写时应该左窄右宽，上平下低。

（4）讲解重点笔画。

右边横折的起笔，以及竖折折钩的起笔位置都在竖中线。“虫”下边横的起笔位置比上边第一笔竖写得稍微靠左边一点。右边马的最后一笔横起笔位置大致在虫的点的下方，并介绍穿插原则。

蚂的竖折折钩的竖压在了竖中线上，折笔以后的横压在横中线上。左边虫第三笔，横也压在横中线上。

通过演示，介绍虫的点发生变化，了解汉字避让原则。

（5）整体播放回顾书写方法。

（6）教师示范写整个字。

三、结尾

举一反三，学写更多左右结构的字。

【教学反思】

一、内容反思

微课对本节写字教学有明显的指导效果，重在通过演示，让学生轻松掌握写字的一些好方法，由课内延伸到课外，既讲解了书写左右结构汉字的一些有效方法，又扩大了识字量，提高了课堂教学效果。

二、制作过程反思

制作过程运用了 PPT，屏幕录制软件以及小影 APP，讲这几个软件有机结合进行微课制作，将静态的教学内容变成学生感兴趣、易理解的动画，有效调动了学生学习积极主动性，让课堂变得丰富多彩。

三、效果反思

它具备教学中不具备的动态教学效果，能有效刺激学生的视觉，极大地提高学生注意力，引领学生参与课堂，认真观看，积极思考，激发学习兴趣，提高教学效果。使教学由难变易，让学生更好地理解、掌握所学知识，体现师生互动的和谐统一。微课中对教师所教授的知识进行了准确、清晰地总结，学生通过观看微课，可以及时进行消化理解，并在心中形成一个整体概念。并能通过微课的课外延伸举一反三，由课内知识延伸到课外，扩大了孩子的识字量，补充了学生更多更准确写字方法，从而牢固掌握、灵活运用。

“的、地、得”的用法

王　静　城固县朝阳小学

【微课简介】

学段学科：小学语文

微课名称：“的、地、得”的用法

【学情分析】

三年级学生已经在语言的学习和运用中接触到“的、地、得”字，也发现了他们出现在不同语境当中，但是教材仅通过几组填空题让学生去体会“的、地、得”的不同使用语境，这样的设计不够明晰，学生有必要在有所体会之后发现规律，进行归纳总结。最终达到准确使用三个 de 字。

【知识点描述】

“的、地、得”的用法：“的”用于表示名称的词语前；“地”用于表示动作的词语前；“得”用于表示事物状态的词语前，也就是表示“怎么样”的词语。

【知识点来源】

学科：语文　　年级：三年级下册

教材：人教版　　章节：语文园地四

【教学类型】

☑ 讲授型　□问答型　□启发型　□讨论型　□演示型　□联系型

□实验型　□表演型　☑ 自主学习型　□合作学习型

□探究学习型

【适用对象】

学生：本微课是针对本学科平时成绩多少分的学生？

□40 分以下　□40 ~ 60 分　☑60 ~ 80 分　□80 ~ 100 分

教师：□班主任　□幼儿教师　☑ 普通任课教师　□其他

其他：□软件技术　□生活经验　□家教　□其他

【设计思路】

人教版三年级下册教材《语文园地四》通过补充词语的练习，让学生在大量补充词语的过程中感悟“的、地、得”的区别。鉴于语文教学中“的、地、得”的使用非常普遍且贯穿于整个语文学习过程，而在实际运用中易混淆，因此本节微课针对这一知识点做出了详细系统的讲解。微课由三个de字的字形字音入手，发现三个字音同形异；然后依次由带有de字的短语、儿歌总结三个de字的不同用法；最后设计了两种不同形式的练习题进行巩固，使学习者能熟练应用三个de字。

【教学过程】

一、片头

展示个人信息。

二、正文讲解

（一）趣味导入

导语：汉字王国里住着三位好朋友，他们住着同样的房子，他们是谁呢？快来认识一下吧。

（二）认识“的、地、得”字形、读音

（1）简介字形：“的、地、得”的自我介绍：白勺的，土也地，双人得。

（2）了解读音：“的、地、得”在普通话中各自有着不同的读音，但当他们附着在词语后面起连接作用时都读轻声“de”，但在书面语中要写成三个不同的字，这样可以区分他们用法上的不同。

（三）学习“的、地、得”用法

1. 设置情境初步感悟“的、地、得”用法

依次出示图片和带有“的、地、得”的短语，观察发现，总结规律。

（1）看图感悟对照短语+读短语群（师读），感悟“的”的用法。小结：“的”后面跟的都是表示事物名称的词语。

美丽的花儿绽笑脸，青青的草儿弯下腰。

清清的河水向东流，蓝蓝的天上白云飘。

暖暖的风儿轻轻吹，绿绿的树叶把头摇。

小小的鱼儿水中游，红红的太阳当空照。

（2）看图感悟对照短语+读短语群（自读），感悟“地”的用法。“地”后面跟的都是表示动作的词语。

认真地做操不马虎，专心地上课不大意。

大声地朗读不害羞，从容地走路不着急。

痛快地玩耍来放松，用心地思考解难题。

勤奋地学习要积极，辛勤地劳动花力气。

（3）看图感悟对照短语+读短语群（一起读），感悟“得”的用法。“得”后面跟的都是形容事物状态的词语，也就是表示“怎么样”的词语。

兔子兔子跑得快，乌龟乌龟爬得慢。

青青竹子长得快，参天大树长得慢。

清晨锻炼起得早，加班加点睡得晚。

欢乐时光过得快，考试题目出得难。

2. 总结“的、地、得”用法简要口诀

的地得，不一样，用法分别记心上。

白勺的，有选择，名词前面笑呵呵。

土也地，真神气，喜欢动词前面立。

双人得，不一般，形容词前常出现。

3.“的、地、得”的用法补充说明

（1）如果“de”的后面是“很、真、太”等这些词，十有八九用“得”。

（2）有一种情况，如“他高兴得一蹦三尺高”这句话里，后面的“一蹦三尺高”虽然是表示动作的，但是它是来形容“高兴”的程度的，所以也应该用“得”。

四、练习“的、地、得”的运用

1.“的、地、得”在短语中的运用

光彩夺目的（　　）　　清澈见底的（　　）

弯弯曲曲地（　　）　　和颜悦色地（　　）

鲜花开得（　　）　　时间过得（　　）

2. 例句分析，明确“的、地、得”在句子中的用法

这里有一组含有“的”“地”“得”的例句如下：

（1）蔚蓝色的海洋无边无际。

（2）向日葵在微风中向我们轻轻地点头微笑。

（3）小明在公园玩得很开心。

3.“的、地、得”在句子中运用

我受到了老师（   ）表扬。

听到这个消息，我高兴（   ）蹦起来。

六一儿童节这天，大家快乐（   ）歌唱。

三、结尾

“的、地、得”你会用了吗？相信聪明的你一定能正确运用，这节课就到这里，再见。

【教学反思】

一、内容反思

“的、地、得”的用法是学生在日常应用中最易混淆搞错的一个知识点，鉴于此，我选择了这个知识点作为微课内容。在教学设计中，仅仅是讲解未必能让学生真正学会应用，所以，我精心选择了一些小学中段学生比较喜欢的儿歌、口诀来归纳三个 de 的不同之处和运用诀窍，还设计了不同类型的练习题来测验巩固知识点。

二、制作过程反思

我采用了 SMART Notebook 10 课件做展示，Camtasia Studio 6 进行录制，在丰富的画面，舒心的感官下，采用适于儿童的语言进行情境导入，激发学生学习微课的兴趣，然后借助多媒体课件从“的、地、得”的字形、字音入手，由易到难，由浅入深，通过整齐有韵律的短语群、入情入境的画面、简短有趣味的口诀、符合学生认知的练习进行紧凑有效的教学，从而达到帮助学生熟练运用“的、地、得”的教学目的。

三、效果反思

在课堂实践中，本节微课既适用于三年级学生亦可用于小学中高段其他年级，借此帮助学生归纳、回顾“的、地、得”的用法这个知识点。通过微课有针对性的讲解和练习，学生对这个知识点理解更加透彻，应用中错误明显减少。这节微课界面清新、色彩明快，教师讲解层层递进，由浅入深，讲练结合，同时可以反复观看，便于整个班级或学生个人学习巩固，适用于中等水平学生和学困生。

不足之处是录制的音量较小，播放时需调大音量。另外，在练兵场环节添加的标注设计时应设置为出现到页面播放结束，更利于学生学习时订正答案。

淘气的 j、q、x

任红梅　洋县城西小学

【微课简介】

学段学科：小学 语文
微课名称：淘气的 j、q、x

【学情分析】

一年级学生好动，喜爱游戏，难以长时间的保持注意力，思维形象具体化，对他们来说，学习汉语拼音有困难，而且容易产生厌学的心理。《语文课程标准》中“实施建议”指出：“汉语拼音教学尽可能地有趣味性，宜以活动和游戏为主。”因此，我在教学中努力创设丰富多彩的教学情境，力求做到教学具有趣味性，富有童趣，激起学生学习汉语拼音的乐趣。

【知识点描述】

（1）掌握 ü 和 j、q、x 相拼时去掉两点还读 ü 的规则。
（2）正确拼读 j、q、x 和 ü 组成的音节。

【知识点来源】

学科：语文　　　　　　　　　　年级：一年级
教材：人教版

【基础知识】

复习声母 j、q、x 以及 j、q、x 和 i 组成的音节，拼读四声；掌握 ü 和 j、q、x 相拼时去掉两点还读 ü 的规则。

【教学类型】

☑ 讲授型　□问答型　□启发型　□讨论型　□演示型　□联系型

□实验型　□表演型　□自主学习型　□合作学习型　□探究学习型

【适用对象】

学生：本微课是针对本学科平时成绩多少分的学生？
□40 分以下　☑40 ~ 60 分　□60 ~ 80 分　□80 ~ 100 分
教师：☑ 班主任　□幼儿教师　□普通任课教师　□其他
其他：□软件技术　□生活经验　□家教　□其他

【设计思路】

j、q、x 和 ü 相拼的规则是一年级上册的一个重难点，本微课通过复习声母 j、q、x 以及 j、q、x 和 i 组成的音节，拼读四声。由易到难，在利用动画、故事等方式掌握 j、q、x 和 ü 相拼的规则，正确拼读 j、q、x 和 ü 组成的音节。

【教学过程】

一、片头

复习声母 j、q、x 以及 j、q、x 和 i 组成的音节，拼读四声。

亲爱的孩子们，我们认识了三位新的声母朋友，瞧，他们排着队来了，快和他们打个招呼吧！j、q、x。要是把他们读得轻一些短一些就更好了，再试一次 j、q、x。

j、q、x 可喜欢和韵母交朋友了，第一个跑来的是小 i，一起读读这些拼音朋友吧，jī、jí、jǐ、jì；qī、qí、qǐ、qì；xī、xí、xǐ、xì。

二、正文讲解

1. 通过故事了解 j、q、x 不能和 u 相拼

看到小 i 有了好朋友，小 u 也想来城堡和 j、q、x 交朋友。看，他迈开大步走了过来“咚，咚”他使劲踢着城堡大门，可是 j、q、x 谁也没理他。聪明的小朋友，你知道是怎么一回事吗？原来 j、q、x 不愿意和没礼貌的小 u 交朋友。小 u 只好垂头丧气地走了。

2. 掌握 j、q、x 和 ü 相拼的规则

小 ü 走了过来，小 ü 能顺利走进 j、q、x 城堡吗？小朋友仔细瞧，小 ü 顺利地走了城堡，这是怎么一回事呢？原来，小 ü 一见 j、q、x 就摘下自己的帽子，向他们打招呼，小 ü 真是个懂礼貌的好孩子。懂礼貌的孩子大家都喜欢，j、q、x 都抢着和他交朋友呢！

3. 学会拼读 j、q、x 和 ü 组成的音节

请同学们仔细观察小 ü 的变化，认真听老师是怎么拼读的。ju ju 小朋友们听明白了吗？小 ü 和 j 相拼，去掉两点还读 ü。我们再来看 q 和 ü 交朋友时，小 ü 的变化，认真听老师拼读 qu、qu。小 ü 和 q 相拼，去掉两点还读 ü。小朋友们 x 也很着急和小 ü 成为朋友呢，大家一起拼一拼 xu、xu，读的真不错，小 ü 和 x 交朋友去掉两点还读 ü。

三、结尾

儿歌总结。

相信下面这些音节大家一定会读得更准确，一起来读一读 ju、qu、xu。小朋友们太棒了！j、q、x 和小 ü 相拼真特殊，我们编个儿歌记住它。小 ü 小 ü 有礼貌，见了 j、q、x 就脱帽。懂礼貌的好孩子，摘掉帽子还读 ü。声母 j、q、x 真淘气，从不和 u 在一起。有了儿歌的帮助，大家一定能把 j、q、x 和 ü 的拼读读得更准确。小朋友们，再见。

【教学反思】

一、内容反思

j、q、x 与 ü 相拼省写 ü 上的两点的拼音规则是拼音教学中的一难点。学生容易忘记省写 ü 上的两点；或者不知为什么要省写 ü 上的两点。

二、制作过程反思

微课，是以视频为载体的、根据某个知识点进行开发的微小的教学课程。本次本课制作分别运用了两种软件 Camtasia Studio 录频软件+PPT，因为是第一次接触这两个软件，所以只能从最基本的入手。即使自己有很多好的想法，但是因为不会操作，实现不了那种效果，所以最后的成果只能是一些较为基本的操作。再来就是声音地录制，真正录了之后才知道声音要录得好听真不是一件容易的事，即使我在录的时候已经注意说得生动、起伏一些，但是出来后依然是一种轻飘飘毫无生气的感觉，嗓门也不够大。这些不足都需要以后在教学实践中慢慢地改进。

三、效果反思

j、q、x 与 ü 相拼时省写 ü 上两点的规则便深深地印入了学生的脑海之中。

学生立刻明白，ü去掉两点还是ü。接着出现儿歌“小ü小ü有礼貌，见到j、q、x就脱帽。”游戏与动画的使用让教学重难点得以突破。使孩子们在学习过程中始终兴趣盎然，收到了比较好的教学效果。

引用人物话的不同形式

翟宏丽　洋县城西小学

【微课简介】

学段学科：小学语文

微课名称：引用人物话的不同形式

【学情分析】

在学习了人教版小学语文三年级上册第二单元的三篇精读课文后，孩子们在老师的引导下初步感知人物语言的不同形式的引用，但具体怎么正确添加标点，进行日常日记和习作的人物语言引用，急需一个系统地讲解和配套练习，本节微课应运而生，有针对性地用来帮助学生突破这个知识点的语文学习和自学。

【知识点描述】

引用人物的话有三种不同形式：一是提示语在前，二是提示语在后，三是提示语在中间。

（1）××说：“×××，×××××××××。”

（2）“×××，×××××××××。”××说。

（3）“×××。”××说，“×××××××××。”

【知识点来源】

学科：语文　　　　年级：三年级

教材：人教版　　　章节：第二单元园地“我的发现”

【教学类型】

☑ 讲授型　□问答型　□启发型　□讨论型　□演示型　□联系型

□实验型　□表演型　□自主学习型　□合作学习型　□探究学习型

【适用对象】

学生：本微课是针对本学科平时成绩多少分的学生？

□40 分以下　☑40 ~ 60 分　□60 ~ 80 分　□80 ~ 100 分

教师：□班主任　□幼儿教师　☑ 普通任课教师　□其他

其他：□软件技术　□生活经验　☑ 家教　□其他

【设计思路】

（1）观察句子；（2）认识提示语；（3）根据提示语的位置，分析如何正确使用标点符号；（4）发现异同；（5）实战练习；（6）归纳总结。

【教学过程】

一、片头

引用人物的话有三种不同的方式，即提示语在句前，提示语在句后，提示语在句中。

首先我们来观察一组对话描写：

（1）列宁自言自语地说：“灰雀再也飞不回来了。”

（2）“一定会飞回来！”男孩肯定地说。

（3）“是的。”小男孩鞠了个躬说，“请让我进去吧！”

这三句话都是由提示语、人物所说的话、标点符号组成的。

二、正文讲解

（一）认识提示语

什么是提示语呢？提示语就是交代说话的人物，以及描述人物说话时的神态、动作、语气等细节的文字。

如：妈妈微笑着说　　朋友想了想说　　老师亲切地说

（二）如何正确使用标点符号

提示语的位置不同，句子的标点符号就不同。根据提示语的位置，如何正确使用标点符号呢？

1. 提示语在句前

“说”字的后面加冒号，人物说的话用双引号引起来。
如：列宁自言自语地说：“灰雀再也飞不回来了。”
提示语是“列宁自言自语地说”，在句前，“说”字后面加冒号。
人物说的话是“灰雀再也飞不回来了。”，用双引号引起来。
可以概括出口诀：提示语在句前，冒号引号紧相连；

2. 提示语在句后

“说”字后面加句号，人物说的话用双引号引起来。
如：“一定会飞回来!”男孩肯定地说。
提示语是“男孩肯定地说。”，在句后，“说”字后面加句号。
人物说的话是“一定会飞回来!”，用双引号引起来。
可以概括出口诀：提示语在句后，引号后面跟小圈。

3. 提示语在句中

“说”字后面加逗号，前后两部分人物说的话分别用双引号引起来。
如：“是的。”小男孩鞠了个躬说，“请让我进去吧!
人物说的话是“是的。请让我进去吧!”，分别用双引号引起来。
提示语是“小男孩鞠了个躬说”，在句中，“说”字后面加逗号。
可以概括出口诀：提示语在句中，逗号两旁引号站。

（三）发现异同

现在，我们再来比较一下这三个句子，能发现它们的异同吗?
它们的共同点是：人物说的话都用双引号引起来。
不同点是：提示语位置不同，“说”字后面标点符号不同。

（四）实战练习

下面，请用这组句子试试身手吧!
妈妈高兴地说　　你真是个好孩子。
是我弄坏的。　　小亮惭愧地说
庆龄。　　爸爸说　　我们一起去伯父家。

三、结尾

归纳总结：

看来，不同形式，引用人物的话，其实并不难，只要我们记住标点使用口诀就行了：

提示语在句前，冒号引号紧相连；
提示语在句后，引号后面跟小圈；
提示语在句中，逗号两旁引号站。

【教学反思】

一、内容反思

本节的微课内容是人教版小学语文三年级上册第二单元园地“我的发现”的一个重点和难点，在设计本节微课时，我选取了这一个知识点，从小处着手，精准有效地进行突破。

二、制作过程反思

（1）形式新颖。本节微课针对性强，构思新颖，富有创意，符合学生特点，录制过程中语言规范，措辞准确，符合学生要求，且具有收藏价值，便于期末复习和将来的总结。

（2）精心原。针对教学内容，依据教参、课本，我整理了课文中的例子，自己一字一句设计了整个教学过程，又制作了赏心悦目的精美 PPT ，配上了清新怡人的背景图。

（3）实用高效。这节微课中，不仅有细致地讲解，更有配套地简单练习，步步紧扣，层次清晰，不管是课堂，还是自学，都能让学习者身临其中，及时检查反馈，突破教学重难点，完成教学目标，收到教学实效。

三、效果反思

这节微课已多次应用于教学，运用这样的方法和教学过程，孩子们已基本掌握了人物语言的三种引用形式，课堂上感到很新奇，兴趣高涨，加之形式新颖，学生们听得非常专注，收到了事半功倍的效果。

此外，这个微课对于那些没有教授过这个知识点的班级或者自学者来说，也将会是不错的教学资源和自学巩固的材料。

鸟邻居

曾晓容　汉中市青年路小学

【微课简介】

学段学科：小学语文

微课名称：鸟邻居

【内容简介】

数字故事《鸟邻居》采用 Focusky 软件进行制作并输出为视频，再结合 Camtasia 软件进行字幕的添加和美化，最终完成作品的制作。

《鸟邻居》这则故事讲述了小明和爷爷住在森林里。起初淘气的小明用弹弓将森林中的鸟都打跑了。失去鸟儿的森林遭了殃，虫子们开始破坏树木。爷爷把小鸟的作用和小明讲述后，小明意识到了自己的错误，赶紧把小鸟们都迎了回来，看见别人用弹弓打鸟，小明也会制止。不久后森林又恢复了健康，小明和鸟儿们也能愉快的相处。这则故事旨在帮助孩子们树立爱护小鸟、保护环境的意识。

在制作过程中，对于小明用弹弓打鸟儿导致大树生病的情况进行了详细的展示，如："叶子变黄，还落了一地""树上掉下来很多虫子"等等，让学生充分感受到小鸟对于大树健康的重要性。此外，对于小明知错就改，找回鸟儿的行为也进行了具体的展示，如："在大森林里到处转悠，边走边喊""看见鸟妈妈，高兴得蹦起来""看见小男孩用弹弓打鸟儿跑上前阻止"等等。让学生体会到小明已经认识到自己的错误，并已经改正。这些细节使学生对故事有了更立体的感受，从而实现让学生树立爱护小鸟、保护环境意识的目标。

黄鹤楼送孟浩然之广陵

张　慧　汉中市伞铺街小学

【微课简介】

学段学科：小学语文

微课名称：黄鹤楼送孟浩然之广陵

【学情分析】

从知识储备的角度看，四年级的学生已经有一定的古诗积累和古诗学习方法的基础，本课在学生初步自学字词，读通诗文，大致了解诗意的基础上进行，学生可以很容易地通过微课中情景交融的画面和旁白突破字词难点；从情感经历来看，或从书本中，或从生活中，学生对离别也应该有了一点个人感受，微课中再从李白和孟浩然的交往入手过渡到离别，比较能调动学生对诗中情感的感悟和共鸣；从微课使用能力方面看，四年级同学通过信息技术课的学习，已经具备基本的视频打开、观看、关闭的操作能力，可以很容易地通过上网观看本视频并进行学习。

【知识点描述】

（1）利用图片帮助学生理解“西辞”，体会“烟花三月”“扬州”的意象。

（2）通过动画、旁白帮助学生体会诗歌描绘的意境，感受诗中表达出的情感。

（3）利用配乐朗读与背景歌曲，加深学生对古典诗歌韵味的感悟，培养他们对古诗词的热爱。

【知识点来源】

学科：语文	年级：四年级
教材：人教版	章节：第六单元

【基础知识】

（1）了解李孟二人的交往及深厚友情。

（2）“西辞”“烟花三月”“扬州”“孤帆”“尽”这几个关键词的理解突破和意象引导。

（3）本诗独特的离别情韵。

【教学类型】

☑ 讲授型　□问答型　☑ 启发型　□讨论型　□演示型　□联系型

□实验型　□表演型　☑ 自主学习型　□合作学习型　□探究学习型

【适用对象】

学生：本微课是针对本学科平时成绩多少分的学生？

□40 分以下　□40 ~ 60 分　☑60 ~ 80 分　☑80 ~ 100 分

教师：□班主任　□幼儿教师　☑ 普通任课教师　□其他

其他：□软件技术　□生活经验　☑ 家教　□其他

【设计思路】

《黄鹤楼送孟浩然之广陵》是一首脍炙人口的送别诗，这首诗从理解诗意的角度看并不难，但是有别于其他送别诗的情韵却要与盛唐、扬州、烟花三月、李白，这些特有的时代、地点、季节、诗人联系起来，它不同于王维《送元二使安西》的伤感，也不同于王勃《送杜少府之任蜀州》激越，在淡淡的惆怅中更有一种诗意，为了让学生能够更好地学习和体会这首诗中蕴含的感情，我设计了这个微课。它可以帮助语文教师在学习本课时加深学生对诗歌的感悟和记忆，也可以为自主学习本课的学生提供难点突破的帮助。

【教学过程】

一、片头

（1）导入新课。

"黄金万两容易得，人间知己最难寻。"自古相聚欢，离别难，何况古代交通不便，朋友分别之后就很难再见，就算是鸿雁传书，也是旷日持久。于是呀，写诗送别就成了一种风俗。《黄鹤楼送孟浩然之广陵》就是送别诗中很有名的一首。

（2）朗读古诗，整体感知。

二、正文讲解

1. 讲诗歌背景，体会李孟情深

讲李孟二人的交往过程，为后来体会离别之情做好铺垫。

2. 抓关键字词，品味诗中的感情

（1）通过视频动画的辅助，使学生弄清位置，了解"西辞"的意思。

（2）通过图片展示，旁白介绍等方法，使学生理解"烟花三月""扬州"在古诗中的意象，体会其中蕴含的诗人无限向往的感情。

（3）抓住"孤""尽"二字，以及末句中长江之水东流的意象，体会诗人的依依惜别之情。

3. 综述全篇：诗意的离别

李白的这首送别诗，有自己独特的情味。这首诗里表现的离别，是一种充满诗意的离别。这次离别，是两位风流潇洒的诗人的离别；这次离别，跟一个繁华的时代、繁华的季节、繁华的地区相联系；这次离别，是充满向往，略带惆怅，饱含深情的离别。

三、结尾

配乐朗读，欣赏古风歌曲《黄鹤楼送孟浩然之广陵》，感受诗中的情感韵味。

【教学反思】

一、内容反思

限于时间的关系，这节微课的设计仅就这首诗必需的字词理解与写作背景做了基本的介绍，任课教师或自学的学生可以补充一些相关时代及人物等方面的知识；同时，对于不同风格的离别诗也可以做些补充，从而使学生在对比中感受每首诗歌不同的风格。单就本首诗而言，设计内容基本实现了预期安排。

二、制作过程反思

由于个人能力的限制，在诗歌朗诵以及音乐与旁白的同步协调性方面还需要加强。

三、效果反思

在将本节微课小范围试用时，学生通过短时间使用教材预习本诗后，借助微课视频，能很好地掌握本节课的学习内容，能突破字词难点，对诗中情感的把握更容易，借助古风音乐可以更快地实现诗歌背诵。

到底该不该“骄傲”

竺媛媛　汉中市勉县老道寺镇长林小学

【微课简介】

学段学科：小学语文

微课名称：到底该不该“骄傲”

【学情分析】

由于微课解决的问题来自学生学习实际，内容也贴近生活，所以对已有较强理解能力的五年级学生来说很容易产生浓厚的学习兴趣，理解、运用起来也很简单，教学效果明显而有效。学生利用电脑、手机或平板就能学习，非常容易操作。

【知识点描述】

词语的感情色彩分为褒义、贬义、中性三种，大多数词语的感情色彩学生很容易区分，但有的词语比较特殊，同时有褒贬两种感情色彩，只有在具体语言环境中才能准确使用。因此，我以“骄傲”一词为例，结合学生实际学习中的困惑，利用本微课生动细致地讲解了同一词语蕴含的两种相反的感情色彩，并指导学生在具体语境中运用，同时列举其他类似的词语，既拓展了学生知识面，又让学生对词语的感情色彩有了更系统、更深刻的认识。

【知识点来源】

学科：语文　　　　年级：五年级

教材：人教版　　　章节：上册第七组课文

【基础知识】

了解词语的不同含义和感情色彩，并在不同的语境中加以运用。

【教学类型】

☑ 讲授型　☑ 问答型　□启发型　□讨论型　□演示型　☑ 联系型

□实验型　□表演型　□自主学习型　□合作学习型　□探究学习型

【适用对象】

学生：本微课是针对本学科平时成绩多少分的学生？

☑40 分以下　☑40 ~ 60 分　☑60 ~ 80 分　☑80 ~ 100 分

教师：□班主任　□幼儿教师　☑ 普通任课教师　□其他

其他：□软件技术　□生活经验　□家教　☑ 其他

【设计思路】

“语文来源于生活”。本微课以学生实际学习中对“骄傲”一词该如何使用的困惑为出发点，先讲解“骄傲”一词的两种不同含义、感情色彩和用法，接着在具体的语境中练习应用，然后再以“花枝招展”为例，在具体语言环境中体会其感情色彩和含义，最后列举类似有两种感情色彩的词语，并总结深化：只用根据具体语境，才能正确理解和运用词语。片尾歌曲，再以“语境”为主题，提示结合语境才能正确使用词语，增强本微课的实用性和趣味性。

【教学过程】

一、片头

激趣导入：

（1）学生回忆学习第七组课文时，老师为了增强学生民族荣誉感而设计了长城相关知识的学习，引出老师的教导：“应该为自己是一名中国人而骄傲”，和自己数学得了 100 分，妈妈相反的教导：“可不能骄傲哟！”的两种不同看法。

（2）学生质疑：到底该不该骄傲？

二、正文讲解

（1）老师提示，先查字典了解“骄傲”一词的意思。

（2）根据本词两种不同的意思，结合具体的语言环境判断两句话中的不同含义和感情色彩。

（3）练习不同语境中“骄傲”的含义和感情色彩。

（4）总结：

应该在具体的语言环境中，理解“骄傲”一词的含义，判断感情色彩，并正确运用，脱离语言环境是无法正确使用它的。

（5）以“花枝招展”为例，再次引导学生体会同一词语在不同语境中的不同含义和感情色彩。

（6）拓展：列举类似的词语。

三、结尾

师总结：中国汉字博大精深，理解、运用词语一定要在具体的语言环境中细细体会。

【教学反思】

一、内容反思

内容以学生学习实际出发，符合课标对第三学段中关于“辨别词语的感情色彩，体会其表达效果”的要求，知识浅显易懂，练习贴近学习内容和生活实际，学生学习兴趣浓厚。

二、制作过程反思

微课设计过程循序渐进，符合五年级学生认知规律，由解惑到运用，由一个词到一类词，系统、详细地讲解了词语不同含义和感情色彩的关系，并强调了最重要的是根据语言环境来判断并使用词语。设计制作过程合理、科学，实用性强。

三、效果反思

微课制作好后，我利用乐教乐学平台发送给了全班学生，并作为家庭作业要求全班学生观看学习。从第二天的练习题中可以看出，微课内容全班学生都掌握得很好，收到了良好的教学效果。

有趣的象形字

李　娜　汉中市陕飞二小

【微课简介】

学段学科：小学语文
微课名称：有趣的象形字

【学情分析】

本课生字结构比较简单，又是义形结合的象形字。教学中应引导学生自己去发现、探究字形和字义之间的联系，在辨别字形中了解字义，结合字义了解、识记字形。

【知识点描述】

课文列出了八个生字，用图文结合的方法展示了汉字演变的大致过程，微课以一种直观的展示让学生进一步感受汉字义形结合的特点。

【知识点来源】

学科：语文　　　　　　　　　　年级：一年级（上册）
教材：人教版　　　　　　　　　章节：第一单元第四课

【基础知识】

听本微课之前需了解的知识：会认结构简单的生字。

【教学类型】

☑ 讲授型　□问答型　□启发型　☑ 讨论型　□演示型　□联系型
□实验型　□表演型　□自主学习型　□合作学习型　☑ 探究学习型

【适用对象】

学生：本微课是针对本学科平时成绩多少分的学生？
☑40 分以下　☑40 ~ 60 分　☑60 ~ 80 分　☑80 ~ 100 分
教师：□班主任　□幼儿教师　□普通任课教师　□其他
其他：□软件技术　□生活经验　□家教　☑ 其他

【设计思路】

感悟象形字是 2016 年人教版小学语文一年级上册第一单元第四课《日月水火》的内容，本微课依据象形字的特点，在学生观察的基础上，启发学生发现汉字与图画的关系，并引导学生动手绘画古文字，帮助学生理解和识记本课生字。

【教学过程】

一、片头

同学们，今天我们一起来学习有趣的象形字。

二、正文讲解

（1）比较字与图，找关系，并归纳象形字的含义。

（2）根据图片画古文字“山”。
（3）图字结合，认识“秋”字。
（4）结合所学，自学、认读“日”“月”“石”“田”。
（5）文字插花游戏。

三、结尾

同学们你们看象形字多有趣啊！通过这节课的学习你又收获到了什么呢？同学们再见！

【教学反思】

一、内容反思

本微课不仅将象形字的特点以图文的形式直观地展现出来，还引导学生动手绘画古文字，帮助学生理解和识记象形字，最后游戏的插入又进一步巩固了所学知识。这样既突破了教学的重难点，又有利于知识的顺利迁移。

二、制作过程反思

通过制作 PowerPoint 课件、并使用 Camtasia Studio 录屏软件给学生对汉字与图片的关系进行讲授。通过微课的直观展示，引导学生多观察，进而使学生容易理解字义、识记字形。同时强化了象形字的概念，更深层次地感受了中华文字之美。

三、效果反思

本次微课可以供老师在课堂教学中使用，还可以供学生在家里复习使用，也可以为讨论课后的练习题提供参考，寓教于乐，应用效果较好。

j、q、x 和 ü 的拼读规则

卜万英　汉中市陕飞二小

【微课简介】

学段学科：小学语文

微课名称：j、q、x 和 ü 的拼读规则

【学情分析】

由于 ü 和 u 相似，学生在学习 j、q、x 和 ü 拼读时，总是和 u 混淆，常常写反或忘记去点。这是一年级学生的难题，也是考试的失分点。

【知识点描述】

本课教学的内容是 j、q、x 和 ü 的拼读规则。这节课主要是一年级进行完拼音教学后，用于复习巩固，加深 j、q、x 和 ü 相拼要去点的规则练习。

【知识点来源】

学科：语文　　年级：一年级
教材：人教版　　章节：拼音教学

【基础知识】

本课教学的内容是 j、q、x 和 ü 的拼读规则》。这节课主要是一年级进行完拼音教学后，用于复习巩固，加深 j、q、x 和 ü 相拼要去点的规则的练习。

【教学类型】

□讲授型　□问答型　□启发型　□讨论型　☑ 演示型　□联系型
□实验型　□表演型　□自主学习型　□合作学习型　□探究学习型

【适用对象】

学生：本微课是针对本学科平时成绩多少分的学生？
☑40 分以下　☑40 ~ 60 分　☑60 ~ 80 分　☑80 ~ 100 分
教师：□班主任　□幼儿教师　☑ 普通任课教师　□其他
其他：□软件技术　□生活经验　☑ 家教　□其他

【设计思路】

通过可爱的卡通图片，有趣的故事，吸引学生，把知识点变成有趣的游戏，再编成儿歌，融进游戏中，让学生在玩中快乐地学习。把枯燥、难懂的知识点变成了小朋友爱看的动画片，用朗朗上口的儿歌解决难题。

【教学过程】

一、片头

j、q、x 像三个调皮的孩子跳出，ü 以螺旋状转出，以动画形式吸引学生进入。

二、正文讲解

（1）出示有两滴大泪珠的 ü，说 u 不哭，没有泪珠。

（2）调皮的 j、q、x 却不能和 u 玩耍，会出笑话的，并用红叉警示学生。

（3）ü 和 j、q、x 是朋友，以动画形式出现。理解：ü 要见到 j、q、x，擦掉眼泪笑嘻嘻。

（4）ü 离开 j、q、x 的小房子，又出现大大泪珠有两滴。

（5）为了巩固儿歌，我使用超链接的方法动画演示儿歌。

（6）以 ü 与 j、q、x 拼读的练习题巩固儿歌，学习儿歌的运用。

（7）介绍韵母 üe 和 ün 遇到 j、q、x，也可以用儿歌解决难题。

（8）当 ü 作介母，与 j、q、x 拼读 ，同样可以用儿歌解决，但练习难度提升，学习灵活运用儿歌。第一组少介母，第二个少音节，第三个是分解音节。

三、结尾

以小猴送桃子，对学生肯定，进行鼓励。

【教学反思】

一、内容反思

每当遇到“j、q、x 和 ü 的拼读”的练习题，学生总是容易出错，通过可爱的卡通图片，有趣的故事，吸引学生，把知识点变成有趣的游戏，再编成儿歌，融进游戏中，让学生在玩中快乐地学习。把枯燥、难懂的知识点变成了小朋友爱看的动画片，用朗朗上口的儿歌解决难题。

二、制作过程反思

（1）拼音在课件中活了，会做游戏，有表情，吸引学生的注意力；

（2）字母色彩鲜艳，主要难点在画面中突出。

（3）知识点由浅入深，学生易于接受。

（4）语言亲切、有趣，贴近学生，鼓励性很强。

三、效果反思

（1）制作好微课，给学生播放。学生很喜欢看，要求老师再播放一遍。

（2）与看微课前后对比，学生在做题的过程中，更熟练，不易犯错。

（3）我把微课给老师们分享，答复是教学省事了，孩子们更乐意学习，接受更快。

小学生读书方法之不动笔墨不读书

沈　涛　燕子砭镇中心小学

【微课简介】

学段学科：小学语文

微课名称：小学生读书方法之不动笔墨不读书

【学情分析】

四年级学生大多数淳朴、活泼、积极向上。这学年是他们知识、能力、情感价值观形成的关键时期，他们对自我、他人、家庭、社会有了一些浅显的认识，养成了一定的好行为习惯，随着他们社会生活范围的不断扩大，进一步认识了解社会和品德的形成成为迫切的需要。因本课程的开放性、活动性、实践性较强，绝大部分学生乐于这一门课程的学习，能积极与到本课程的课内外的学习活动中去。学生思维活跃、动手能力较强。通过本课程的学习，学生可以掌握一定的读书技巧，喜欢上阅读。

【知识点描述】

本课时间约为 6 分钟，短小精悍，直击重点，指导学生读书时如何动笔，通过学习，学生能够直观的，迅速地知道不动笔墨不读书其实不光应用于课文，还可以应用于各种阅读中。

【知识点来源】

结合课文《观潮》进行分析，运用圈点勾画发、摘录法、批注法等。

学科：语文　　　　　　　　　年级：四年级
教材：人教版　　　　　　　　　章节：第一章

【基础知识】

圈点勾画法、摘录法、做批注法

【教学类型】

□讲授型　□问答型　☑启发型　□讨论型　□演示型　□联系型
□实验型　□表演型　□自主学习型　□合作学习型　□探究学习型

【适用对象】

学生：本微课是针对本学科平时成绩多少分的学生？
□40分以下　□40~60分　☑60~80分　□80~100分
教师：□班主任　□幼儿教师　☑普通任课教师　□其他
其他：□软件技术　□生活经验　□家教　□其他

【设计思路】

因学校地处农村，孩子们渴望读书但却不会读书，往往是走马观花，一知半解。针对这种情况，我特别制作了这篇微课，就是要告诉学生们读书要动笔，而且列举了三个最常用的动笔方式，即：圈点勾画法、摘录法、做批注法，并结合自己在预习《观潮》时的方法进行讲解，让学生更加清晰直观地了解这几种方法，并快速地掌握和运用。

【教学过程】

一、片头

兴趣导入：

师：鲁迅先生也曾提出过，读书要“眼到、口到、心到、手到、脑到”，不动笔墨不读书。这进一步启示我们：读书要勤于动笔墨。这既是一种良好的习惯，又是一种良好的阅读品质，同时也是一种非常有用的学习方法。读书动笔，既能够帮助你记忆，又有利于你储存资料，积累写作素材；也有利于扩大你的知识面，提高个人的分析综合能力。这节课我们就来谈谈“不动笔墨不读书”的话题。

二、正文讲解

“动笔”常见的有以下几种形式：

（1）圈点勾画。就是用不同的符号在书或文章中分别标出重点词句疑难困惑等。

（2）以《观潮》中的片段举例说明。

（3）搞摘录。在读的过程中把自己认为好的词句摘抄下来。

（4）示范摘录《观潮》中的精彩语句。

（5）作批注。在文章或词句旁写出自己的见解和感受。

（6）展示自己读《观潮》时做的批注。

三、结尾

读书是一个过程，只有边读边思、边读边写，才真正地构成了阅读的方式。“动笔墨”的过程，既是反复加深对阅读内容理解的过程，又是帮助头脑建立资料库的过程。读书动笔，读书效率就会越来越高，书就会变成营养，被吸收，被运用。

古人就曾言“好记性不如烂笔头”，这是很有道理的，我觉得并不是凭空瞎说。在读书过程中，我们要把读和写自觉地结合起来。如果我们读书的过程中能坚持把自己瞬间的灵感、偶得的感言、真实的收获等随笔而录，积少成多，就会集腋成裘。请记住徐特立老先生说的这句话吧：不动笔墨不读书。孩子们，运用今天学的方法读书吧，它能给你智慧，给你光明，给你快乐！

【教学反思】

一、内容反思

本课中，通过教给学生三种读书方法，即：圈点勾画法、摘录法、做批注法，并结合自己在预习《观潮》时的方法进行讲解，让学生更加清晰直观地了解这几种方法，并快速地掌握和运用。美中不足，由于时间的限制我只是简单地将读书方法让学生应用于课堂，其实这些读书方法，不仅是在课内，还应该把学生的思维引向课外，让他们在课外阅读时也能形成良好的批注习惯，这样，不仅为学生创设了更多的阅读批注的机会，还能促使他们养成阅读批注的良好习惯；不仅扩大了学生的阅读范围，拓宽了学生知识视野，还能有效实现知识和能力的迁移。

二、制作过程反思

现在微课常用的就是使用PPT结合屏幕录制功能进行操作，虽然简单易学，但如果可以使用动态视频的方式录制，然后再配上解说，效果将比PPT录制好很多。

三、效果反思

其实不论是何种形式的录制方法，直击教点，让学生在短时间内学会并掌握这样的方法才是微课的优点所在，本节课用短短的几分钟教给学生三种读书方法，意在让学生明白读书效果的好与坏和读书方法的正确运用有着密不可分的关系，而常用的读书方法也就这三种，学生掌握了基本的方法之后，学习效果，读书收获将会稳步提升。

小学数学

圆锥的体积

袁　锦　洋县城西小学

【微课简介】

学段学科：小学数学
微课名称：圆锥的体积

【学情分析】

圆锥的体积是学生学习了长方体、正方体、圆柱的体积，体积、容积单位，以及圆锥的认识的基础上进行教学的。

【知识点描述】

圆锥的体积知识比较简单，关键是让学生通过猜想和实验，明确圆锥的体积是与它等底等高的圆柱的体积的三分之一。

【知识点来源】

学科：数学　　　　　　　　年级：六年级
教材：北师大版　　　　　　章节：第一单元

【基础知识】

借助已有的生活和学习经验，通过猜想和实验，使学生自主探索出圆锥体积和圆柱体积之间的关系，初步掌握圆锥体积的计算方法，并能正确地计算圆锥的体积，解决实际生活中有关圆锥体积计算的简单问题。

【教学类型】

□讲授型　□问答型　☑ 启发型　☑ 讨论型　☑ 演示型　☑ 联系型

□实验型　□表演型　□自主学习型　□合作学习型　☑ 探究学习型

【适用对象】

学生：本微课是针对本学科平时成绩多少分的学生？
□40 分以下　☑40 ~ 60 分　☑60 ~ 80 分　☑80 ~ 100 分
教师：☑ 班主任　□幼儿教师　□普通任课教师　□其他
其他：□软件技术　☑ 生活经验　□家教　☑ 其他

【设计思路】

这节微课的设计，我从生活中消铅笔的情境入手。我借助学生已经掌握的长方体、正方体的体积以及圆柱的体积等知识来进行教学。首先引导学生大胆的猜测圆锥的体积计算方法。通过巧妙的设计，让学生联想到圆锥的体积与等底等高的圆柱体体积的关系，进一步通过演示实验来验证学生的猜测。进而推导出圆锥体积的计算公式。最后出示简单的习题，巩固知识。

【教学过程】

一、情境引入

（1）削铅笔的情景。
（2）揭示课题。

二、新课探究

（一）、探究圆锥体积的计算公式

1. 大胆猜测
（1）圆锥的体积该怎样求呢？能不能通过我们已学过的图形来求呢？
（2）请你猜猜圆锥的体积和圆柱的体积有没有关系呢？有什么关系？

2. 试验探究圆锥和圆柱体积之间的关系

我们通过试验来研究等底等高的圆锥体积和圆柱体积的关系。通过实验，你发现了什么？

（圆柱的体积是与它等底等高圆锥体积的 3 倍. 也可以说成圆锥的体积是和它等底等高的圆柱的体积的三分之一。）

3. 公式推导

圆锥的体积公式及字母公式。进一步强调等底等高的圆锥和圆柱才存在这种关系。

（二）圆锥的体积计算公式的应用

已知圆锥的底面积和高，求圆锥的体积。

一个圆锥形零件，底面积是 19 平方厘米，高是 12 厘米，这个零件的体积是多少？

三、巩固练习

（1）已知圆锥的底面半径和高，求圆锥的体积。

一堆小麦的底面半径为 2 m，高为 1.5 m。小麦堆的体积是多少立方米？

（2）已知圆锥的底面直径和高，求圆锥的体积。

一堆小麦的底面直径为 2 m，高为 1.5 m。小麦堆的体积是多少立方米？

（3）思考题。

① 一个圆锥与一个圆柱等底等高，如果圆柱的体积是 18 立方米，圆锥的体积是（　　）。如果圆锥的体积是 18 立方米，圆柱的体积是（　　）。

② 把一个体积是 30 立方分米的圆柱体，削成一个最大的圆锥。圆锥的体积是（　　）削掉的体积是（　　）。

四、总结

（1）你会算圆锥的体积了吗？

（2）本节课你那个方面掌握的最好？还有什么疑惑？

【教学反思】

怎样让学生自己探究出圆锥的体积公式，并且时时记住那个容易被人遗忘的三分之一呢？我从生活中消铅笔的情境入手。引导学生大胆猜想。力争把学习的主动权交给学生，让每个学生都经历“提出猜测--试验验证--得出公式”的自主探究学习的过程，达到了预期效果。但是在学生接触这一微课时，是第一次思考圆锥体积的计算方法。这个时候，应该让学生动手去操作实践更好。如果重做这个微课，我会将后面的练习去掉一些。加入让学生自制等底等高的圆柱和圆锥，并进行实验操作的过程。把大量的时间留在让学生推测、猜想、以及动手实践上。

同时长期以来的传统的课堂教学模式的影响使我的教学理念形成了定式思维，认为一堂课给学生讲述的是越多越好，越充实越好，容量越大越好，越精细越好。在这样的教学思想下我制作出的微课既有导入、又有猜测，既有实验验证，又有总结公式的过程。最后还设计了大量的练习。使得这件微课教学内容的选择上范围稍大，略显臃肿。

录制本节微课的时候，我还用的是超级录屏软件。需要下载软件再进行操作，非常麻烦。现在，我们对鸿合 i 学软件的应用进行了普及和考核。再录制微课时直接用鸿合 i 学软件的微课功能就可以了。

有几瓶牛奶

程　洁　汉中市城固县朝阳小学

【微课简介】

学段学科：小学数学

微课名称：有几瓶牛奶

【学情分析】

在日常生活中，部分学生已经有了一些计算 20 以内进位加法的经验，并且通过前面的学习，学生已经会计算 10 以内加减法。在教学时应创设丰富多彩的活动，让学生在活动中经过独立思考，互相交流算法，体会计算方法的多样性，从而培养学生的创新意识和思维的多样性。

【知识点描述】

“有几瓶牛奶”（9 加几的进位加法）是 20 以内进位加法的第一节课，是学生学习进位加法的基础。教材共分三次活动进行：第一次活动是对生活情境的观察、思考，提出数学问题，列出加法算式；第二次活动通过摆小棒（或图形）探索“9+5”进位加法的多种计算方法，特别是“凑十”时，可以拆 5 凑 9，也可以拆 9 凑 5。教材利用学生非常熟悉的情境，引导学生自主探索计算方法，由于学生已有的生活经验不同就会产生计算方法的多样性，这样安排，有利于培养思维的灵活性和独立性。

【知识点来源】

学科：数学　　　　年级：一年级

教材：北师大版　　　　章节：第七单元　加与减（2）

【基础知识】

（1）通过对问题情境的探索，使学生自己得出计算 9 加几的进位加法的方法，初步感知计算方法的多样性，并能处理生活中一些简单问题。

（2）通过实际地动手操作，经历探索计算方法的过程，理解“凑十”的计算方法。

（3）通过合作交流，初步形成合作意识。

【教学类型】

☑ 讲授型　□问答型　☑ 启发型　☑ 讨论型　☑ 演示型　□联系型　□实验型　□表演型　☑ 自主学习型　☑ 合作学习型　☑ 探究学习型

【适用对象】

学生：本微课是针对本学科平时成绩多少分的学生？

□40 分以下　□40 ~ 60 分　□60 ~ 80 分　☑80 ~ 100 分

教师：□班主任　□幼儿教师　☑ 普通任课教师　□其他

其他：☑ 软件技术　□生活经验　□家教　□其他

【设计思路】

首先要合理选择微课内容，微课是一种短小精悍的数字化微学习资源，在选题时要围绕教学的重点、难点、疑点、热点四个核心要点来选择；其次要精心设计教学流程，微课受时间的限制，所包含的内容必定也是有限的。因次，在设计微课时，切入课题要简洁明了，直奔主题；重难点的设计也要清晰、直观，让学生能够快速掌握某方面的知识；总结环节简明扼要，提纲挈领；最后视频录制一定要清晰，视频的录制直接影响到听课者的学习兴趣，因此在录制视频录制的过程中要画面清晰、声音动听。总之对教师而言，我们应掌握微课制作技巧，把微课资源的优势充分挖掘并运用到自己的教学中，这也能够有效促进教师专业成长。

【教学过程】

一、创设情境，激发兴趣

师：今天是淘气的生日，好朋友们都来给她开庆祝会，大家知道他喜欢

喝牛奶，所以送来一些牛奶，以示庆贺。（电脑演示情境）

（设计意图：借助学生已有的经验，创设问题情境，让学生感到十分有趣，激发学生的学习愿望和参与动机。）

师：小朋友，根据画面你知道了什么?你能提出数学问题吗?

生：左边盒子里有 5 瓶牛奶，右边盒子里有 4 瓶牛奶，一共有几瓶牛奶?

师：今天，老师要和小朋友共同来解决“一共有几瓶牛奶”这个问题。

二、探究新知

（1）师：一共有几盒牛奶这个问题，你们觉得应该用什么方法解决呢?（加法）

为什么呢?

（2）那么要求“一共有多少盒牛奶”如何列式呢?

生 1：9+5 = 14（盒）

生 2：5+9 = 14（盒）

（3）探索算法。

方法一：接着数。就是从 9 接着往后数 5 个数。9+5 = 14

方法二：凑十法。用 1 根小棒代表 1 瓶牛奶。

教师演示，学生用小棒摆，边说边摆。

可能出现的计算方法有：

① 拆小数，凑大数：把 5 分成 1 和 4，1 + 9 = 10，10 + 4 = 14，所以 9 + 5 = 14；

② 拆大数，凑小数：把 9 分成 5 和 4，5 + 5 = 10，10 + 4 = 14，所以 9 + 5 = 14；

（4）比较算法。

师：通过大家的动手操作，我们验证了 9 + 5 = 14 是正确的。大家还想到了好几种计算方法，你觉得它们有什么共同点呢?

生：他们都先凑成了十。

师：所以我们可以给这些方法取个什么名字呢?

生：凑十法。

师：这两种凑十法你最喜欢哪种呢？说说为什么吧?

学生自由发表意见。

师：你觉得这两种凑十的方法一样吗?

引导学生找出差异，优化算法。

师：找出差别了，现在你觉得它们两谁更好些呢?

生：9最接近10，把9凑成十比较容易。

（设计意图：凑十法是一种比较重要的方法，大部分学生通过小组合作、讨论能够接受，但也要考虑到小部分学生的接受能力。教师可利用“这种方法你觉得好吗?”“这种方法你喜欢吗?”“等问题，多创造一些机会让他们跟其他同学交流，用自己的语言表达想法，理解凑十法的意义，并体会算法多样性。）

（5）学儿歌。

师生一起学习九加几的儿歌。

三、全课总结

通过学习，你会计算9加几了吗?想一想，你还有哪些收获?

【教学反思】

本节课是孩子初步接触进位加法。应用“凑十法”，学会9加几的进位加法，教学关键在于启发学生将9加几转化为10加几，“凑十法”的思考过程是本节课的难点。本节课围绕学生“发现问题——提出问题——解决问题”的教学过程，利用课件出示了1箱有9瓶牛奶，1箱有5瓶牛奶的情景图，请学生们提出问题。并鼓励学生拿出小棒，摆一摆，算一算，尝试解决“一共有几瓶牛奶?”这个问题。学生通过摆小棒等学具，直观地帮助学生寻求解决问题的办法，大家纷纷发表自己的见解，并列出算式解决问题，课堂气氛非常活跃，达到了以疑激思的良好效果。形成感性认识后，逐步抽象出9加几的计算方法。

微课，作为一种新型的课程资源，以其简单化、实用化、多样化和智能化备受师生欢迎，具有广阔的教育应用前景。它对于辅助学生学习，教师的专业发展与自身发展都起着重要的作用。我们应该以积极的态度，冷静的思考，参与微课的应用与实践研究，让微课成为小学生数学学习的“隐形翅膀”，叩开数学自主学习之门。

优秀的微课应该是形式与内容的完美结合，好看又实用。小学生的特点决定必须注重微课视频形式的生动有趣，能吸引学生的眼球和注意力，满足其视觉快感和心理愉悦。因此，我们必须精心设计教学过程，能从学生的已有经验和知识储备出发，引导学生积极思考，激发起学生探索新知的欲望，积极主动构建新知，注意教师出境或出声不能太多，给学生充分自主思考的时间。

画角的方法

丁宝峰　汉中市城固县老庄镇谢何小学

【微课简介】

学段学科：小学数学

微课名称：画角的方法

【学情分析】

本节是在学生学习了直线、射线和角，角的度量和角的分类的基础上学习本课的，在学习本节课之前学生已经掌握了度量角的方法和技能，并且能使用一副量角器拼出已知角的和或差，这些都是学生画角的基础。

【知识点描述】

（1）会用量角器画出指定度数的角。

（2）会用三角尺画出特殊度数的角。

【知识点来源】

学科：数学　　年级：四年级　　教材：北师大版

【基础知识】

（1）用量角器量画指定度数的角。

（2）用三角尺画特殊度数的角。

【教学类型】

☑ 讲授型　□问答型　□启发型　□讨论型　□演示型　□联系型

□实验型　□表演型　□自主学习型　□合作学习型　□探究学习型

【适用对象】

学生：本微课是针对本学科平时成绩多少分的学生？

□40 分以下　□40 ~ 60 分　☑60 ~ 80 分　□80 ~ 100 分

教师：□班主任　□幼儿教师　☑ 普通任课教师　□其他
其他：□软件技术　□生活经验　□家教　□其他

【设计思路】

画角的方法比较复杂，传统讲授法学生不感兴趣，课上演示效果不好。借助微课程，教师通过讲解用量角器画角和用三角尺画特殊度数的角的方法，由浅入深地进行直观操作演示，让学生自己跟着微课进行自学，发展学生的操作技能，轻松破解教学难点。

【教学过程】

一、导入

（1）说明本节课的学习内容。
（2）出示量角器及量角器的中心点和 0 刻度线。
（3）量角器出现，在让学生对量角器的构造加深记忆和理解。

二、讲授

说明怎样用量角器量画指定度数的角（以画 60°角为例）的方法，明确画角的四个主要步骤。

用量角器量画指定度数的角是本节课的重点，做了细致讲解、说明。诸如两个重合、怎样找到正确的度数、区分好内外刻度等。并小结了量角器量画指定度数的角的方法，便于学生掌握方法，形成技能。

（1）说明怎样用三角尺画特殊度数的角（以画 60°角为例）的方法，明确用三角尺画角的四个主要步骤。
（2）说明怎么用两个三角尺画特殊度数的角（以画 150°角为例）的方法。

三、拓展延伸

用三角尺画其他特殊度数的角的方法。
激发兴趣，鼓励学生自主探索。

四、小结

通过知识点的小结，让学生对本节课学习内容得到再次巩固和理解。

【教学反思】

选题合理，内容短小明确，聚焦集中，能满足教学中实际需要。从教学内容来说，画角的方法知识点零散，单一的课堂教授方式或学生课堂看书自学方式都比较枯燥，难以达到较好的学习效果；从教学方法来说，这部分知识不属于探究性知识，所以借助微课这一载体，化静为动，化零为整，通过一个微视频，既有教师的讲解性学习、也有针对学生的提问，增加学生思考、操作的时间，真正实现满足学生个性化学习的需求。

作为课前学习的微课，我们的设计有静有动，既注重引导学生观察，也注重引导学生操作，还注重适时引发学生的思考。最后的留白设计，鼓励学生尝试学习更多的内容，将小微课的价值放大！

三角形内角和

张雅萍　洋县溢水镇中心小学

【微课简介】

学段学科：小学数学

微课名称：三角形内角和

【学情分析】

学生在本课学习前已经认识了三角形的基本特征及分类，由于三角形与日常生活联系紧密，图形直观，所以教学相对而言操作性很强。而学生的数学知识、能力和思考问题的角度存在一定的差异，因此比较容易出现解决问题的策略多样化，这样也对教学的开展提供了很好的研讨环境。

【知识点描述】

（1）知识技能目标：理解和掌握三角形的内角和是 180°。

（2）能力技能目标。

① 通过测量、撕拼、折叠等方法，探索和发现三角形三个内角的和等于180°。

② 发展学生动手操作、观察比较和抽象概括的能力。

（3）情感与态度目标： 让学生体验数学活动的探索乐趣，通过教学中的活动体会数学的转化思想。

【知识点来源】

学科：数学　　年级：四年级

教材：北师大版　　章节：第 2 章第 3 节

【基础知识】

本节课的教学是让学生通过量一量、撕一撕、折一折等活动，理解并掌握三角形的内角和是 180°，渗透转化思想，为今后学习图形知识打下基础。

【教学类型】

□讲授型　□问答型　□启发型　□讨论型　□演示型　□联系型

□实验型　□表演型　□自主学习型　□合作学习型　☑ 探究学习型

【适用对象】

学生：本微课是针对本学科平时成绩多少分的学生？

□40 分以下　□40 ~ 60 分　☑60 ~ 80 分　☑80 ~ 100 分

教师：□班主任　□幼儿教师　☑ 普通任课教师　□其他

其他：□软件技术　☑ 生活经验　□家教　□其他

【设计思路】

本课通过量、撕、拼、折等直观操作活动，探索并发现三角形内角和等于 180°，发展动手操作、观察和比较的能力，在亲历探索发现的过程中，体验数学思考与探究的乐趣，培养学习数学的兴趣。

【教学过程】

一、情景引入

师：通过之前的学习我们知道三角形按角的分类可以分为钝角三角形、直角三角形、锐角三角形。一天，三角形王国里三角形兄弟发生了争吵。我们一起去看看究竟发生了什么事？（课件）师讲故事：钝角三角形理直气壮地说："我的一个角比你们的大，所以我的内角和一定比你们的大。"锐角三角形说："别看你个头小可有的角比你们大，所以我的内角和最大。"直角三角形不服气了说："我有一个角是直角，所以我的内角和最大。"同学们来评评理，谁说的对呢？那这节课我们就一起来研究研究"三角形的内角和"。相信通过这节课的探究，同学们一定会做出公平、公正的判断。（板书：三角形的内角和）

二、新知探究，动手实践

师：同学们，那你们觉得三角形的内角和是多少度呢？

1. 量一量

用量角器量每种三角形。

用量角器测量一个锐角三角形得到 60°+48°+72°=180°。

用量角器测量一个钝角三角形得到 116°+26°+38°=180°。

用量角器测量一个直角三角形得到 90°+26°+64°=180°。

得出结论：发现测量得到任意三角形的内角和都是 180°。

2. 撕一撕 拼一拼

师：那除了用量角器量三角形的内角度数之外还有别个方法可以证明三角形的内角和是 180°吗？

可以用拼角的方法。

用剪拼的方法，分别将锐角三角形、钝角三角形、直角三角形的三个角剪下来，拼成一个平角，得到三角形的内角和是 180 度。

3. 折一折 拼一拼

用折的方法，先将钝角三角形的角 1 向下对折，角 2 向右对折，角 3 向左对折。所得到的折合图形为长方形，折合角为一平角。所以三个角的和是 180°。接着折叠锐角三角形和直角三角形。都会得到一样的结论。

三、得出结论

师：通过刚才这么多种方法的验证，我们发现了什么？

通过量一量、撕一撕、拼一拼的方法验证了三角形的和是 180°。

【教学反思】

本节微课是围绕“三角形内角和”这一知识点进行展开的。在此之前学生已经有了三角形的特征以及三角形分类的知识基础。之前大部分的学生已经知道了这一知识，所以会很轻松地答出。但是只是“知其然而不知其所以然”，所以我觉得本课的重点就是要让他们知道“知其所以然”。我的设计意图是动手实践，自主探索，亲身体验，它是学习数学的重要方式。在数学教学中，让学生最大限度地投入到观察、思考、操作、探究的活动中，微课开始时创设三角形比角的情景引出三角形内角和的探究方法。学生通过量、撕、拼、折等直观操作活动自主探索得出结论，得到的不仅是三角形内角和的知识，从中学生也学会了转化的思维方式与方法，培养他们主动探索的精神。

整理房间

刘亚平　汉中市实验小学

【微课简介】

学段学科：小学数学

微课名称：整理房间

【学情分析】

1. 知识基础情况分析

对于刚入学不久的一年级学生来说，他们对分类具有一定的生活经验。比如：简单整理过自己的房间、书包等，所以分类对他们来说并不陌生。但大多数学生在物品分类时分得并不完整，或不理解为什么这样分，这也就是对“分类是需要一个标准的，并且根据这个标准去分类”没有清晰的感知。另外，学生没有体会过分类作用，这就很难形成分类的意识，也就很难在未来的生活中和学习中养成良好的数学素养。对动作思维占主导的一年级学生来说，教学应该顺应已有的经验，创造多层次、可操作性的活动去调动学生不断深入思考，才能促使教学目标的达成。

2. 电子设备使用情况分析

在老师的指导下，学生能熟练的操作课件中的Flash动画进行分类。

【知识点描述】

（1）通过活动，使学生初步体会分类的含义和方法，感受分类在生活中的作用。

（2）通过活动，注重培养学生有条理的思考，培养学生形成良好的生活习惯。

（3）通过活动，使学生体会学习数学的乐趣。

【知识点来源】

学科：数学　　年级：一年级

教材：北师大版　　章节：上册第四单元

【基础知识】

学生在日常生活中有一定的分类经验，能够清楚的叙述出分类的理由和想法。

【教学类型】

□讲授型　☑ 问答型　☑ 启发型　☑ 讨论型　□演示型　□联系型

□实验型　☑ 表演型　☑ 自主学习型　☑ 合作学习型　☑ 探究学习型

【适用对象】

学生：本微课是针对本学科平时成绩多少分的学生？

□40 分以下　□40 ~ 60 分　☑60 ~ 80 分　□80 ~ 100 分

教师：□班主任　□幼儿教师　☑ 普通任课教师　□其他

其他：□软件技术　☑ 生活经验　☑ 家教　□其他

【设计思路】

本课我选择了北师大版小学数学第一册小数的认识中“整理房间”一课，课件制作使用了 PPT，微课的录制使用了 CS6 软件。选题创意：“分类”是一年级上册的教学内容，是一个学生实践性的活动。教师不宜把“分类”作为知识点来讲授，或者让学生机械地记忆分类的含义。这部分教学应结合学生熟悉的事物，让学生经历分类的过程，在活动中使学生体会分类的方法，感受分类在生活中的用途。 教学设计方案：第一节内容：（导入）森林王国里住着一群可爱的小动物们,我们这节课一起去它们家里做客。第二节内容:(初步感知分类）我们给花朵和石头分类。第三节内容:（认识分类）我们给小猴整理房间，按类将物品摆放整齐。第四节内容:（分类的概念）像这样将同一类物品放在一起叫作分类。课件介绍：第 1 张 PPT 介绍课题及执教者。第 2 至 13 张 PPT 是创设情景及教授内容。第 14 张 PPT 是教授分类的概念。第 15 张是谢谢大家。

【教学过程】

一、片头

今天，我讲授的课题是北大版小学数学第一册的“整理房间”。

二、正文讲解

在一片郁郁葱葱的森林里，漂亮的猫咪姐姐拿着广播开始广播了，她说：“森林王国的小动物们注意了，最爱整洁小家庭评选活动开始了，请大家做好准备，有请小动物们上场。”

首先，我们来到小蝴蝶的家里。小蝴蝶的家里非常的整齐，你知道这些花是怎样分类摆放的吗？对了，是按颜色的不同将这些花朵分成了 4 类，分别是红色的花，绿色的花，蓝色的花，黄色的花。

接着，我们来到了小熊的家里，小熊的家里也很整齐，你知道他是按什么分类的吗？对了，是按形状的不同，将积木分成了 4 类。

然后，我们一起到小乌龟额家里看看吧？小乌龟的家里有许多大大小小的石头，你知道他是怎样分类摆放的吗？对了，是按大小的不同，把石头分成了 4 类。

现在，我们再到小白兔的家里坐坐吧?小白兔的家里非常整齐，你知道小白兔是怎样整理自己房间的呢？对了,他是按种类的不同将下列物品分成的 3 类。衣服、裤子、帽子、鞋是服装鞋帽类；小鼓、小熊、小汽车是玩具类；铅笔、卷笔刀、尺子、橡皮、地球仪是文具类。

最后，我们再一起去小猴子的家里看看吧？你觉得小猴子的家里怎么样呢？是啊！很乱，我们一起来帮他整理房间吧！我们将衣服、裤子、鞋分为一类，他们是服装鞋帽类，可以把它们收到衣柜和鞋柜里；将小熊、汽车、足球、篮球、皮球放在一起，他们是玩具类，可以把他们放在玩具箱里；将书本、笔、文具盒放在一起，他们是文具类，可以把他们放在书柜里；这样房间就整齐多了。同学们，以后可不能像小猴子这样，学会了分类，将自己的物品整理好，养成良好的生活习惯。

三、结尾

那么，什么是分类呢？像这样把同一类物品放在一起叫作分类。

好，这节课就上到这里，同学们你们听懂了吗?谢谢大家！

【教学反思】

一、内容反思

（1）让学生经历分类的活动。 在教学中，结合学生每天的生活环境，提出整理房间的要求，组织学生和同桌说说怎么来整理房间，体验分类的方法。让他们学会解决生活中的实际问题，真正做到了学以致用。

（2）渗透分类的数学思想 为了让学生体会到数学分类的思想，由于整理房间的物品都是具体，直观的，学生可将房间的物品按三类进行摆放，或者按四类进行摆放，并且说说这样摆放的理由。使学生认识到分类可以根据不同的标准得出不同的分类结果。使学生在实践活动中体验分类，让学生在玩的过程中了解分类的方法,这对学生们养成有条理地整理事物的习惯有帮助。

（3）体现数学教育与德育相结合。学生在学习上不仅学会了分类，还懂得了“自己的事情自己做”的道理，体现了数学课程的人文价值。

二、制作过程反思

在讲授“整理房间”时播放动画，在屏幕上拖动物体的方式能激发学生尝试的热情，在“拖出来”再“加进去”的挑选再聚合的分类过程中，不仅能展示不同学生思维方式的多样化，而且学生能自己在思维的过程中对自己的结论进行批判，最终形成对标准的认识，将平时的生活中的分类提升上一个新的思维高度。

多媒体的使用为数学课质量的提升提供了有效的方法。

三、效果反思

本节课我以“学生的发展为本”精心设计。在这样的教学设计中，学生不光学到了知识，其动手能力、交流合作技巧也得到了发展，以学生的发展为本，是现代教学的根本目标。新的教学理念是人人学有价值的数学，人人都能获得必要的数学，不同的人在数学的学习上得到不同的发展。根据这一总体目标，首先要充分体现学生自主学习、积极探索的精神。为此，教师要先创设问题情境，为学生探索学习进行铺垫。其次要特别注重培养学生合作精神，使他们从小就能博采众长，克服以我为中心的思想，使之初步建立起团队作战意识，有助于他们的成长。

两位数加两位数竖式笔算

韩　杰　汉中市中山街小学

【微课简介】

学段学科：小学数学

微课名称：两位数加两位数竖式笔算

【学情分析】

小学一年级的学生，已经有了 10 以内加减法的学习经验，本课知识点对他们来说不难。因此这节课重点主要引导学生自己探索计算方法，借助动手操作来理解运算中的道理，从而不仅会算还明白为什么这样算。

【知识点描述】

本节教学内容为北师大版小学一年级数学下册第五单元第四课的内容（即教材 55、56 页），情境课题为《拔萝卜》，具体知识点为两位数加两位数（不进位）加法竖式笔算。主要要达成的学习目标是借助直观操作探索两位数加两位数（不进位）加法的竖式笔算方法，理解数位对齐、相同数位相加的算理，掌握笔算方法。

【知识点来源】

学科：数学　　　　年级：一年级

教材：北师大版　　章节：5-4

【基础知识】

学生学完本课内容，能够借助直观操作探索两位数加两位数（不进位）加法的竖式笔算方法，理解“数位对齐、相同数位相加”的计算道理，学会用竖式计算两位数加两位数。

【教学类型】

☑ 讲授型 ☑ 问答型 ☑ 启发型 □讨论型 □演示型 □联系型 □实验型 □表演型 □自主学习型 □合作学习型 □探究学习型

【适用对象】

学生：本微课是针对本学科平时成绩多少分的学生？

☑40 分以下 ☑40～60 分 ☑60～80 分 ☑80～100 分

教师：□班主任 □幼儿教师 ☑ 普通任课教师 □其他

其他：□软件技术 □生活经验 □家教 □其他

【设计思路】

本节内容是学生在小学阶段第一次学习竖式计算。为了给学生第一次学习竖式建立清晰的笔算本质认识，引导学生不仅会算而且明白为什么这样算的道理，不仅感受到竖式其实就是记录我们口算过程的一种笔算方法，更加为孩子今后的数学学习打下坚实的基础，因此在视频中，我设计了让学生通过操作小棒、计数器这两种常用的直观模型来理解计算道理的学习过程，很好地渗透了数形结合的数学思想，体现出了直观模型在帮助学生理解计算道理中的强大作用，课堂上也收到了很好的效果。

【教学过程】

一、片头

出示题目，引导学生独立探索计算方法。

师：同学们好！请看这道加法题目，36+23 等于几？

（1）这道加法题目有什么特点呢？（是一道两位数加两位数加法题目）

（2）与前几节课学习的知识不同，你会算吗？请你用口算的方法试着算算这道题目。如果有困难，可以用小棒或者计数器摆一摆、拨一拨、算一算，自己试着找找计算方法。

学生活动：学生自己借助计算器等直观模型尝试独立计算。

二、正文讲解

（一）分享交流口算方法

师：我们一起来分享一下小棒的算法吧！

1. 摆小棒

（1）摆之前想一想，36 里是几个十、几个一，用小棒怎样表示呢？23 是几个十、几个一，又怎样表示呢？

（2）现在把它们合在一起，该怎样摆才能让大家一眼看出你是怎样口算的呢？这样可以吗？我们一起来看看笑笑的想法吧。你发现她是怎么做的？我们看到图 2-1 中她把捆和捆放在一起，根和根对在一起，我们可以看出她先算的是 2 捆和 3 捆合在一起是 5 捆，也就是几个十呢？（5 个十）用算式记录就是？（30+20=50）；再算 6 根和 3 根合起来是 9 根，也就是几个一？（9 个一）用算式记录为？（6+3=9）；再把 5 个十和 9 个一合在一起是 59，记录为？（50+9=59）你与笑笑的算法一样吗？现在请你对照摆小棒的过程，想想这三个口算算式分别对应的是摆小棒的哪一步呢？

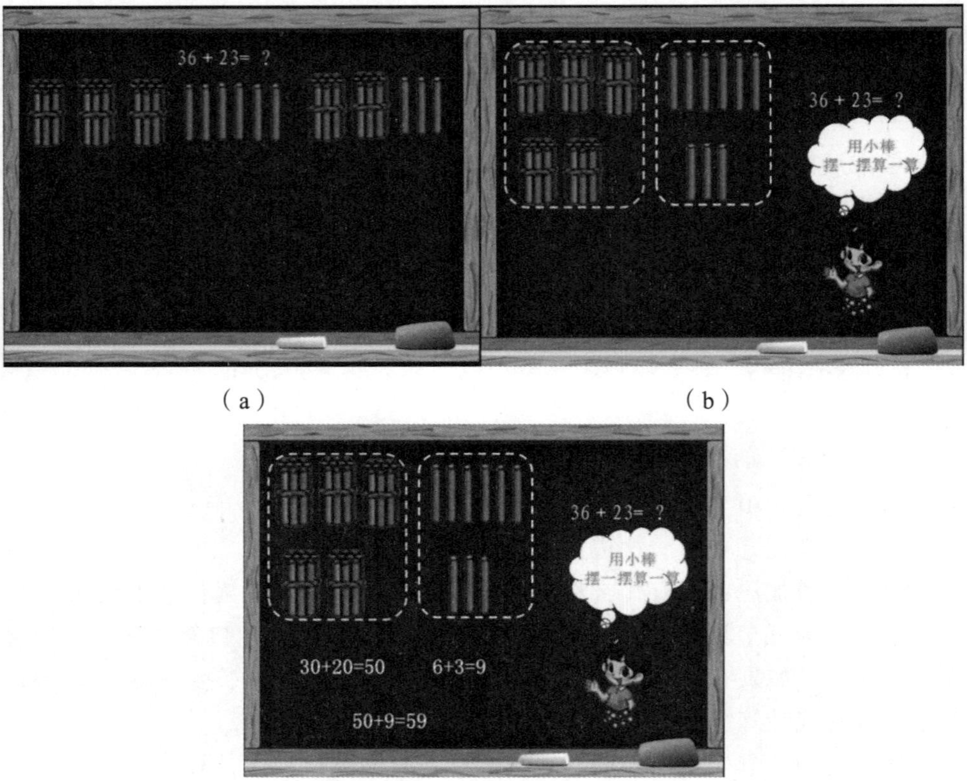

（a）　（b）

（c）

图 2-1

2. 计数器

（1）用计数器是怎么算的？36 在计数器上怎样表示呢？23 怎么往上继续

拨呢？怎样算呢？用口算算式如何记录呢？请看图 2-2。

（a）

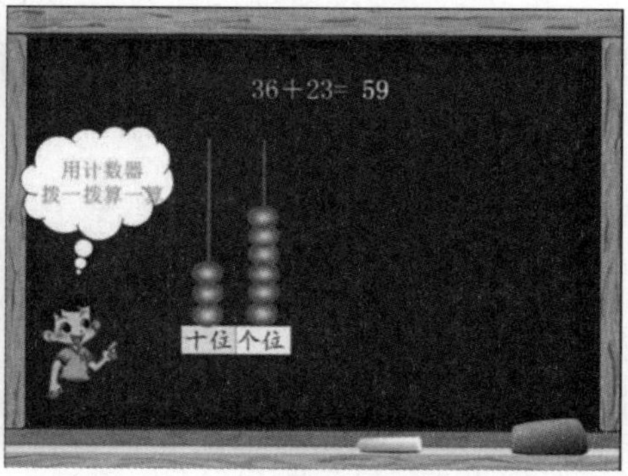

（b）

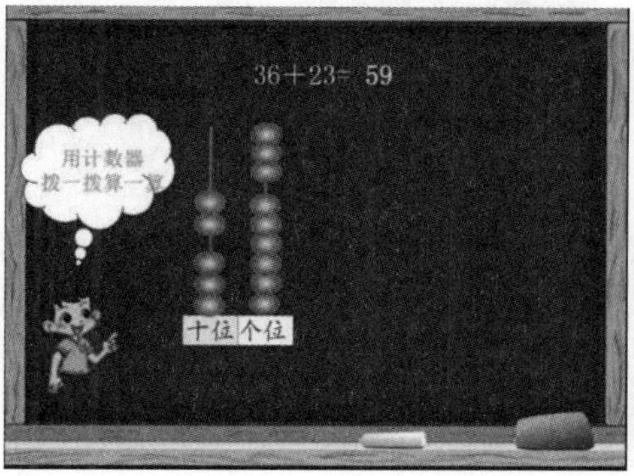

（c）

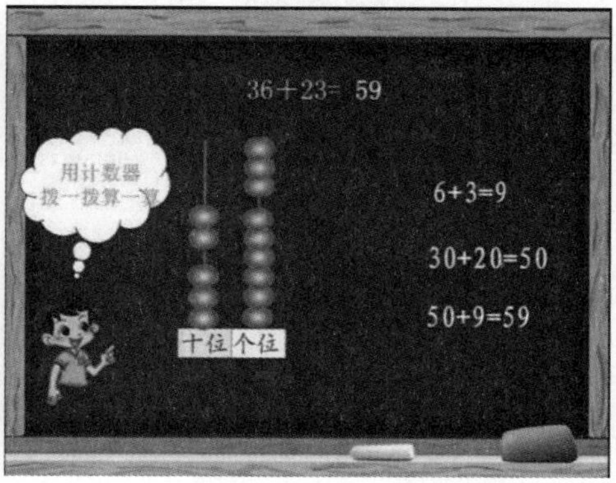

（d）

图 2-2

（2）对照拨计数器的过程，说一说口算算式的三步分别对应的是拨计数器的哪一步呢？请看图 2-3。

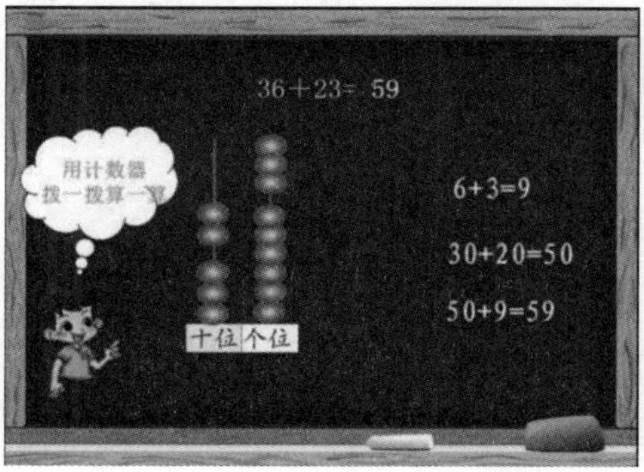

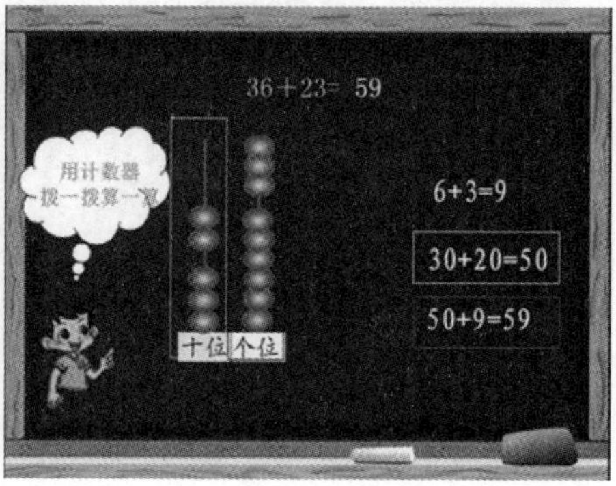

图 2-3

3. 对比算法的相同之处

师：你发现这两种口算方法有什么相同之处吗？（都是几个一和几个一相加，几个十和几个十相加，也就是相同计数单位的数相加。请看图 2-4。）

（二）学习竖式笔算

（1）引出“竖式”直观理解（见图 2-5）。

师：今天老师教大家一种笔算方法——竖式。

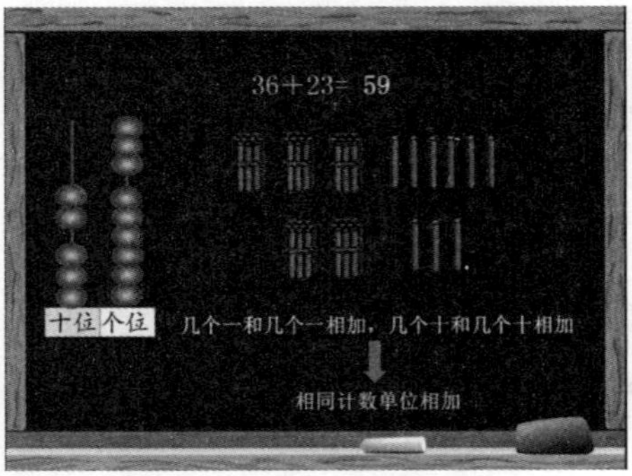

图 2-4

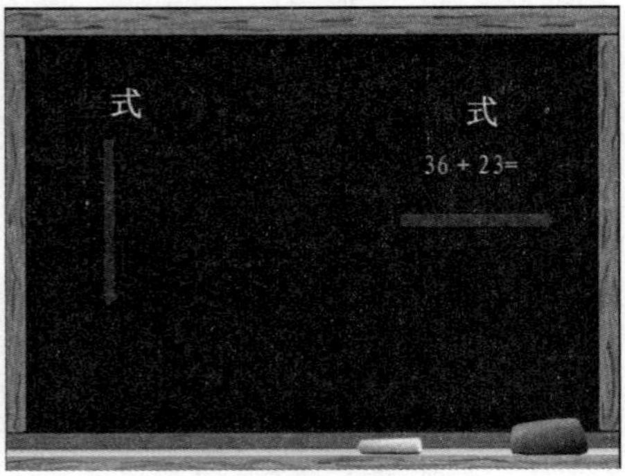

图 2-5

（2）师示范竖式写法（见图 2-6），边示范边讲解书写过程，强调：要把数位对齐，叫作相同数位对齐。

（3）讲解计算过程（见图 2-7）。个位 6+3=9，在个位写 9；十位 3+2=5，在十位写 5。36+23 就等于 59。

图 2-6

图 2-7

（4）学生自己练习用竖式计算 36+23。

（三）对比算法的相同之处，小结笔算方法

（1）师：请你仔细观察竖式，再对照刚才摆小棒和拨计数器的过程，仔细思考，竖式里每一步对应的是摆小棒或者拨计数器的哪一步呢？

（2）小结：无论是口算还是笔算，都要是几个十和几个十相加，几个一和几个一相加（见图 2-8）。

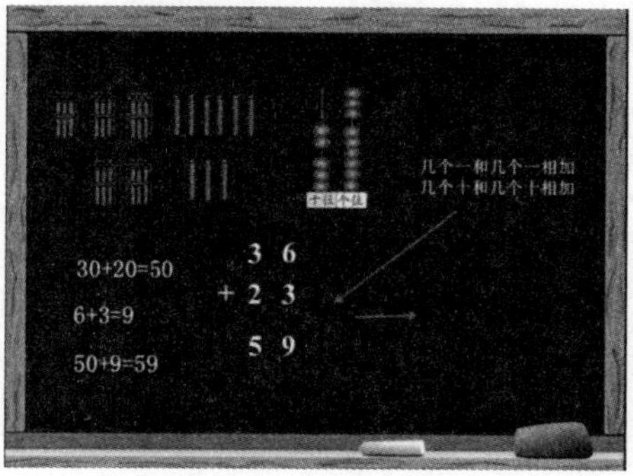

图 2-8

（四）课堂练习、巩固所学

如图 2-9 所示，PPT 出示练习题，学生用竖式计算。

图 2-9

三、结尾

课堂小结、激发学生应用数学解决生活问题的意识。

师：今天的课就上到这里，生活中还有许多关于两位数加两位数的数学问题，等着你用自己的数学眼去观察，用数学方法去解决呢！

【教学反思】

一、内容反思

本节微课是为帮助学生理解运算中的道理而录制的算理理解类微课，特别适用于一年级学生，尤其是在理解运算道理方面有困难的学生。可提前让学生观看视频并进行实践操作；或可作为课堂教学的重点环节，引导学生在课堂上动手操作，也可以在为学困生课后复习补差时使用。设计的内容在帮助学生理解算理方面起到很好的作用，有效地突破了学生的学习难点。

二、制作过程反思

本课是第一次尝试录制微课，由于录制时没有专业的录音设备，存在很大杂音，严重影响了观看效果。因此最终的视频成果是我用手机录制音频后加 PPT 借助 Camtasia Studio 软件合成制作好的，因此在合成的过程中，个别地方视频的播放与声音不能完全同步，对作品质量造成了一定影响。在以后的作品创作中，会加以注意，提高作品质量。

三、效果反思

直观模型的操作是辅助学生理解计算道理、掌握计算方法最好的方式。因此本节知识点，无论是在家中观看视频自学新课，还是在课堂上集体观看、操作、讨论、交流，抑或是课后复习补差使用，都收到了非常好的效果，学生对算理理解透彻、算法掌握扎实，为后续学习进位加法笔算打下了坚实的基础。

初步认识轴对称图形

刘莎莎　仙台坝镇中心小学

【微课简介】

学段学科：小学数学
微课名称：初步认识轴对称图形

【学情分析】

本节的教学对象是小学二年级学生，在此之前学生通过接触自然界和生活中的具有轴对称性质的事物，已经奠定了一定的感性基础，形成了一定的空间观念，只是还不会系统的划分。他们的思维特点是以具体形象思维为主，同时具有初步的抽象思维能力，对于具体、直观的内容有较大的依赖性。所以，本课尽量营造一种轻松愉悦的氛围，让学生在玩中学，在观察、操作中探索研究，让学生自主探索，在探索中发现，在探索中学习。

【知识点描述】

教材通过飞机、蝴蝶等实物图让学生观察、分析它们共同的特征，再做剪纸实验，然后揭示轴对称图形并画出对称轴，使学生进一步加深对轴对称图形的认识。教材中安排了一些实际操作内容，使学生在观察、操作、交流中认识轴对称图形的一些基本特征，能辨认轴对称图形，找出轴对称图形的对称轴。

【知识点来源】

学科：数学　　　　　　　　年级：二年级
教材：北师大版　　　　　　章节：第二单元第一、二节

【基础知识】

学生通过学习可以系统划分轴对称现象，能判断一个图形是否是轴对称图形，并找出它的对称轴。

【教学类型】

☑ 讲授型　□问答型　□启发型　□讨论型　☑ 演示型　□联系型
□实验型　□表演型　☑ 自主学习型　□合作学习型　□探究学习型

【适用对象】

学生：本微课是针对本学科平时成绩多少分的学生？
□40 分以下　□40 ~ 60 分　□60 ~ 80 分　☑80 ~ 100 分
教师：□班主任　□幼儿教师　☑ 普通任课教师　□其他
其他：□软件技术　□生活经验　□家教　□其他

【设计思路】

“初步认识轴对称图形”作为一节概念课，难度在于要琢磨如何让学生从概念中获得直接的体验。所以在这 5 分钟内，我围绕着课题展开，设置了 5 个环节，分别为：观察对称现象、认识轴对称图形、辨别轴对称图形、找对称轴、习题演练。带动学生动眼、动手、动脑、动口，以学生最容易接受的方式进行知识传授。

【教学过程】

一、检测和引入

由微课播放导入，使学生进入“初步认识轴对称图形”的学习，教师通过对视频内容的简单提问，检测出学生课前自主学习微课情况，并找出学生知识盲点和误区。进一步是学生对轴对称图形形成系统认知。

二、正文讲解

第一环节：初步认识轴对称图形操作教学。

学生通过观操作，剪一剪活动初步认识轴对称现象，知道对称轴能判断一个图形是否是轴对称图形。并通过动手剪出了轴对称图形，加深了学生对新课的理解。

第二环节：深入认识轴对称图形。

通过学生动手操作，用折一折的方法，找出正方形、长方形圆等图形的对称轴，了解一个图形的对称轴不止一条。

第三环节：课上练习。

课上习题练习，同学合作讨论，教师实时指点。加深学生对轴对称图形的认识。

三、学生自主小结，教师强调重点

由学生来说明本课收获，其他同学给予点评。

教师最终对轴对称图形特点，对称轴的意义、特点及表现方法做以强调。

布置任务：找出家中存在的5种轴对称事物，并想想它们为什么这样设计。

【教学反思】

一、内容反思

“初步认识轴对称图形”作为一节概念课，难度在于要琢磨如何让学生从概念中获得直接的体验。所以在这 5 分钟内，我围绕着课题展开，设置了 5 个环节，分别为：观察对称现象、认识轴对称图形、辨别轴对称图形、找对称轴、习题演练。带动学生动眼、动手、动脑、动口，以学生最容易接受的方式进行知识传授。但将两节知识点放在 4 分钟视频中，语速略显急促，不利于二年级学生接受。

二、制作过程反思

本视频采用 Camtasia Studio 录制，课件采用万彩动画大师制作，利用 Camtasia Studio 软件及爱剪辑软件进行了音频与视频的结合，在结合过程中，个别的吻合点还稍有些突兀，另外在制作过程中，因为没有到专业的录音棚录制，存在些许杂音，在以后的作品创作中，会加以注意，提高。

三、效果反思

本课教学内容适用于北师大二年级数学上册，通过微视频的学习，学生注意力和学习兴致都有提高，尤其是在对折动画演示，及片头两只老虎动画这两处播放时，学生兴趣高涨，完全投入视频教学中的各个操练项目中。抽象概念具体化，形象化，学生便于认识理解，提高其对知识的运用能力。对于难点问题和自己没有完全掌握的知识点或者有疑问的地方，又可以通过微视频的优势，课下反复观看点，循环播放，解决自己的难点问题。

图形阴影部分周长的计算

贾　真　汉中市南郑区华燕学校

【微课简介】

学段学科：小学数学
微课名称：图形阴影部分周长的计算

【学情分析】

在平时的学习中，学生经常遇到“求图形阴影部分的面积”的知识，往往忽视了“求图形阴影部分的周长”，当出现此类习题时，很多学生都套用了“求阴影部分面积”的计算方法，造成错误的出现。

【知识点描述】

这是关于图形阴影部分的教学时常常遇到的一个难点，也是一个“冷门”，学生经常把“求阴影部分的面积”的解题方法用到求周长上，本课就是想通过结合不同的习题，由易到难，从简到繁，通过演示和讲解的方法帮助学生理解“求图形阴影部分的周长”的解题思路。

【知识点来源】

学科：小学数学　　　　　　年级：六年级
教材：北师大版　　　　　　章节：六年级上册第一章

【基础知识】

本课是在学习了圆的周长与面积后的综合运用，涉及长方形、正方形以及圆的周长与面积的计算方法。

【教学类型】

☑ 讲授型　□问答型　□启发型　□讨论型　☑ 演示型　□联系型
□实验型　□表演型　□自主学习型　□合作学习型　☑ 探究学习型

【适用对象】

学生：本微课是针对本学科平时成绩多少分的学生？
□40 分以下　□40 ~ 60 分　☑60 ~ 80 分　□80 ~ 100 分
教师：□班主任　□幼儿教师　☑ 普通任课教师　□其他
其他：□软件技术　□生活经验　☑ 家教　□其他

【设计思路】

理解“图形阴影部分的周长”的组成部分；结合不同的题型，通过直观演示，帮助学生理解和掌握“求图形阴影部分周长”的基本解题思路；能灵活解答关于“求图形阴影部分周长”的问题。

【教学过程】

一、片头

通过谈话的方法，从学生在“求图形阴影部分的周长”时的困惑，揭示课题，直接引入新课。

二、正文讲解

（1）什么是图形阴影部分的周长？

围成这个图形一周的线段或曲线的总长度就是这个图形的周长。

（2）计算图 2-10、2-11、2-12、2-13 中阴影部分的周长：

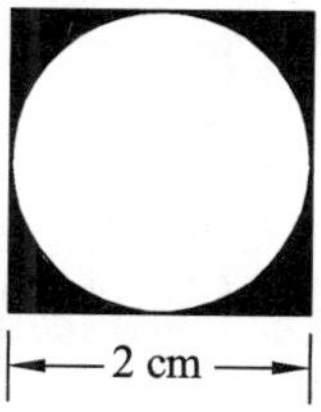

图 2-10

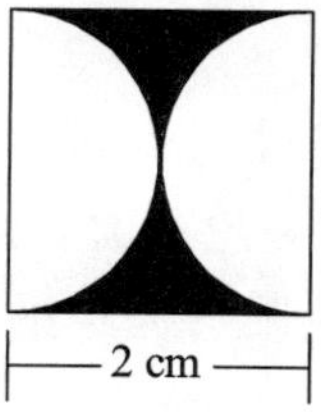

图 2-11

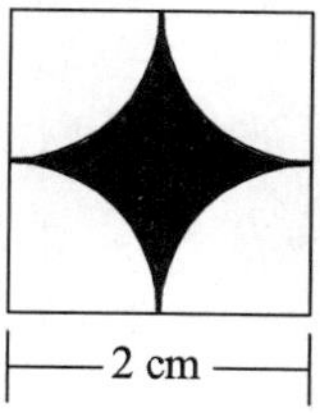

图 2-12

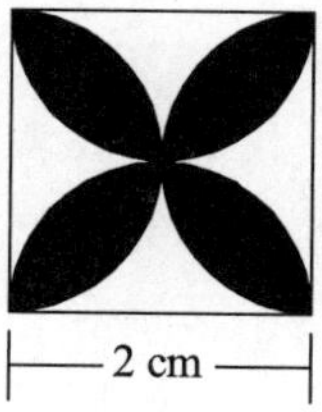

图 2-13

① 我们先观察一下图 2-10 阴影部分的周长的组成。

它的里面是一个直径为 2 cm 的圆，外面是一个边长为 2 cm 的正方形。你发现这个图形阴影部分的周长怎么算了吗？

分别求出圆和正方形的周长，再相加。你明白了吗？

② 这道题看上去比前面那道题难一些了，我们还是先看一下图 2-11 形阴影部分是怎样组成的。

它是两个半圆形和正方形的上下两条边组成的，这样我们就得到计算方法了。

在这里出现了两个干扰条件，就是正方形的左右两条边，其实它们不是阴影部分的周长的组成部分。

这样我们就得到它的计算方法了，一个圆的周长加 2-12 中阴影部分的周长是怎样组成的？

其实这个图形阴影部分的周长就是四个四分之一圆组成的，也就是一个整圆的周长。

这里又出现了 4 个干扰条件，就是正方形的四条边。

④ 这道题看上去似乎无从下手，我们还是分析一下图 2-13 的组成。

其实它就是由 4 个半圆组成的。这里又出现了干扰条件，就是正方形的 4 条边。

这样我们只要求出 2 个圆的周长就行了。

三、结尾

经过这 4 道题的计算，我们可以得出图形阴影部分的周长的计算方法。

（1）要确定图形阴影部分的组成，排除干扰条件。

（2）将图形阴影部分的组成部分归类分割，分别计算，最后相加。

你明白了吗？

【教学反思】

一、内容反思

我最初在教学阴影部分的周长时，中等及中等以下的学生时常不理解，甚至无从下手，主要是学生缺乏抽象能力和想象力。而家长反馈的信息显示，他们在家辅导孩子也非常困难。面对这些困惑，经过多年探索，我根据图形阴影部分的周长的特点，结合 Flash 课件，设计这节微课，它通过直观的演示，结合讲解、分析，可以使学生比较容易的理解阴影部分的周长的基本解题思路。

二、制作过程反思

制作过程中，Flash 课件的制作不是什么难事，主要是短短的 10 分钟之内，如何设计习题，经过反复考虑，从易到难设计了这 4 道习题，基本上代表了图形阴影部分的周长的解题思路。只是初次制作微课，比较困难，自己的解说很难让自己感到满意。

三、效果反思

从反馈回来的信息反映出，效果还是不错的，基本上解决了家长辅导的困惑，绝大多数学生完全接受和理解了此类题的解题方法。

圆的面积（一）

孙保勤　汉中市南郑区湘水镇中心小学

【微课简介】

学段学科：小学数学

微课名称：圆的面积（一）

【学情分析】

小学对几何图形的认识很大程度属于直观几何的学习阶段，而几何本身是比较抽象的。本节内容学生从认识直线图形发展到认识曲线图形，又是一次飞跃，但从学生思维角度看，五年级学生具有一定的抽象和逻辑思维能力。

这一学段中的学生已经有了许多机会接触到数与计算、空间图形等较丰富的数学内容，已经具备了初步的归纳、类比和推理的数学活动经验，并具有了转化的数学思想。所以在教学应注意联系现实生活，组织学生利用学具开展探索性的数学活动，注重知识发现和探索过程，使学生感悟转化、极限等数学思想，从中获得数学学习的积极情感，体验和感受数学的力量。同时在学习活动中，要使学生学会自主学习和小组合作，培养学生解决数学问题的能力。

【知识点描述】

1. 教学目的

（1）学生通过观察、操作、分析和讨论，推导出圆的面积公式，并能够正确的计算简单圆的面积。

（2）渗透转化思想；初步了解极限思想。培养学生观察、比较、分析、综合能力及动手操作能力。

（3）领会事物之间是联系和发展的辩证唯物主义观念以及透过现象看本质的辩证思维方法。

2. 教学重点

利用转化思想进行面积公式的推导。

3. 教学难点

（1）极限思想（曲变直）的理解。

（2）运用转化思想进行面积公式推导。

【知识点来源】

学科：数学　　年级：六年级

教材：北师大版　　章节：第一单元

【基础知识】

学生已经学习了基本图形的一些面积公式，而且这一学段中的学生已经有了许多机会接触到数与计算、空间图形等较丰富的数学内容，已经具备了初步的归纳、类比和推理的数学活动经验。

【教学类型】

□讲授型　□问答型　□启发型　□讨论型　□演示型　□联系型

□实验型　□表演型　□自主学习型　□合作学习型　☑ 探究学习型

【适用对象】

学生：本微课是针对本学科平时成绩多少分的学生？

□40 分以下　□40 ~ 60 分　□60 ~ 80 分　☑80 ~ 100 分

教师：□班主任　□幼儿教师　☑ 普通任课教师　□其他

其他：☑ 软件技术　□生活经验　□家教　□其他

【设计思路】

本课数学的核心思想虽然用的是“转化”的方法，但最重要的是“以直代曲”的思想。

【教学过程】

一、片头

在音乐伴奏下，介绍了本节课的教材版本、章节、微课名称、作者及单位。

二、正文讲解

（一）引入课题

今天我们一起来推导一下圆的面积公式。

（二）公式推导

1. 图形转换

把圆平均分成 16 等份，剪开后得到一些近似的等腰三角形，我们用这些近似的等腰三角形拼一拼、摆一摆，就可以拼摆成一个近似的平行四边形。

2. 分析关系

拼成的近似的平行四边形与圆有什么关系呢？通过观察我们发现，面积没有发生变化，近似平行四边形的面积等于圆的面积。

近似平行四边形的各部分与圆的各部分又有什么关系呢？仔细观察后发现，平行四边形的底相当于圆周长的一半，平行四边形的高相当于圆的半径。

3. 推导公式，得出结论

圆的面积=长方形的面积=长×宽=$\pi r\times=\pi r^2$，如果用 S 表示圆的面积，那么圆的面积公式就是：$S=\pi r^2$。

三、结尾

大家学会了吗？

【教学反思】

一、内容反思

圆的面积是学生认识了圆的特征、学会计算圆的周长以及学习过直线围成的平面图形面积计算公式的基础上进行教学的。由于以前所学图形的面积计算都是直线图形面积的计算，而像圆这样的曲边图形的面积计算，学生还是第一次接触到，所以具有一定的难度和挑战性。

二、制作过程反思

本课采用视频录像、教具演示、视频编辑相结合的手段制作而成，主要采用软件 EDisu6。由于手机像素太低，再加上初次制作，所以导致整个视频分辨率不够，不清晰，视频语音的语速有点慢。

三、效果反思

本课的重点主要是渗透转化思想，通过学生学习之后，发现效果还可以。

方程

刘传恩　西乡县莲花小学

【微课简介】

学段学科：小学数学
微课名称：方程

【学情分析】

方程的认识，是在四年级（下册）“用字母表示数”的基础上编排的。为了使学生体会方程是拥有平衡的内在相等关系的等式，刻画现实世界的一个有效的数学模型，产生学习方程的欲望，微课从天平平衡的现象引入，设置了 3 个不同的问题情境，让学生从这些具体的情境中获取信息，发现等量关系并用自己的语言加以表述，然后尝试用含有字母的等式——方程表示各个相等关系，建立方程的概念模型，为后面学习解方程和实际应用奠定基础。

【知识点描述】

方程的认识是在学生已经学过用字母表示数、等量关系的基础上展开的，结合具体情境，理解方程的含义，初步体会等式与方程的关系；在观察、思考、分析、抽象、概括的过程中，经历将现实问题抽象成等式与方程的过程。

【知识点来源】

学科：数学　　　　年级：四年级
教材：北师大版　　章节：第七单元

【基础知识】

（1）结合具体情景，认识天平平衡原理，理解方程的含义。
（2）学会用方程表示简单情景中的等量关系。

【教学类型】

☑ 讲授型　□问答型　□启发型　□讨论型　□演示型　□联系型
□实验型　□表演型　□自主学习型　□合作学习型　□探究学习型

【适用对象】

学生：本微课是针对本学科平时成绩多少分的学生？
☑40 分以下　☑40 ~ 60 分　☑60 ~ 80 分　☑80 ~ 100 分
教师：□班主任　□幼儿教师　☑ 普通任课教师　□其他
其他：□软件技术　□生活经验　☑ 家教　☑ 其他

【设计思路】

方程是从现实生活到数学的一个提炼过程，一个用数学符号提炼现实生活中的特定关系的过程。方程思想的核心在于建模、化归。本节课是一块崭新的知识点，对于四年级的学生来说，理解起来也有一定的难度。因此，我没有将等式、方程的概念强加给学生，而是充分尊重学生原有知识水平，通过创设贴近学生生活的情境来激发学生的学习兴趣，从而使他们愿学乐学，为以后进一步学习方程打下基础。数学应该服务于生活，为培养学生的应用意识，提高学生分析问题解决问题的能力，教学中首先应结合具体问题，教给学生解答应用题的基本方法、步骤和建模过程、建模思想。因此本节微课突出以下三个创新点。

1. 借助天平，逐步构建方程的数学模型

借助天平体会等式的含义，天平两边平衡，表示两边的物体质量相等。让学生在天平平衡的直观情境中体会等式，符合学生的认知特点。等式是方程的生长点，学生在之前的学习中对等式已经有了初步的认识，根据直观情境里的等量关系列出含有字母的等式，实现了从等式到方程的链接方程概念的建立。

2. 教学探寻方程的意义，突出概念的内涵与外延

通过例题的简洁数学式子表达，找出他们的共同特点，从而归纳出方程的意义。“含有未知数” 与“等式”是方程意义的两点最重要的内涵。“含有未知数”也是方程区别于其他等式的关键特征。在“练习巩固”环节中让学生判断给出的式子是否是方程，理解等式与方程这两个概念之间的包含与被包含关系。即方程都是等式，但等式不都是方程。紧接着我让同学们根据直观图象感知，做列方程的题目，用方程表示直观情境里的相等关系后，他们在写方程时会更加关注方程的本质属性，从而巩固方程的概念。

3. 注重对学生搜集处理信息能力的培养

新知导入环节通过唤醒生活经验，了解天平的有关信息，培养学生的信息意识。通过直观展示，获取等量关系应具备的相关信息，再次感悟天平平衡时与等量关系式的联系。知识讲解环节引导学生从情境图中获取信息，并利用所得信息进一步感悟等量关系，建构方程模型。通过对信息的分类、比较、整合，提高学生处理信息的能力，并揭示方程的概念。联系巩固环节教学中，通过辨析运用，链接新旧信息，培养信息信息的迁移和运用能力。

【教学过程】

一、片头

你好，欢迎来到数学微课堂，我是刘老师，这节微课我们学习北师大版四年级下册方程的认识，快来跟随老师一起学习吧！

二、正文讲解

1. 新知导入

（认识天平，理解天平左右平衡原理）

这是一个天平，当天平指针指向仪表盘中间的刻度时，表示天平左右托盘上的物品质量相等，天平平衡。

2. 知识讲解

（通过 3 个情景，写出含有字母的等式，通过观察相同点，建立方程的概念模型）

（1）天平、砝码与樱桃的平衡关系。

用□表示樱桃的质量，怎样表示他们的平衡关系呢

$x + 2 = 10$

（2）四袋种子一共 2000 g。

用 y 表示每盒种子的质量，用式子怎样表示他们的等量关系呢？

每盒种子的质量 $\times 4 = 2000$ g

$4y = 2000$

（3）茶壶、热水瓶、杯子的情景

2 个热水瓶的水 + 200 毫升=2000 毫升

$2z + 200 = 2000$

（4）归纳比较建立概念。

刚才的式子有什么共同的特点？

像 $x + 2 = 10$，$4x = 000$，$2x+200 = 2000$ ……

这样含有未知数的等式叫方程。

3. 练习巩固

（1）判断式子是否是方程，是方程的画√。

$8-2x = 6$	（　　）	$6+ x > 13$	（　　）
$143x = 286$	（　　）	$40 \div x = 2$	（　　）
$30-20 = 10$	（　　）	$x + y = 15$	（　　）

（2）看图列方程。

4. 本课小结

（回顾方程意义，强调两个关键点。）

含有未知数的等式叫方程，强调两个条件　“含有未知数”“等式”。

三、结尾

这节微课我们学习了初步认识了方程，你学会了吗？谢谢观看，再见！

【教学反思】

一、内容反思

本节微课，力图与学生的生活经验结合，创设了贴近学生生活的数学情景，让学生通过操作、观察、分析，把“天平平衡”这一生活现象，表示成数学中数量之间的等量关系。既直观形象，又潜移默化地启迪了学生寻找等量关系的方法。但学生是第一次接触方程，对于“方程”这个词，不少学生在正式学习之前可能听说过，但并不清楚什么样的式子才是方程。因用算术思想解决问题在学生的头脑中已经根深蒂固了，方程的学习是引导学生由算术思想向代数思想过渡的重要使命。

本节微课设计了新知导入、知识讲解、巩固练习、本课小结 4 个环节，环节紧凑。从天平平衡的现象引入，设置了 3 个不同的问题情境，让学生从这些具体的情境中获取信息，发现等量关系并用自己的语言加以表述，然后尝试用含有字母的等式——方程表示各个相等关系，建立方程的概念模型，扣教学目标，强调方程中“等式”“含有未知数”两个关键词，通过几道判断题和看图列方程的练习题巩固对方程意义的理解。

二、制作过程反思

本节微课使用 Camtasia Studio 8.5+ PPT 讲解的方式制作。本节微课制作前参考了北师大和人教版教材两个不同版本的教材，通用性强。视频片头、片尾添加了轻柔的背景音乐，给人愉悦的学习氛围。

合理地设计教学流程和教学策略，精心组织教学语言，在讲解的同时合理设置启发式提问，能很好地吸引学生眼球，从而激发学生的主观能动性。微课视频讲解通俗易懂，短小而精良，通过反复录制，不断改进完善，这就要求老师对内容把握得更加透彻，选材要更加精准，通过制作微课，也是教师精心设计教学环节、提炼教学语言，提升技能专业化发展一个很好的促进。

三、效果反思

本节微课视频适合学生课前预习自主学习理解，也适用于课后复习巩固，微课视频画面清晰，讲解语音清晰、语速适中。讲解思路清晰，有启发性，注重细节引导和提醒，突出重难点，示范性强。

我在自己所在学校的 2 个班级分别进行了课前自学辅导和课后复习巩固的应用尝试，效果非常好，受到学生喜欢。

年月日的认识

刘传恩　西乡县莲花小学

【微课简介】

学段学科：小学数学

微课名称：年月日的认识

【学情分析】

本节微课是在学生掌握了时分秒的知识并对年月日有一定感性经验的基础上学习的。有关年、月、日的知识具有常识性，早就融入了学生的日常学习和生活中。三年级的学生已经初步掌握了时分秒、年月日的知识，并在实际生活中积累了日历方面的感性经验，有自主观察、探究日历，发现规律的基础。

【知识点描述】

“年月日的”是北师大出版社数学三年级上册第七单元“年、月、日”中的“看日历”的第一课时。

从观察年历卡中的数学信息，认识月份、日期、星期，知道一年有 12 个月，知道每个月的天数和全年天数，知道平年闰年之分，并通过歌诀记忆法和数拳头记忆法记住每个月的天数。

【知识点来源】

学科：数学　　　　　　年级：三年级

教材：北师大版上册　　章节：第七单元

【基础知识】

（1）学会看日历（年历），知道一年有几个月，每个月各多少天，会算全年天数。

（2）学会如何判断大小月。

（3）初步了解平年闰年的知识。

【教学类型】

☑ 讲授型 □问答型 □启发型 □讨论型 □演示型 □联系型
□实验型 □表演型 □自主学习型 □合作学习型 □探究学习型

【适用对象】

学生：本微课是针对本学科平时成绩多少分的学生？
☑40 分以下 ☑40 ~ 60 分 ☑60 ~ 80 分 ☑80 ~ 100 分
教师：□班主任 □幼儿教师 ☑ 普通任课教师 □其他
其他：□软件技术 □生活经验 ☑ 家教 ☑ 其他

【设计思路】

年月日的认识是小学三年级数学的一个重要知识点，在设计这节微课时，我以北师大教材为基础，同时也参考了人教版等其他版本的教材。这节微课，重点引导学生学会看年历，重点是让学生学习掌握大小月的知识。这节微课，由学生熟悉的生日导入，通过引导学生看 2016 年的年历卡，认识年历卡中的数学信息，认识月份、日期、星期，会从年历卡中找到自己的生日，知道一年有 12 个月，通过观察，知道每个月的天数，并通过歌诀记忆法和数拳头记忆法两种不同的方法记住每个月的天数，最后计算记出全年的天数。至于年月日知识中的快速判断平年闰年的方法本节微课不涉及。

【教学过程】

一、片头

同学们好，欢迎来到数学微课堂，我是刘老师，这节微课我们学习年月日的认识，快来跟随老师一起学习吧！

二、正文讲解

1. 创设情境

（由出生日期是哪一年几月几日引出）。

同学们知道自己的生日是几月几日吗？

你知道自己的出生的具体时间吗？

出生时间中包含哪些信息呢？

年、月、日和以前学过的时、分、秒都是时间单位。

2. 观看探究

（观察 2016 年年历，认识月份、日期和星期，发现每个月天数本同，认识大小月）。

这是 2016 年的年历卡，仔细观察，年历卡中包含哪些知识呢？

认识年历卡中月份、日期、星期。

你能从年历卡中找到自己的生日吗？

你知道每个月的天数吗？

现在我们来做一个简单的统计，统计一下每个月的天数填入下表，仔细观察表格你有什么发现？

一年有 12 个月，

每个月的天数不太一样。有 31 天的月份是大月，有 30 天的是小月。

2 月天数最少，2 月既不是大月也不是小月。

3. 识记大小月

（歌诀记忆法：月份数字规律和顺口溜、数拳头记忆法，三种不同方式）。

（1）要找大月你记住，7 月、8 月挨着数，7 月以前找单数，8 月以后找双数。

（2）一、三、五、七、八、十、腊，三十一天永不差，四、六、九、冬三十整。

（3）数拳头记忆法。

4. 计算 2016 年全年天数

31+29+31+30+31+30+31+31+30+31+30+31 = 366（天）

31×7+30×4+29 = 366（天）

5. 内容小结

本课我们学了什么？填一填。

一年有（12）个月。

1、3、5、7、8、10、12 月每月有（31）天。

4、6、9、11 月每月有（30）天。

2 月份的天数最少，2016 年的 2 月有（29）天，全年有（366）天

三、结尾

同学们，这节微课我们学习了年月日的认识，你学会了吗？谢谢观看，再见！

【教学反思】

一、内容反思

本节微课设计了创设情境、观察探究、新知讲解、课堂小结 4 个环节，环节紧凑。从看年历卡入手，通过观察、分析、讨论、交流、概括、判断、归纳等方法，获取新知识，运用歌谣法来记忆，能迅速有效的判断某月是大月还是小月及其天数。歌谣朗朗上口，易诵易记，生动而有趣，从而加深理解，巩固记忆，数拳头记忆法，手脑并用，加深理解和巩固大小月知识。

在大小月记忆法中用到了两种不同的歌诀来记忆（一是根据大小月月份数字规律编出的歌诀“要找大月你记住，7 月、8 月挨着数；7 月以前找单数，8 月以后找双数。”，二是用公历结合农历的顺口溜“一、三、五、七、八、十、腊，三十一天永不差，四、六、九、冬三十整，”）两种不同的歌诀，第二种歌诀比较常见，第一种歌诀是人教版中的内容，比较新颖，方法的多样性拓宽学生知识面。数拳头记忆法动画演示和讲解结合，便于学生学习模仿其动作辅助学习。

二、制作过程反思

本节微课使用 Camtasia Studio 8.5+ PPT 讲解的方式制作。制作前我翻阅了不同版本的教材和教学参考书，以北师大版教材“看日历”的内容为基础，参考了人教版的教材内容，结合不同版本教材，丰富了年月日的知识，微课内容通用性强，适合不同版本教材相应内容的学习。

合理地设计教学流程和教学策略，精心组织教学语言，在讲解的同时合理设置启发式提问，能很好地吸引学生眼球，从而激发学生的主观能动性。微课视频讲解通俗易懂，短小而精良，通过反复录制，不断改进完善，这就要求老师对内容把握得更加透彻，选材要更加精准，通过制作微课，也是教师精心设计教学环节、提炼教学语言，提升技能专业化发展一个很好的促进。

三、效果反思

本微课在教学中可以放在课前预习，也可放在课中讲解，课堂教学前可用此微课给学生示范引领，也可以用在课后学生复习巩固时时用，用在课堂中能起到辅助教学和帮助学生学习的作用。微课视频画面整洁美观，讲解清晰，注重细节的引导和提醒，各教学环节和知识点过渡自然流畅，配合适当的动画效果，学生观看通俗易懂。无论用在课前预习，课中辅导，还是课后复习，此微课都发挥了它应有的示范讲解功能。

小学英语

ch、sh 字母组合的发音

马丽娟　汉中市城固县考院实验小学

【微课简介】

学段学科：小学英语

微课名称：ch、sh 字母组合的发音

【学情分析】

五年级的学生在之前已经掌握了五个元音字母在开音节和闭音节中的发音及部分字母组合的发音，但知识点都比较零散，学生的语音知识并没有系统地掌握。因此在教学中，教师应反复强调、归纳、总结，将语音知识融入每堂课中。

【知识点描述】

本课是人教 PEP 版小学英语五年级下册第三单元的第三课时，通过呈现常见词汇帮助学生归纳、总结字母组合 ch 和 sh 在单词中分别发/tʃ/和/ʃ/的发音规则。

【知识点来源】

学科：英语　　　　年级：五年级

教材：人教 PEP 版　章节：五年级下册第三单元 A　Let's spell（P26）

【基础知识】

本课的学习是在学生已掌握元音字母在开音节和闭音节中的发音及部分辅音、字母组合的发音基础之上进一步学习字母组合 ch、sh 的发音。

【教学类型】

☑ 讲授型　□问答型　☑ 启发型　□讨论型　□演示型　□联系型
□实验型　□表演型　□自主学习型　□合作学习型　□探究学习型

【适用对象】

学生：本微课是针对本学科平时成绩多少分的学生？
□40 分以下　□40 ~ 60 分　□60 ~ 80 分　☑80 ~ 100 分
教师：□班主任　□幼儿教师　☑ 普通任课教师　□其他
其他：□软件技术　□生活经验　□家教　□其他

【设计思路】

本微课视频的教学内容为人教版小学英语五年级下册第三单元 Let's spell 部分的语音教学。本部分的教学内容和教学重点是掌握 ch 和 sh 字母组合的发音，并能根据发音规则去拼读更多含有 ch、sh 字母组合的单词。教学目标是让学生通过微视频的学习，能够正确地发出两个辅音：/tʃ/ /ʃ/，并根据发音要领能拼读出更多含有这两个辅音的单词。语音是小学英语教学的重点内容之一，但在平时的教学中，由于它在每个单元只占一课时，所以容易被老师和学生们忽视，本课我将枯燥的语音融于情境中，让学生在轻松的氛围中去发现字母组合的发音规律，并在绕口令、连线、拼读单词等趣味性的活动中巩固和运用所学知识，从而激发学生对语音学习的兴趣，为以后进一步的语音学习打下基础。本微课的设计流程是：激趣导入——呈现新知——巩固操练。

【教学过程】

Step 1：Self-introduction

T：My name's Cherry. I am a teacher. I like peach. I don't like chicken.（呈现蓝色单词，让学生观察蓝色单词有什么相同的地方，从而引出含有 ch 的单词）

Step 2：The pronunciation of "ch"

① 归纳、总结 ch 的发音。
② 根据发音要领正确发音。
③ 同学们自己练习发音。

Step 3：Practice

① Read the tongue twister.
② Listen and match.
③ Make a word and try to read it out.
（巩固、练习，学以致用。）

Step 4：Introduce my daughter and present her birthday gifts

T：This is my daughter. Her name is Shelly. Today is her birthday. She got many gifts: a shirt, a toy sheep, a toy fish, a pair of shorts. （呈现红色单词，让学生观察红色单词有什么相同的地方，从而引出含有 sh 的单词）

Step 5：The pronunciation of "sh"

① 归纳、总结 sh 的发音。
② 根据发音要领正确发音。
③ 同学们自己练习发音。

Step 6：Practice

① Read the tongue twister.
② Listen and match.
③ Make a word and try to read it out .
（巩固、练习，学以致用。）

Step 7：Summary

Read the words and fill in the table.
（总结本课内容，布置作业。）

【教学反思】

一、内容反思

此微课在设计上很好地体现了"微"的含义。本课所讲的内容紧紧围绕 ch 和 sh 字母组合的发音这一知识点。它是五年级下册第三单元 Let's spell 这一课时的教学重点，此微课的制作对学生自主学习有着非常重要的作用。

二、制作过程反思

此微课我主要采用 PPT 课件和屏幕录像软件来完成，在 PPT 制作过程中我以图片和文字的形式呈现本课所授重点，内容看似简单，实则体现了整个教学重点，有利于学生轻松接受。

三、效果反思

此微课采用讲练结合的方式，在学习新知后设计多样的练习，给学生充分地练习，达到学以致用。6 分 22 秒的微课在教学时间上把控得较好，既考虑到教学环节的完整性又合理地对各个环节教学时间做了分配。录制中多媒体教学手段应用熟练，视频内容完整、直观、清楚流畅。此微课在我校五年级九个班进行了推广应用，受到师生的好评。

Phonics sound of letter I

赵　洁　汉中市龙岗学校

【微课简介】

学段学科：小学英语

微课名称：Phonics Sound of Letter I

【学情分析】

三、四年级的孩子，处于学习英语语言的初期，不明白英语的音形对应的规律，学生认读单词，以及后期的拼写单词，都是一个难点。而此时，他们的语言模仿能力强，所以，在学生学习英语初期，让学生掌握自然拼读方法，掌握音形对应的拼读技能，对学生能够形成“见词能读”“听词能写”的能力以及后期的阅读能力都非常重要。

【知识点描述】

（1）字母 i 在重读闭音节单词中的自然拼读规律，比如：kid, kick, chip, dinner, sit, six。

（2）能够区别，掌握字母 i-e 组合在开音节单词中的自然拼读规律并能够认读单词 time，等拓展词汇。

（3）能够区别 i 和 i-e 的拼读规律

（4）能够根据自然拼读规律尝试读新的单词，认读短文 Bill's visit，并理解短文。

【知识点来源】

学科：英语　　年级：三、四年级

教材：英语浸入式拼读法语音系列教材　　章节：Phonics 1 Unit 9

【基础知识】

（1）字母 i 在重读闭音节单词中的自然拼读规律，及拓展单词。

（2）字母 i-e 组合在开音节单词中的自然拼读规律，及拓展单词。

（3）单词 kid, kick, chip, dinner, sit, six, time 及短文 Bill's visit。

【教学类型】

□讲授型　□问答型　☑ 启发型　□讨论型　□演示型　□联系型

□实验型　□表演型　□自主学习型　□合作学习型　□探究学习型

【适用对象】

学生：本微课是针对本学科平时成绩多少分的学生？

□40 分以下　□40 ~ 60 分　□60 ~ 80 分　☑80 ~ 100 分

教师：□班主任　□幼儿教师　☑ 普通任课教师　□其他

其他：□软件技术　□生活经验　□家教　□其他

【设计思路】

利用微课，尝试语音自然拼读教学的翻转课堂，让学生成为学习的主人，培养学生的自学习惯并提高学生的学习能力。

根据学生语言学习的认知规律，作者设计了本节课，以自然拼读的方式引入学生的旧知——熟悉的动物单词，唤起学生的已知（用拟人的方式引出字母 i，字母 i，遇见字母 p, f, m，并和他们分别自然拼读，引出单词 pig, fish, Mickey。通过熟悉可爱的动物单词 pig 等，先让学生感知 i 在单词中的自然拼读；再通过听语篇故事，学生浸润在整体的语篇中，进一步浸润在含 i 的单词中，让学生在听的同时，初步感知 i 在单词中的发音规律，给学生足够的语言输入；运用多媒体课件制作各种形象生动的活动，进行趣味操练，提高学生的自然拼读能力和语音学习兴趣。用辅音字母与元音字母组成的自然拼读思维导图，学生尝试自己拼读拓展单词，体验探究学习，获得学习的成就感；最后，学生再朗读短文，巩固单词，发现 i-e 拼读的不同，让学生在发现，对比中学习，提升学生的思维素养 ；在学生已掌握拼读规则的基础上，及时总结发音规则小口诀，形成理性思维，为学生今后的学习打好基础。在教学过程中，用灵活多样的方式评价检测学生，注重过程形成性评价。

【教学过程】

一、片头

热身活动：

T：以拟人的方式，说我是字母 i，并发音，遇见字母 p, f, m, 并和他们分别自然拼读，于是我便成了 pig, fish, Mickey。

S：听并模仿，感知自然拼读，发现 i 在单词中的发音规律。

（设计目的：通过老师进行自然拼读学生熟悉的单词 pig, fish, Mickey, 激发学生的旧知，并唤起学生的学习兴趣。）

二、正文讲解

1. 语篇输入，整体感知

T：朗读短文，有意义的语篇输入。

S：听故事，进一步感知 i 在单词中的发音规律。

（设计目的：通过足够的听的输入，学生自己逐渐掌握发音规律。）

2. 学生试一试拼读

T：用自然拼读的方法，介绍短文的主要单词 kid, kick, chip, dinner, sit, six。

S：尝试跟老师一起拼读主要单词。

（设计目的：学生通过已经揣摩到的自然拼读规律，尝试读一读短文中的主要单词。）

3. 趣味练习活动

（1）T：设计游戏——单词逐渐消失，学生抢读主要单词。老师以“Are you right?”等评价语激励学生。

S：学生在游戏中抢读单词。

（设计目的：通过单词逐渐消失，学生抢读单词这个游戏，检测学生是否掌握主要单词，并激发学生学习兴趣。）

（2）根据单词发音，选择发音字母，根据音，选择形，音形对应。

T：读拓展的单词 gift, pink, mitt, wig，和单词的自然拼读，让学生选择正确的发音字母。

S：学生通过听音，辨别并选择正确的发音字母。

（设计目的：通过听音，选词的活动，检测学生是否掌握 i 的发音。）

（3）根据拼读思维导图，尝试拼读。

T：根据元音 i，与不同的辅音组合的思维导图，自然拼读拓展单词。

S：观察思维导图，尝试拼读更多单词

（设计目的：检测学生是否会根据规律读新单词，通过看思维导图，试着自然拼读，并掌握规律，最后在大量的词汇中实践拓展练习。）

T：进一步拓展含 i 的单词，带领学生试读。

S：学生尝试根据拼读规律读出更多的单词。

4. 语篇输出，探索新规律 i-e

T：带领学生通读短文故事，并引导学生得出 time 的发音与之前 i 的发音不同的结论。拓展 i-e 的发音规律和单词。

S：听并试读，发现 time 的发音不同。在老师的引导下，尝试读 i-e 组合的新单词。

（设计目的：在学生已经掌握 i 的发音后，以区别对比的方式，引出 i-e 组合，学生尝试拼读 i-e 组合单词。）

三、结尾

T：总结一个 i 的拼读规律，和 i-e 组合的拼读规律。

S：跟着老师一起总结。

（设计目的：在学生大量感知，语言输入，练习，巩固，掌握的基础上，以简单的口诀，帮助学生理解和记忆，为以后的学习实践打好基础。）

【教学反思】

一、内容反思

因为我校学生从一年级开始学习英语，所以学生在语篇中学习自然拼读，难易适中。对于从三年级开始学习英语的孩子，他们可以先掌握本课中的单词开始，掌握拼读规律，会用规律学习单词，语篇可以推后理解掌握。

二、制作过程反思

本课在制作时，是执教者一人完成，为了更好地应用于教学中，可以教研组内老师们协同合作，这样便能更叫有效，制作出更多，更好的微课，服务于学生的学习，教师的教学。

三、效果反思

自然拼读适合英语初学者，对学生的认读能力、拼读能力、听说能力有很大的帮助。在教学实践中证明，有自然拼读技能的孩子，英语学习轻松，掌握快，学习效果显著。

小学音乐

认识四分音符和八分音符

张　露　汉中师范附属小学

【微课简介】

学段学科：小学音乐

微课名称：认识四分音符和八分音符

【学情分析】

一年级的学生在上幼儿园时期学过一些儿歌，他们爱唱、爱跳，也很喜欢上音乐课，更喜欢在课堂中表现自己。可是他们自控能力相对较差，那么在课堂中一定要用新颖、有趣、易懂、贴近生活的方式，来抓住他们的注意力，从而引导学生养成在音乐课堂中的良好习惯。

【知识点描述】

1. 教材分析

这一课选自广东花城版一年级上册第一课“我今天上学喽”第二课时“感知四分音符和八分音符”。音乐课不仅仅是让学生单一的学唱一首歌曲，而是让学生在听、唱、说、读、拍的过程中自然而然地去体验与感知旋律和节奏，那么在这一过程中音乐知识的学习就是音乐课堂中尤为重要的一部分，那么这节课就是要让学生认识最基础的八分音符和四分音符，体验和感知两种节奏时值的长短。

2. 教学重点

通过有趣的学习，认识四分音符和八分音符，掌握两种节奏时值的长短。

3. 教学难点

针对一年级的孩子的性格特点，在四十分钟内让孩子们在轻松有趣的课堂中认真学习，从而掌握枯燥的乐理知识。

【知识点来源】

学科：音乐　　　　年级：一年级

教材：广东花城版　　　　章节：第一课第二课时

【基础知识】

通过开学第一节课学习歌曲的《我今天上学了》，对歌曲中的乐句建立了一定的节奏感，再将在本节课的音符与乐句对应让学生通过先期的学习，来读乐句进一步掌握节奏。

【教学类型】

☑ 讲授型　□问答型　□启发型　□讨论型　□演示型　□联系型
□实验型　□表演型　□自主学习型　□合作学习型　□探究学习型

【适用对象】

学生：本微课是针对本学科平时成绩多少分的学生？
□40 分以下　□40 ~ 60 分　□60 ~ 80 分　☑80 ~ 100 分
教师：□班主任　□幼儿教师　☑ 普通任课教师　□其他
其他：□软件技术　□生活经验　□家教　☑ 其他

【设计思路】

（1）播放录制的微课，用短暂的 5 分钟吧知识点清楚地告诉学生。

（根据一年级学生的特点，用最能抓住学生注意力的视屏，把枯燥的乐理知识转化成最贴近孩子们生活的两种水果“苹果和梨”来代表 “八分音符和四分音符”，以这种方式抓住学生注意力最集中的黄金五分钟，把知识点告诉学生。）

（2）通过读学过的歌曲中的小乐句，加深对两种音符不同时值及其关系概念的加深。

（进一步加深对两种音符时值的体验，并将两种音符带入到实践中。）

（3）小练习，读读、拍拍。

（通过练习加深对两种音符的认识，熟练两种音符的读法。）

（4）自己来组合简单节奏型。

（让学生主动参与到音乐的发展过程中来，自主创编，拉近学生和音乐知识的距离，让他们感受到歌唱之外的乐趣。）

【教学过程】

一、片头

用小动画出现音符，简单介绍音乐中的音符，让学生产生兴趣。

二、正文讲解

1. 认识四分音符

（1）动画出音符。

（2）认识符头和符干，用红色强调符干。

（3）给音符起名字“梨”（用水果代替字），读水果名字（梨）。

2. 认识八分音符

（1）动画出音符。

（2）认识符头和符干、符尾，用红色强调符干符尾；告诉学生两个八分音符见面就握手。

（3）给两个八分音符音符起名字“苹果”（用水果代替字），读水果名字（苹果）。

3. 小练习

读水果名字。

三、结尾

（1）将水果名字换成“梨—ta”“苹果—titi”。

（2）小练习（用 ta、titi）。

【教学反思】

一、内容反思

在本节课的教学中我把枯燥乏味的乐理知识四分音符和八分音符，我用视屏的方式把枯燥乏味的乐理知识变成最贴近生活的水果，然后在转换成 ta 和 titi 来讲授知识点。这样即提高了学生们的学习兴趣，又抓住了学生的注意力，降低学生们在学习过程中的难度。特别是对于一年级的学生他们刚进入小学阶段，一切行为规范都在养成阶段，那么音乐课的行为习惯、音乐的知识也正在建立中。只有根据学生的学情特点来对课堂知识进行正确的包装，用最有趣、最有效的方式来教授知识，是这堂课真正地做到高效课堂！

二、制作过程反思

在一次听课中，学校的一位教师用微课很快地教会学生一个知识点，而且整个过程非常顺利，学生们听得也非常认真。这让我认识到了微课给课堂教学带来的新变化。我开始翻看一些关于音乐的微课范例，这个过程让我认识到了微课对于在音乐课中的乐理知识以及一些知识点的帮助，我开始尝试录制微课，并将其用在课堂教学中。在这节录制的过程中我遇到了很多问题，① 首先内容的选择，真对本节课，我修改了很多次，刚开始内容太多容量太大，但是没有抓住重点，所以微课学习的效果一般，甚至还有孩子不知道到底讲了什么，最后我精简修改就确定一个小知识点来录制微课；② 知识点的明确，层次的清晰，本节课的知识点就是“四分音符和八分音符”从看、写、认、读这几个过程抓住主题来设计；③ 时间的把握，一节课就四十分钟微课用的时间太长，结果知识讲解、熟悉、运用的过程时间就不过了，而且在录制过程中语言一定要精练准确，这样才能让学生最快、最有效的接受知识。

三、效果反思

这堂课中是一年级的小朋友进校以后的第二节音乐课，他们的行为习惯还正在养成中，但是通过短小的 5 分钟微课来讲解本节课的知识点，孩子们在观看微课的过程中出奇的认真，还不时地跟着微课里的环节进行互动，读一读，还会用手试着写一写，从他们的表情和动作我看到他们的正注意力非常集中的学习着……通过后面的学习，孩子们积极地参与到乐教学中，主动发言，大胆的读出来，甚至有的孩子还帮别人纠正错误，学生的参与度非常高，让他们真正地参与到知识的发生、发展、形成的过程中来。微课把教学重点、难点等内容制造出精彩的片段，短小而精干，抓住了学生的注意力，大大提高了课堂的效率。

小学信息技术

多样的小风车

李　力　西乡县东关小学

【微课简介】

学段学科：小学信息技术
微课名称：多样的小风车

【学情分析】

六年级学生能够熟练掌握 WINLOGO 命令的输入方法和规则，对组合图形的空间理解、重复概念都有一定的认知基础，通过前一课重复命令的学习，也为本课重复命令的嵌套学习做好了铺垫。

【知识点描述】

本课知识点是重复命令的嵌套，是接续上节课学习的重复命令之后的拓展内容。

【知识点来源】

学科：信息技术　　　　　　　　年级：六年级
教材：陕西人民教育出版社　　　章节：第二单元第 7 课

【基础知识】

（1）进一步掌握重复命令的用法。
（2）了解重复命令的嵌套的使用方法。
（3）应用重复命令的嵌套，画出漂亮的小风车。

【教学类型】

☑ 讲授型 □问答型 ☑ 启发型 □讨论型 ☑ 演示型 □联系型
□实验型 □表演型 ☑ 自主学习型 □合作学习型 ☑ 探究学习型

【适用对象】

学生：本微课是针对本学科平时成绩多少分的学生？
☑40 分以下 ☑40 ~ 60 分 ☑60 ~ 80 分 ☑80 ~ 100 分
教师：□班主任 □幼儿教师 ☑ 普通任课教师 □其他
其他：☑ 软件技术 □生活经验 ☑ 家教 □其他

【设计思路】

微课首先引导学生分析风车图形，观察复杂图形的结构组成，再通过演示和学生实践，发现重复嵌套命令应该注意的问题，接着继续利用动画引导学生发现每次旋转角度、重复次数的规律，最终得出重复嵌套命令的形式。在课的最后，还设计了“小试身手”和生活中的图形，进一步让学生加深对重复命令的理解，激发学生继续学习的兴趣。

【教学过程】

一、片头

在上一讲中，我们学习了 WINLOGO 语言中的重复命令，能用重复命令画出漂亮的正多边形。本课将学习重复命令的嵌套的使用方法，你准备好了吗？

二、正文讲解

风车是小朋友们的好伙伴，带给大家许多快乐。本节课就让我们用 LOGO 命令设计小风车吧。首先观察下这个小风车，想一想它是用几个什么样的图形围成的？对，它是由四个一样的长方形围成的。既然有重复特点，我们可以使用重复命令来画，你还记得重复命令的“公式”吗？套用这个“公式”，小风车可以用这样的命令来画。长方形的命令在上节课中我们已经学习过了，将它替换下，就成了小风车的命令。下面我们在 LOGO 软件中检验下，你也一起试一试吧。

老师把命令输入并按回车执行，会出现什么情况呢？我们看到只有一个长方形，并没有小风车的样子，怎么回事呢？让我们回到图形，再仔细观察下小海龟的动作。小海龟在画完第一个长方形后，头朝着上面，如果不改变方向，就算画一百次也只能看到一个长方形，问题就在这里。小风车的第二个长方形起笔应该朝什么方向？小海龟应该向哪个方向转动多少度呢？通过动画很容易发现小海龟的头向右转动了 90 度，然后继续爬行画出了第二个长方形。依次类推，小海龟每画完一个长方形后，必须向右转动 90 度，再画下一个长方形。那么，命令就应该修正，在长方形的命令后加上 RT 90。我们再次在软件中检验一下，看！成功了。我们再看一个小风车的图形，你能分辨出是由几个什么样的图形围成的吗？现在能分辨出来了吧。用我们今天学习的知识写出来，并在软件中检验下，相信你一定成功了。

从上面两个例子的命令，可以看到一个重复命令包含着另一个重复命令，我们把这样的形式叫作重复命令的嵌套。……表示命令序列，这里一定要注意，重复命令中的方括号一定要配对使用。另外，括号外重复的次数要和括号内转动的角度配合。

掌握了重复嵌套的规律，让我们来一试身手。看下面这些图形，是不是觉得熟悉又陌生？先仔细分辨是由哪个熟悉的图形，按照怎样的规律排列而成，然后在软件中试着画出来。

三、结尾

在生活中，我们也能找到许多这样的图形。用你的眼睛去发现，用你的手、脑去创新吧。这一讲就到这里，谢谢，再见。

【教学反思】

一、内容反思

微课的设计需要换位思考，要以学习者的身份去确定主题，进行设计组织。本微课内容涵盖了本节课的核心部分，对于学生理解重难点能起到很好促进作用。在形式上，从开始导入激发学生学习兴趣，到重点内容讲解分析演示，再到进一步的拓展延伸，尽可能地以一节完整的课来呈现，不使之有割裂感。

二、制作过程反思

微课设计确实为我们提供了一面认识自己的镜子，最大的感受是声音的录制。首先，微课录制的声音，放在电脑上听起来杂音就凸显出来了，尽量要在安静的环境中录制，有条件的可以使用专业点的话筒，防止外界杂音的同时也消除喷麦和呼吸声。其次，微课录音后会发现自己平时发音问题，不够底气和力度，也显得不够自然。所以要放缓语速，尽量保持平缓而清晰，越是紧张，越容易出错。

三、效果反思

我校六年级五个班的教学中使用了本微课，分别采用了课前、课中和课后三种方式。只单独使用课前或课后使用，由于学生家庭客观原因，部分学生没有观看，使用效果不太好。而在课堂中应用，也分为教师讲解前用和讲解后用，除了两个班所用微机室没有配备耳机，学生只能看画面，影响到使用效果外，其余整体效果都不错，很大程度上减轻了教师反复讲解的负担，提高了学生自主学习的兴趣，特别对于学习困难学生的帮助很大。

小学美术

线描画的奥妙

张　婷　勉县实验小学

【微课简介】

学段学科：小学美术
微课名称：线描画的奥妙

【学情分析】

三年级学生有一定的绘画基础，对绘画兴趣浓厚。但对线描画中的点、线、面的认识单一，画面缺少动感，层次感单薄。

【知识点描述】

（1）进一步认识线描画，运用好线描画中的技法。
（2）提高学生的绘画创作能力，选择一定新的表现形式。
（3）在线描画上，有“色彩”、有层次、有动感。

【知识点来源】

学科：美术　　年级：三年级
教材：湖南出版社　　章节：第二章

【基础知识】

了解认识掌握线描画的特点，并能很好的运用。 能运用这些绘画特点，完成一幅有动感、有节奏、有层次的线描画。

【教学类型】

□讲授型 □问答型 □启发型 □讨论型 ☑ 演示型 □联系型
□实验型 □表演型 □自主学习型 □合作学习型 □探究学习型

【适用对象】

学生：本微课是针对本学科平时成绩多少分的学生？
☑40 分以下 ☑40 ~ 60 分 ☑60 ~ 80 分 ☑80 ~ 100 分
教师：□班主任 □幼儿教师 ☑ 普通任课教师 □其他
其他：☑ 软件技术 □生活经验 □家教 □其他

【设计思路】

通过把抽象的知识点用微课演示成容易理解的直观的，方便学生理解，帮助创作！

【教学过程】

一、片头

题目：线描画的奥秘。

二、正文讲解

制作 PPT 演示线描画中的重要组成部分点、线、面，以及不同点、不同面、不同线的介绍。

三、结尾

教师示范运用这些不同的点、线、面创作热带鱼。

【教学反思】

一、内容反思

本节微课已经基本解决了如何画线描画，但要让线描画绽放光彩拓展不够。

二、制作过程反思

制作过程由于设备简单声音不够清楚。

三、效果反思

本节微课学生容易理解，也能及时地帮助他们解决在画线描画时所遇到的难题，但线描画的知识点拓展不够画面创新还需加强。

我爱校园之树的画法

任晓宁　西乡县城北小学

【微课简介】

学段学科：小学美术

微课名称：我爱校园之树的画法

【学情分析】

四年级的学生已经具有初步的线描基础和立体表现能力，学生对自己的校园里面的树已经有了整体上的感知，因此这节课主要对学生在取景和表现技法上做一点拨、引导，学生完成活动目标是不会有大困难的。

【知识点描述】

引导学生了解树的组成，以及各种各样树的特征，选学校校园里的一棵树进行线描构图，然后运用淡彩的画法抓住树的特征画出树的明暗关系，使这棵树色彩既透亮又有立体感，体现出淡彩画的特征。

【知识点来源】

学科：美术　　　　年级：四年级

教材：湖南美术出版社　　　　章节：第 4 课

【基础知识】

掌握绘画树的线描方法，在这基础上学会淡彩涂色。

【教学类型】

☑ 讲授型 □问答型 □启发型 □讨论型 ☑ 演示型 □联系型
□实验型 □表演型 □自主学习型 □合作学习型 □探究学习型

【适用对象】

学生：本微课是针对本学科平时成绩多少分的学生？
□40 分以下 □40 ~ 60 分 ☑60 ~ 80 分 ☑80 ~ 100 分
教师：□班主任 □幼儿教师 ☑ 普通任课教师 □其他
其他：☑ 软件技术 □生活经验 □家教 □其他

【设计思路】

根据本课的教学目标学习画淡彩画，所以我以第一课时的内容展开教学。第一课时重点主要是让学生了解树，会画树。树的种类很多我就以学校的七里香树展开教学，学校里面的树对于学来说是再也熟悉不过了，每一棵树在什么位置长什么样学生很清楚，所以便于我们观察，学习起来很容易。

【教学过程】

一、片头

（1）以水彩画树导入。
树的构成：树由哪几部分构成呢？
（主干、枝干、树冠）
（2）再以校园里的七里香树为题材来画树。

二、正文讲解

指导学生用线描淡彩的画法来画校园里面的七里香树，铅笔起草打形，画好后在为刚才画的树涂色。注意树冠的明暗关系。
（1）用线勾画形体。
（2）先画树的浅色。
（3）在画树的深色。

三、结尾

树干的明暗关系处理，最后整理画面。

【教学反思】

一、内容反思

本微课的教学目标是基于学生对校园及校园生活的感受和喜爱，运用线描淡彩的画法描绘校园，在美术学习活动中体验线条和色彩结合的表现力，通过绘画形式表达自己对校园的情感。

二、制作过程反思

制作用时较长，讲解的部分还不精简，教师的淡彩绘画技能也有待提高，从视频中看，淡彩画的特征应该是薄、透、亮，可是展示的时候部分色彩出现了灰、厚、脏的效果，所以教师基本功还得再练练。

三、效果反思

本微课视频适合小学阶段或初学者画淡彩画，整体效果简单易懂，容易掌握淡彩画的技法和画树的简单概括方法，使用广泛，适合小学生及社会人士，如果深入了解淡彩画还得多学习学习。

初中语文

从《天净沙·秋思》谈反衬的魅力

吴天琪　汉中市陕飞一中

【微课简介】

学段学科：初中语文
微课名称：从《天净沙·秋思》谈反衬的魅力

【学情分析】

初一的学生能够较好地把握《天净沙·秋思》表达的思想感情，但唯独对“小桥流水人家”一句体会不深、理解不到位，认为该句和全曲的主题不契合，故而以此句为切入点，深入讲解，让学生感受反衬手法的魅力。

【知识点描述】

通过分析《天净沙·秋思》，让学生能够体会本首小令所描绘的意境，并感悟到反衬手法的魅力。

【知识点来源】

学科：语文　　　　年级：七年级
教材：部编版　　　章节：七年级上册第一单元第四课

【基础知识】

正确、流利、有感情地朗读本曲；大致了解本曲所描绘的主要内容。

【教学类型】

☑ 讲授型　□问答型　□启发型　□讨论型　□演示型　□联系型

□实验型　□表演型　□自主学习型　□合作学习型　□探究学习型

【适用对象】

学生：本微课是针对本学科平时成绩多少分的学生？

□40 分以下　□40 ~ 60 分　☑60 ~ 80 分　□80 ~ 100 分

教师：□班主任　□幼儿教师　☑ 普通任课教师　□其他

其他：□软件技术　□生活经验　□家教　☑ 其他

【设计思路】

我在初次讲课以及听其他老师讲课的过程中发现，很多老师在对《天净沙·秋思》这首小令中“小桥流水人家”一句，讲解不够深入，明明描写的是一幅温馨的画面，又怎么会表达悲凉的情感呢？本学期，自己又再一次讲到这篇课文，初次讲课未解的疑问又萦绕脑海，通过查阅资料了解到，此句是运用了“反衬”的手法，于是，就想到以此为切入口，讲解关于“反衬”手法的相关知识。本课以《天净沙·秋思》为切入点，配以悲凉、萧瑟的音乐和课件背景，细致讲解了“小桥流水人家”这句容易被人忽视的与本小令基调“不和谐”的诗句，从而引申出反衬的手法，并举例讲解。

【教学过程】

一、导入

一提起描写秋天的元曲，大部分人想到的一定是马致远的《天净沙·秋思》，全曲仅五句，共二十八字，但结构之精巧、意蕴之深远，令人赞叹不已。

二、分析全诗

（重点讲解“小桥流水人家”一句。）

（1）“枯藤老树昏鸦”，“枯藤”点明时间，即秋末，干枯的老藤，苍老的树木，渲染出一种萧瑟荒凉的环境。“昏鸦”，即黄昏时将要回巢的乌鸦，含蓄地表达出了游子无家可归之意。

（2）“古道西风瘦马”，一匹瘦马在古道行走，增加孤独悲凉之感；西风寒冷，又为本词增添凄冷之意。

（3）“小桥流水人家”，小桥下水声潺潺，流水环绕着几户人家。这样一幅恬静、温馨的画面，怎么和全曲悲愁基调不相符了呢？此处，提出反衬手法的运用。通过“小桥流水人家”的所描绘的安居乐业的闲适的景象，衬托出游子还在“古道西风”中骑着瘦马飘零无归的悲凉。在《李笠翁曲话》中这么说道：“以乐景写哀，以哀景写乐，一倍增其哀乐。”这样的景和作者的处境形成了鲜明的对比，勾起了游子思家的急切心情。

（4）“夕阳西下，断肠人在天涯”，远离家乡，孤独漂泊。秋景苍凉，时近黄昏，怎不叫人痛断肝肠呢！

（5）小结全诗：这首小令寄情于物，把凄苦愁楚之情，通过众多自然景物的罗列，刻画得淋漓尽致。有情有景，情景交融。因此，被后人称赞为“秋思之祖”。难怪王国维在《人间词话》中称赞：“寥寥数笔，深得唐人绝句之妙境。”“纯是天籁。”

三、什么是反衬

反衬属于衬托中的一种，即把一种与本体事物相反或对立的观点、事物从反面去陪衬烘托本体事物的格式。

例：在唐代诗人常建的《题破山寺后禅院》尾联“万籁此都寂，但闻钟磬音”一句中，诗人以“钟磬”的清音袅袅来反衬山寺后禅房的幽静，从而以动映静，给人以静的感受，收到“蝉噪林愈静，鸟鸣山更幽”般的艺术效果。

四、布置作业

从学过的课文中找出运用反衬手法的句子，仿照这些句子，自己再写出几句。

【教学反思】

一、内容反思

虽然这首元曲较为简单，全曲仅五句，共二十八字，但为了让学生能够更好地完成本课的教学目标，在讲解过程中，先将整首曲子的第一、三句所描绘的画面进行了较为粗略的解读，再重点分析第二句“小桥流水人家”，这样能够让学生更好地理解第二句在曲中的作用，感悟反衬手法的魅力，并体会本曲所描绘的意境。

二、制作过程反思

因《天净沙·秋思》这首元曲所表现就是一种悲凉、凄苦之感，故而在微课制作过程中，从背景音乐到课件背景，再到课件中插入的图片，都彰显了这一主题，从客观上帮助学生理解本元曲所要表达的情感。

三、效果反思

学生通过这节不到 6 分钟的微课讲解，能够体会到了本首元曲所描绘的意境，并感悟到反衬手法的魅力，较好地完成了本节课的教学目标。

Word 中语文工具的使用

许春波　勉县电化教育中心

【微课简介】

学段学科：初中语文
微课名称：Word 中语文工具的使用

【学情分析】

本微课主要面向初中阶段学生设计，在该阶段学生已经掌握 Windows 操作系统的基本操作，能够较熟练地使用汉字输入法，并能完成 Microsoft Word 2013 版软件的基本操作。

【知识点描述】

以 Word 2013 版为例，演示和讲解 Word 中下划线、带圈字符、着重号、拼音指南、姓氏排序、作文表格以及绘制田字格等语文工具的使用，帮助学习者完成语文学科资料及试卷等的编辑任务。

【知识点来源】

学科：语文、信息技术　　年级：7—9 年级
教材：人教版　　章节：知识点综合归纳讲述

【基础知识】

本微课以直观操作演示加现场讲解的方式，分别讲解了 Word 2013 版软件中有关下划线、带圈字符、文字边框、字符底纹、着重号、设置着重号快捷键、拼音指南、添加脚注、姓氏排序、设置作文表格以及绘制田字格等相关语文学科中经常用到的功能的操作方法，帮助学习者快速提高软件使用效率。

【教学类型】

☑ 讲授型 □问答型 □启发型 □讨论型 ☑ 演示型 □联系型
□实验型 □表演型 ☑ 自主学习型 □合作学习型 □探究学习型

【适用对象】

学生：本微课是针对本学科平时成绩多少分的学生？
□40 分以下 □40 ~ 60 分 ☑60 ~ 80 分 □80 ~ 100 分
教师：□班主任 □幼儿教师 ☑ 普通任课教师 □其他
其他：☑ 软件技术 □生活经验 □家教 □其他

【设计思路】

Word 是常用的文字处理软件，但日常使用中，大家对于语文学科常用到的一些工具仍然不太熟悉，故录制此微课，以真实操作过程的演示加现场讲解的方式，帮助大家快速掌握 Word 2013 版软件中相关语文工具的使用，提高工作效率。

【教学过程】

一、片头

（1）课题及相关信息。

呈现微课课题及制作者相关信息。

（2）创设问题情境。

Word 是一款常用的文字处理软件，大家在平时经常使用到它。今天，我就以 Word 2013 版为例，向大家演示 Word 中语文工具的使用。

二、正文讲解

1. 操作演示及讲授

（1）下划线的使用。

① 先选定文字，然后点击“开始”选项卡中的下划线按钮。点击按钮旁边的向下三角按钮，可以选择其他下划线型。

② 先选定文字，在选定的文字上点击鼠标右键，在弹出的快捷菜单中选择“字体”命令，在弹出的字体对话框中找到“下划线线型”，选择一种，最后点击“确定”。

（2）带圈字符的设置。

选定文字，点击“开始”选项卡中的带圈字符按钮，再点击“确定”。

（3）文字边框和底纹。

选定文字，点击“开始”选项卡中的文字边框或字符底纹按钮。

（4）着重号。

选定文字，在选定的文字上单击鼠标右键，在弹出的快捷菜单中选择“字体”命令，在弹出的字体对话框中找到“着重号”选项，选择后点击“确定”。

（5）拼音指南。

选择文字，点击“开始”选项卡中的拼音指南按钮，再点击“确定”。

（6）设置脚注。

定位光标，点击“引用”选项卡中的“插入脚注”按钮，在页面底端输入脚注内容。

（7）姓氏排序。

选择文字，点击“开始”选项卡中的排序按钮，选择排序类型，点击“确定”。

（8）作文表格。

新建文件，点击“页面布局”选项卡中的稿纸设置按钮，格式选择方格式稿纸，再点击“确定”。

（9）绘制田字格。

点击“插入”选项卡中的形状下的矩形，按住 Shift 键拖动鼠标绘制一个正方形，再点击“插入”选项卡中的形状下的直线，拖动鼠标绘制横线和竖线，最后用“格式”选项卡中的对齐命令调整好位置，再进行组合即可。

2. 知识点归纳巩固

将本节微课中所涉及的 9 个学科工具使用方法再次梳理，巩固操作要点，确保学习效果。

三、结尾

演示完毕，谢谢大家观看！

【教学反思】

一、内容反思

Word 是一款功能强大的文字处理软件，但大多日常应用的功能不到软件全部功能的 10%，因此，在应用中，该款软件可挖掘的应用空间很大，软件应用经验也值得不断积累和推广。本微课意在将 Word 软件中有关语文学科的常用功能和使用经验进行梳理和总结，并以直观操作演示的形式进行讲解，以帮助学习者更快掌握软件功能的操作方法，更好地发挥软件的使用价值。

二、制作过程反思

整个微课作品主要采用录屏的方式来制作。其中片头部分使用了威力导演视频编辑软件，主要呈现微课标题等字幕信息，力求简洁，以快速进入主要内容；正文讲解前半部分使用 Camtasia 9 软件实时录制屏幕操作，以呈现最真实的软件操作过程和界面，便于学习，后半部分是录制事先设计好的知识点总结 PPT 文稿演示，以理清思路，强化重点；片尾以简洁的过渡淡出效果收尾，使整个微课短小精练，干脆利索。

在整个微课制作过程中，Word 2013、Powerpoint 2013、Camtasia 9 和威力导演 14 几款软件协同使用，最终效果比较满意。只是录音效果欠佳，在后续微课制作中，还需不断改进录制环境，借助音频处理软件对录音进行编辑润色，努力创作更满意的作品。

三、效果反思

通过直接的录制屏幕操作演示，可以直观地呈现 Word 2013 中各语文学科工具的操作步骤及注意事项，帮助观看者快速掌握操作过程及要领。

初中数学

行程问题中的追及问题

熊　洁　留坝县中学

【微课简介】

学段学科：初中数学

微课名称：行程问题中的追及问题

【学情分析】

学生在之前的学习中已经掌握了方程解法和列方程解应用题的一般步骤，在应用中出现的问题集中反映在分析数量关系的水平参差不齐上。行程问题中追及问题的数量关系是应用的难点，以微课的形式给学生新的学习资源和学习形式，可以起到突破难点的作用。

【知识点描述】

学会用画示意图的方式分析题意，找到等量关系，列一元一次方程解追及问题

【知识点来源】

学科：数学　　　　　　　　　　　　年级：七年级

教材：华东师大版数学七（下）　　　章节：第 6 章第 3 节

【基础知识】

学会用画示意图的方式分析题意，找到等量关系列方程解追及问题。

【教学类型】

□讲授型　☑ 问答型　☑ 启发型　□讨论型　☑ 演示型　□联系型

□实验型　□表演型　□自主学习型　□合作学习型　☑ 探究学习型

【适用对象】

学生：本微课是针对本学科平时成绩多少分的学生？

□40 分以下　□40～60 分　☑60～80 分　□80～100 分

教师：□班主任　□幼儿教师　☑ 普通任课教师　□其他

其他：□软件技术　□生活经验　☑ 家教　□其他

【设计思路】

在复习基本数量关系-动画分析等量关系-示范解题-小结知识点的过程中教给学生解追及问题的方法和数学的建模思想。由易到难的问题设置帮学生建立信心、提高学习兴趣，例题设置安排生活中的实际问题来帮学生了解数学与生活的联系

【教学过程】

一、片头

倒计时动画——黑屏。

二、正文讲解

1. 基本数量关系导入

复习路程、时间、速度之间的关系。

（1）速度是每小时行 4 千米，则 x 小时行（　　）千米。

（2）3 小时走了 x 千米，则速度为（　　）千米/时。

（3）某一段路程 x 千米，火车以 94 千米/时的速度行驶，那么火车行完全程需要（　　）小时。

2. 动画分析

利用演示动画解决例题并从中得到数学经验，突出本节的重点。

若小花以 4 千米/时的速度步行上学，半小时后哥哥发现她忘带作业，就骑车以 8 千米/时的速度追赶，问哥哥需要多长时间能送到作业？设哥哥需要时间为 x 小时，具体分析如图 2-14 所示。

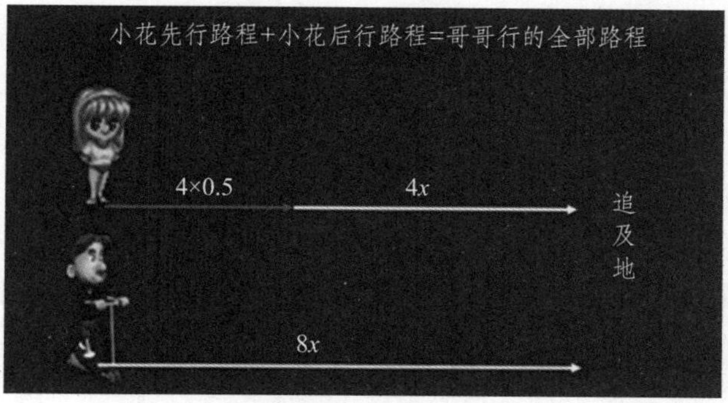

图 2-14

3. 示范引导

在学习例题指导解题方法后，通过示范分析解题示意图，得到方程并解答，培养学生思维能力，以此实现难点的突破。

甲乙两地相距180千米，一人骑自行车以15千米/小时的速度从乙地出发，另一人骑摩托车从甲地出发，已知摩托车速度是自行车速度的3倍，若两人同向而行，骑自行车在先且先出发2小时，问摩托车经过多少时间追上自行车？

设摩托车经过 x 小时追上自行车，根据已知条件可画出解题示意图2-15。

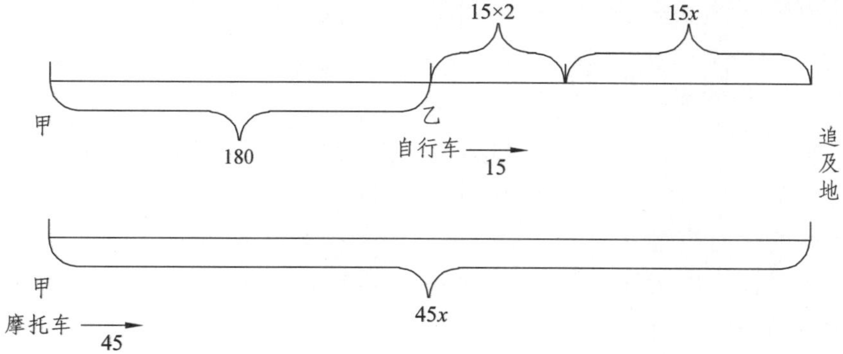

图 2-15

根据示意图可写出解题方程：

$$S_{摩}=S_{甲乙}+S_{自先}+S_{自后}$$

$$45x=180+15\times2+15x$$

三、结尾

小结与反思：针对所学知识点、基本等量关系进行反思小结环节反思知识点，并提示这类问题还会以超车、环形跑道问题为背景出现，激发学生继续钻研的兴趣。内容安排合理，梯度适宜，重点突出、难点得到了突破。

【教学反思】

一、内容反思

本节微课利用生活问题为入口，以动画的形式，把学生引入学习过程，让学生初步感知追及问题出现的背景，突出重点；之后的示范例题，让学生看到应用题的题目条件是如何用到示意图分析中去的；小结环节反思知识点，并提示这类问题还会以超车、环形跑道问题为背景出现，激发学生继续钻研的兴趣。内容安排合理，梯度适宜，重点突出、难点得到了突破。

二、制作过程反思

制作微课尚算学习摸索阶段，在录制中出现了一些问题，例如讲课强调“同学们”，忽视微课模拟“一对一”模式；这节微课从设计课件，到录屏、录音、剪辑，技术手段尚待完善。

完成制作后，对以下几点有一些思考：一是微课设计上要更科学，结合实际教学和学生学情，引入启发式教学，引导学生带着问题去学习，相信效果更好；二是要在制作上多学习，多下功夫，制作精美的微课，符合学生特点的微课；三是尝试教学不同环节微课的实践。

三、效果反思

（1）动画分析形象具体，架起题意到示意图分析的桥梁。

（2）新的学习形式对于学生兴趣的激发；小知识点的学习针对性强，发挥了很好的靶向性作用。

（3）微课可以实现类似于一对一的学习形式，因此鼓励性的语言能起到增加学习动力的作用。

利用几何画板探究二次函数 $y=ax^2+bx+c$ 图像位置与系数 a、b、c 的关系

唐艳丽　汉中市陕飞二中

【微课简介】

学段学科：初中数学

微课名称：利用几何画板探究二次函数 $y=ax^2+bx+c$ 图像位置与系数 a、b、c 的关系

【学情分析】

学生已经学习了二次函数表达式是顶点式的图像，也会把一般式转化为顶点式画出一般式情况下的图像。但他们对一般式和图像之间的直接关联认识不深刻，内在的知识联系道理不明了，还需要进一步探究学习二次函数一般式图像位置与系数 a、b、c 的关系。

【知识点描述】

通过观察几何画板动态演示，归纳、理解二次函数 $y=ax^2+bx+c$ 的图像位置与系数之间的关系。根据二次函数的图像位置，确定系数 a、b、c 的符号。

【知识点来源】

学科：数学　　　　　　　　年级：九年级

教材：北师大版　　　　　　章节：第二章

【基础知识】

二次函数、二次函数的一般式、二次函数图像。

【教学类型】

☑ 讲授型　□问答型　□启发型　□讨论型　□演示型　□联系型

□实验型　□表演型　□自主学习型　□合作学习型　□探究学习型

【适用对象】

学生：本微课是针对本学科平时成绩多少分的学生？

□40 分以下　☑40 ~ 60 分　☑60 ~ 80 分　☑80 ~ 100 分

教师：□班主任　□幼儿教师　☑ 普通任课教师　□其他

其他：□软件技术　□生活经验　□家教　□其他

【设计思路】

本微课利用“几何画板”软件制作了二次函数图像的动态效果，通过动

画演示使学生直观的观察系数变化对图像位置的影响，从而理解二次函数一般式 $y = ax^2 + bx + c$ 图像位置与系数 a、b、c 的关系。进一步体会二次函数一般式和顶点式的内在联系。

【教学过程】

一、片头

直接给出了本微课的学习目标，带着任务进入研究。

二、正文讲解

通过“几何画板”绘制了同一支二次函数的图像，分别改变二次项系数 a，一次项系数 b，常数项系数 c，观察图像的位置发生了什么改变，从而归纳出位置与系数 a、b、c 的关系。

三、结尾

知识的应用：

为了增强知识的灵活应用，例 1 给出图像，确定 a、b、c 的符号；为了提升知识，导向中考，例 2 给出图像，确定含有 a、b、c 的代数式符号。

【教学反思】

一、内容反思

（1）整合性强、该微课是对二次函数顶点式和一般式知识的进一步整合，深层次地揭示了顶点式和一般式内在联系。

（2）直观性强、该微课采用了“几何画板”软件，直观地让学生观察二次函数系数 a、b、c 只改变一个系数给图像带来的变化，激发了学习的兴趣，降低了学习的难度，受到了好的教学效果。

（3）互动性强、通过演示、引发学生的思考，共同得到结论，再学以致用。虽然是微课，但达到了人机互动的效果。

二、制作过程反思

微课知识容量有限，故该微课制作时提出学习要求，然后抓住该问题进行讲解和应用。目标明确，过程简洁明了，应用直接链接中考。

三、效果反思

动态演示，变抽象为客观，激发学习的兴趣，降低知识进入的难度，只要知道二次函数一般式表达式和图像就能看懂本微课的知识。但可能录微课稍有点紧张，故语速有一点快。

有理数的乘法法则

王显鲲　留坝县马道中学

【课例介绍】

学段学科：初中数学

微课名称：有理数的乘法法则

【学情分析】

（1）有理数的乘法是继有理数的加减法之后的又一种基本运算. 有理数的乘法法则既是有理数运算的深入，又是进一步学习有理数的除法、乘方的基础，对后续代数学习是至关重要的. 因此法则的归纳与理解对于有理数乘法运算就尤为重要。

（2）课本与有理数加法法则类似，由实际问题举例得到有理数乘法算式，再变换问题情境中的条件得更多有理数乘法算式；引入相反数变形得到有理数乘法算式。最后观察算式规律，归纳有理数乘法，最后运用法则计算。

【知识点来源】

学科：数学	年级：七年级
教材：华师大	章节：第二章第 7 节

【教学目标】

（1）能由生活经验与算式变形得到有理数乘法运算的正确结果，并理解有理数乘法运算算理。

（1）归纳、理解有理数的乘法法则，能利用有理数乘法法则计算两个数的乘法。

（2）能说出有理数乘法的符号法则，能用例子说明法则的合理性。

【教学重难点】

1. 教学重点

归纳有理数相乘的符号法则。

2. 教学难点

法则合理性的理解，有理数相乘的符号法则。

【教学类型】

☑ 讲授型　□问答型　☑ 启发型　□讨论型　□演示型　□联系型
□实验型　□表演型　□自主学习型　□合作学习型　□探究学习型

【教学过程】

一、温故而知新

复习回顾有理数加法法则的探究过程。

（1）生活举例，算式变形——得等式；

（2）看结果正负号，绝对值——观察规律；

（3）猜想，验证——归纳法则。

（设计意图：为有理数的乘法法则探究寻找直接经验，理清解决问题的方法步骤。）

二、得有理数乘法等式

（1）提出问题：（-3）×2=?

（2）生活举例得等式。向东为正，向西为负，一只小虫以每分钟 3 米的速度向西爬行 2 分钟，那么它的爬行情况是什么？数轴图例算结果。

（设计意图：生活经验得到有理数乘法计算正确的结果。学生易懂好理解。）

（3）乘法意义得等式。

（-3）×2=（-3）+（-3）=（-6）

（设计意图：获得更多有理数乘法计算方法与经验，充分说明（-3）×2=6 的正确性。）

（4）归纳相反数在有理数乘法中的作用。

3×2=6

（-3）×2=-6（观察因数 3 变相反数-3，结果 6 变相反数-6）

归纳：两数相乘，若把一个因数换成它的相反数，则所得的积是原来的积的相反数。

验证 $3\times(-2)=(-2)+(-2)+(-2)=-6$

即 $3\times(-2)=-6$（因数 2 变相反数-2，结果 6 变相反数-6）

结论正确：两数相乘，若把一个因数换成它的相反数，则所得的积是原来的积的相反数。

（设计意图：获取结论：两数相乘，若把一个因数换成它的相反数，则所得的积是原来的积的相反数。为后续算式变形打下理论基础。）

（5）相反数概念得等式。

类似地：

$3\times(-2)=-6$

$(-3)\times(-2)=6$ （因数 3 变相反数-3，结果-6 变相反数 6）

（设计意图：得到两个负数相乘合理性的正确结果。）

三、观察找规律

（1）动画分类所得等式。

结果为正：$3\times2=6$

$(-3)\times(-2)=6$

结果为负：$(-3)\times2=-6$

$3\times(-2)=-6$

（2）发现规律：结果为正，因数同号；结果为负，因数异号。

（3）提出法则猜想：两数相乘，同号得正，异号得负，并把绝对值相乘。

四、归纳法则

（1）验证猜想：两数相乘，若把一个因数换成它的相反数，则所得的积是原来的积的相反数，变形 $4\times5=20$。

（2）说明法则的正确性：两数相乘，同号得正，异号得负，并把绝对值相乘。任何数与 0 相乘，都得 0。

（设计意图：让学生理解法则的正确性与合理性。）

五、法则运用

例 1：$(-3)\times(-2)$ （笔算过程）

例 2：$-\frac{9}{5}\times\frac{2}{3}$ （笔算过程）

（设计意图：让学生有模仿的参考，学会用有理数的乘法法则进行有理数乘法计算。）

六、小结归纳

（1）两数相乘，同号得正，异号得负，并把绝对值相乘。

（2）任何数与 0 相乘，都得 0。

（设计意图：引导学生归纳知识重点，并熟记法则。）

平方根

谈永松　佛坪县初级中学

【微课简介】

学段学科：初中数学

微课名称：平方根

【学情分析】

八年级的学生已经能从具体的事例中归纳问题的本质，通过观察、类比等活动抽象出问题的规律，同时学生在前面的学习中已经熟练掌握算术平方根的知识，具备了所学知识来分析平方根性质的基础。

【知识点描述】

本微课主要讲解平方根的概念、平方根的表示方法和非负数平方根的求法。

【知识点来源】

学科：数学　　年级：八年级

教材：华东师大版　　章节：第十一章第一节

【基础知识】

由于实际计算中需要引入无理数，使数的范围从有理数扩充到了实数，完成了初中阶段数的扩展。运算方面，在乘方的基础上引入了开方运算，使代数运算得以完善。因此，本节课是今后学习根式运算、方程、函数等知识的重要基础。

【教学类型】

☑ 讲授型　□问答型　□启发型　□讨论型　□演示型　□联系型
□实验型　□表演型　□自主学习型　□合作学习型　□探究学习型

【适用对象】

学生：本微课是针对本学科平时成绩多少分的学生？
□40 分以下　☑40 ~ 60 分　□60 ~ 80 分　□80 ~ 100 分
教师：□班主任　□幼儿教师　☑ 普通任课教师　□其他
其他：□软件技术　□生活经验　☑ 家教　□其他

【设计思路】

先以提问的方式、$\sqrt{2}$ 的发明历程导入新课。然后进行新课讲授：① 算术平方根的概念；② 平方根的概念；③ 练习：课件出示练习题，老师讲解。最后进行课堂小结：对本课知识进行归纳、总结。

【教学过程】

一、片头

以提问的方式、$\sqrt{2}$ 的发明历程导入新课。

二、正文讲解

（1）算术平方根的概念。
（2）平方根的概念。
（3）练习：课件出示练习题，老师讲解。

三、结尾

对本课知识进行归纳、总结。

【教学反思】

一、内容反思

本微课主要应用于学生自主预习或教师导入新课时使用均可，可调动学生学习的兴趣和积极性，培养学生的数学思考能力，增强学生的观察能力、归纳总结能力和实践能力。

二、制作过程反思

课件中背景、文字的布局合理，简洁、美观，观赏性强。由于对录课软件不太熟悉，所以录制的形式单一，且效果不是很好。

三、效果反思

老师的语言规范，分析讲解透彻，对知识的归纳、总结准确，一方面能调动学生学习的兴趣和积极性，另一方面培养学生的数学思考能力，在实际应用中取得了很好的效果。

初中英语

形容词比较级

李晓菁　高田初中

【微课简介】

学段学科：初中英语
微课名称：形容词比较级

【学情分析】

本学段学生对于英语学习差异较大，学生对于比较级的掌握和运用不够，对其变化规则不够明确。

【知识点描述】

本节微课的制作运用了 PPT，图文并茂的形式展示了形容词比较级的变化规则和其基本句型，能够吸引学生注意力，生动形象地展示了所学内容。在形容词比较级的句型的说明时运用了大量的举例说明，使学生直观感受其运用方法，并对所给例子适时进行总结，使句型的讲解水到渠成，简单易懂，大大降低了学生学习的难度，增加学生的学习兴趣并获得学习成就感。

【知识点来源】

学科：英语　　　　年级：八年级　　　　教材：冀教版

【基础知识】

形容词比较级的变化规则并会使用形容词比较级的基本句型。

【教学类型】

□讲授型　□问答型　□启发型　□讨论型　☑ 演示型　□联系型

□实验型　□表演型　□自主学习型　□合作学习型　□探究学习型

【适用对象】

学生：本微课是针对本学科平时成绩多少分的学生？

□40分以下　□40~60分　☑60~80分　□80~100分

教师：□班主任　□幼儿教师　☑普通任课教师　□其他

其他：□软件技术　□生活经验　□家教　□其他

【设计思路】

让学生掌握形容词比较级的变化规则并会使用形容词比较级的基本句型。

【教学过程】

一、片头

通过图片展示引入课题。

二、正文讲解

本节微课的制作运用了PPT，图文并茂的形式展示了形容词比较级的变化规则和其基本句型，能够吸引学生注意力，生动形象地展示了所学内容。在形容词比较级的句型的说明时运用了大量的举例说明，使学生直观感受其运用方法，并对所给例子适时进行总结，使句型的讲解水到渠成，简单易懂，大大降低了学生学习的难度，增加学生的学习兴趣并获得学习成就感。

三、结尾

轻松回顾所学内容，加深印象。

【教学反思】

一、内容反思

在本节课内容设计上层次不够丰富，较为简单，作为八年级教学内容应适当加强难度。

二、制作过程反思

在本课制作过程中本人对于录音软件不熟悉，花费大量时间重复录音，在寻找教学相关示例时遇到瓶颈。

三、效果反思

效果总体不错，应再加强学生自主探索和师生互动。

初中物理

蒸发的特点

刘玉梅　汉中市四〇五学校

【微课简介】

学段学科：初中物理
微课名称：蒸发的特点

【学情分析】

学生具有丰富的感性认识，但是还没有形成科学、逻辑的分析能力。

【知识点描述】

通过探究、分析实例来认识蒸发的特点：蒸发吸热；蒸发发生在液体的表面；蒸发可以在任何温度下进行；蒸发是一种缓慢的汽化现象。

【知识点来源】

学科：物理　　　　年级：八年级
教材：北师大　　　章节：第一章第 3 节

【基础知识】

（1）汽化：物质由液态变为气态的过程叫汽化。
（2）汽化的方式：沸腾和蒸发
（3）蒸发的特点：发生在液体的表面；蒸发可以在任何温度下进行；蒸发是一种缓慢的汽化现象。

【教学类型】

☑ 讲授型　☑ 问答型　☑ 启发型　□讨论型　☑ 演示型　☑ 联系型

☑ 实验型　□表演型　□自主学习型　□合作学习型　☑ 探究学习型

【适用对象】

学生：本微课是针对本学科平时成绩多少分的学生？

□40 分以下　☑40 ~ 60 分　☑60 ~ 80 分　☑80 ~ 100 分

教师：□班主任　□幼儿教师　☑ 普通任课教师　□其他

其他：□软件技术　□生活经验　□家教　□其他

【设计思路】

（1）通过生活中的诸多现象：下雨时，路面上、操场上，晒在太阳下的湿衣服等变干等，引入蒸发。

（2）重点讲解蒸发的特点：

PPT 丰富的图片素材+教师演示实验视频+教师细致的讲解+恰当的提问，构成了精美、丰富、饱满的一节微课。通过情景体验、 问题猜想、实验探究、梳理总结、学以致用等环节分别探究：蒸发是吸热还是放热过程？蒸发是发生在液体的内部还是表面？蒸发在什么温度下进行？

（3）梳理总结：通关恰当的情景图片和字幕提示归纳出蒸发的特点。

【教学过程】

一、片头

您好！这个微课重点讲解蒸发的特点，下面我们先来认识一下蒸发。

二、正文讲解

（一）认识蒸发

（1）下雨时，路面上、操场上湿漉漉的。雨过天晴，地面慢慢变干，水到哪里去了？

（2）晒在太阳下的湿衣服会变干，衣服上的水哪里去了？

（3）将一壶水烧开后，继续加热，壶里的水会减少，壶里的水到哪里去了？原来，水变成了水蒸气，发生了物态变化，我们把物质由液态变为气态的过程称为汽化。路面上、操场上、湿衣服上的水以蒸发的方式变成气态，进行缓慢；而壶里的水以沸腾的方式变成气态，进行剧烈。蒸发和沸腾是汽化的两种方式。下面我们一起来研究一下蒸发的特点吧。

（二）蒸发的特点

探究 1：蒸发是吸热还是放热过程？

情景体验：

情景 1：你有没有过这样的感受，炎热的夏日，当你游完泳上岸，你会觉得很冷；

情景 2：当护士用酒精涂到你的皮肤上时你会有凉凉的感觉；

情景 3：小狗没有汗腺，炎热的夏天要吐着长舌头散热。

问题猜想：

从这些情景中你一定可以猜想到蒸发是一个吸热过程。

实验探究：那么接下来如果给你提供温度计以及温度与室温相同的酒精，你该如何探究蒸发是一个吸热过程呢？

字幕提示：此处请暂停，想想你该怎么做呢？

请你仔细观察：我把温度计的玻璃泡全部浸没在酒精里，然后取出来，使酒精分布在玻璃泡的表面，仔细观察会看到温度计示数逐渐下降，这一现象说明了什么问题呢？

梳理总结：说明了蒸发是一个吸热过程。

学以致用：请你思考一下，蒸发吸热在生活中有哪些应用？

给发烧的病人身体上擦热水降温；天热时，往地上洒水，可以降低温度；喝热水时，吹一吹再喝等等。

探究 2：蒸发是发生在液体的内部还是表面？下面我们看一个实验。

把鸡蛋从热水中捞出来，可以看到鸡蛋表面上的水慢慢变少；鸡蛋表面上的水分子从哪里跑出去的?只能从液体的表面跑出去，由此可以初步判断蒸发发生在液体的表面。那么，蒸发是否发生在液体的内部呢？用这些实验器材，怎样验证你的猜想呢？此处点击“暂停”，思考后点击“播放”。我把温度计的玻璃泡全部浸没在与室温相同的酒精里，观察温度计的示数。发现示数一直没有变化。归纳结论：蒸发不发生在液体的内部进行，只在液体的表面进行。

探究 3：蒸发在什么温度下进行？

先思考生活中还有哪些蒸发的实例：

操场上的水变干；把粮食晒干；湿头发晾干；　冬天湿衣服晾干。

结合实例分析：蒸发在什么温度下进行？此处点击“暂停”，思考后点击“播放”。结合实例+分子动理论，经分析可以得出：蒸发可以在任何温度下进行。

（三）梳理总结

请你通过联系生活实际和刚才的实验，总结出蒸发的特点。

此处点击“暂停”，思考后点击“播放”。

① 蒸发吸热；② 蒸发发生在液体的表面；③ 蒸发在任何温度下进行；④ 蒸发是一种缓慢的汽化现象；

三、结尾

感谢您认真听完这个微课，我的下一个微课将讲解“探究蒸发的快慢与哪些因素有关”。欢迎观看。

【教学反思】

一、内容反思

这个微课是北师大版八年级物理第一章第 3 节的“汽化和液化”中“汽化”的一部分内容，在教材中只提到了“蒸发是一种缓慢的汽化现象，蒸发吸热”。但是蒸发的特点是很有必要深挖和探究的。我从大量的生活实例入手引入蒸发，再通过“情景体验”“问题猜想”“实验探究”“归纳结论”“学以致用”等环节探究的蒸发吸热，运用自己拍摄的实验和分子动理论知识蒸发发生在液体的表面，不发生在液体的内部等特点。让学生不仅知其然，还有知其所以然。对蒸发特点的认识由宏观深入到微观解释，培养了学生科学探究，观察思考的好习惯，又开阔了视野，增长了见识。

环节间的设置符合学生的认知过程，实验现象清楚直观，探究过程科学严谨，增加了学生的学习和思考的兴趣。

二、制作过程反思

（1）认真选题：

微课内容的选择很重要，只有从教学实际出发，选择那些学生有困惑的又具有挖掘价值的问题，自己才有灵感和创作的热情，只有这样，才能创作出优秀和富有生命力的作品。

（2）撰写脚本：

“好微课”一定是从“好脚本”开始的。只有认真撰写脚本，力求文字精练，表达准确严谨，反复修改，考虑周全，才能在录制的过程中到有条不紊。

（3）精心设计：

根据撰写好的脚本，收集素材，选择最佳的设计方案，精心设计课件，包括文字的大小、颜色，背景的选择，图片的形状和动画效果等。

（4）录制旁白：

找一个安静的环境，根据脚本和设计录制旁白，吐字要清晰，语速要得当，情感把握要到位，最后还可以把声音进行降噪等处理，达到自己的预期。

（5）制作合成：

最后利用软件把声音和设计好的课件有效合成，做到声音和视频同步，具有良好的视觉效果。

（6）片投片尾：

片投是微课的脸面，要美观大方，具有吸引力，片尾要给人以意犹未尽的感受，所以在片头和片尾上也要下足功夫，让自己的作品锦上添花。

三、效果反思

这个微课重点讲“蒸发的特点”，最后经过反复修改，基本达到的自己的预期。画面生动，视觉感强，声音与图像有效结合，讲解清晰，逻辑性强，富有亲和力。三维目标有效落实，是学生拓展、学习和使用的优秀教材。

光的传播

刘玉梅　汉中市四〇五学校

【微课简介】

学段学科：八年级（上）物理
微课名称：光的传播

【学情分析】

学生对光现象具有丰富的感性认识，但是还没有形成科学的分析能力。

【知识点描述】

（1）通过游戏体验，有趣的引入微课。

（2）通过问题与思考、猜想与假设重点探究了光在透明固体（果冻）、液体（水）、气体（烟雾）中的传播现象直观生动。最后得出结论：①光从一种介质斜射入另一种介质时，不沿直线传播。②光在同种不均匀介质中不沿直线传播。③光在同种均匀介质中沿直线传播。

（3）把古代成语与光传播的应用结合起来，生动奇妙。

【知识点来源】

学科：物理　　年级：八年级

教材：北师大版　　章节：第五章 第1节

【基础知识】

（1）了解光源的知识，知道光源分为天然光源和人造光源两类。

（2）会用光线来表示光的传播路径。

（3）通过观察光在空气中、水中和果冻中传播的实验现象，概括出光在均匀介质中是沿直线传播的特征。

【教学类型】

☑ 讲授型　☑ 问答型　☑ 启发型　☐讨论型　☑ 演示型　☑ 联系型

☑ 实验型　☐表演型　☐自主学习型　☐合作学习型　☑ 探究学习型

【适用对象】

学生：本微课是针对本学科平时成绩多少分的学生？

☐40 分以下　☑40 ~ 60 分　☑60 ~ 80 分　☑80 ~ 100 分

教师：☐班主任　☐幼儿教师　☑ 通任课教师　☐其他

其他：☐软件技术　☐生活经验　☐家教　☐其他

【设计思路】

（1）通过游戏体验，有趣的引入微课。

（2）通过问题与思考、猜想与假设重点探究了光在透明固体（果冻）、液体（水）、气体（烟雾）中的传播现象直观生动。最后得出结论：① 光从一种介质斜射入另一种介质时，不沿直线传播。② 光在同种不均匀介质中不沿直线传播。③ 光在同种均匀介质中沿直线传播。

（3）把古代成语与光传播的应用结合起来，生动奇妙。

【教学过程】

一、片头

同学你好！我们先来做一个小游戏：请你闭上眼睛，说出你的感受——眼前一片漆黑。是的，如果没有光进入眼睛，即使是红的花，绿的叶，色彩斑斓的世界，我们也无法看到。下面我们一起探究光的传播。

二、正文讲解

（一）光源

生活中能发光的物体有：太阳、点燃的蜡烛、燃烧的火炬、萤火虫、发光的手电筒、电灯等，它们都能发光。

物理学中我们把发光的物体叫光源。月亮靠反射太阳光，本身并不发光，所以不是光源。

（二）光的传播

请你思考，在玻璃、石头、水、果冻、苹果、空气中，能传播光的物体有哪些？它们都有哪些共同特征呢？光能在空气、水、玻璃、果冻中传播，它们都是透明的。我们把能传播光的透明物质叫光介质。

（1）猜想与假设：

清晨太阳穿过树林照耀大地，夜晚霓虹灯把城市照亮，根据生活经验你可以猜想光是沿直线传播，也可以猜想光是沿折线或曲线传播。

（2）实验器材：

如果给你实验器材，激光笔、火柴、香、烧杯、水、牛奶、果冻，你该怎样验证你的猜想呢？

（3）设计实验：

我们可以分别观察光在果冻、水、带有烟的空气中的传播路径，来判断光在透明固体、液体、气体中的传播情况；

（4）实验过程：

下面我们先观察光在果冻中的传播情况，我们观察到光在果冻中是沿直线传播的。再来观察光在水中的传播情况，为了便于观察，我们在水中加入几滴牛奶搅拌均匀，可以看到光在水中是沿直线传播的。为了观察光在空气中的传播，我们把香燃烧的烟尘收集在倒扣的烧杯中，可以看到光是沿直线传播的。还可以用小喷壶向空气中喷水，也能清楚地看到光是直线传播的。

（5）实验现象：

由以上实验我们可以初步判断光在透明固体、液体、气体中都是沿直线传播的。

（6）问题与思考：

那么光是否总沿直线传播呢？

再来观察一个实验：让光从空气斜射入水中，我们发现光线不再沿直线传播，而是发生了偏折。我们再来看一个实验：让光在不均匀的糖水中传播，我们发现光在同一种不均匀介质中不沿直线传播。

（7）归纳结论：

通过以上实验我们可以得出：① 光从一种介质斜射入另一种介质时，不沿直线传播。② 光在同种不均匀介质中不沿直线传播。③ 光在同种均匀介质中沿直线传播。

（三）光线和光速

为了研究问题方便，我们用带箭头的直线表示光传播的路径和方向。光线并不真实存在，是理想化的物理模型。光在不同透明介质中传播速度不同，光在真空中的速度是 3×10^8 m/s。

（四）光沿直线传播的应用

由于光是沿直线传播的，光照到不透明的物体上时，就会在后面形成影子。

例如：手影、皮影、日食和月食、古代用的计时器日晷、小孔成像、激光准直等现象都可以用光的直线传播来解释。而且关于光的直线传播还有很多有趣的成语呢，例如：形影不离、立竿见影、坐井观天、凿壁借光、一叶障目，不见泰山、管中窥豹等。

三、结尾

本节课我们学习了：光源、光在同一种均匀介质中沿直线传播、光线和光速以及光沿直线传播的应用。

这节课我们就上到这里，再见！

【教学反思】

一、内容反思

这个微课是北师大版八年级物理第五章第一节的《光的传播》生活中与光有关的丰富多彩的素材激起我创作的灵感和激情。环节间的设置符合学生的认知过程，实验现象清楚直观，探究过程科学严谨，增加了学生的学习和思考的兴趣。

二、制作过程反思

（1）认真选题：

微课内容的选择很重要，只有从教学实际出发，选择那些学生有困惑的又具有挖掘价值的问题，自己才有灵感和创作的热情，只有这样，才能创作出优秀和富有生命力的作品。

（2）撰写脚本：

“好微课”一定是从“好脚本”开始的。只有认真撰写脚本，力求文字精练，表达准确严谨，反复修改，考虑周全，才能在录制的过程中到有条不紊。

（3）精心设计：

根据撰写好的脚本，收集素材，选择最佳的设计方案，精心设计课件，包括文字的大小、颜色，背景的选择，图片的形状和动画效果等。

（4）录制旁白：

找一个安静的环境，根据脚本和设计录制旁白，吐字要清晰，语速要得当，情感把握要到位，最后还可以把声音进行降噪等处理，达到自己的预期。

（5）制作合成：

最后利用软件把声音和设计好的课件有效合成，做到声音和视频同步，具有良好的视觉效果。

（6）片投片尾：

片投是微课的脸面，要美观大方，具有吸引力，片尾要给人以意犹未尽的感受，所以在片头和片尾上也要下足功夫，让自己的作品锦上添花。

三、效果反思

这个微课重点探究光的传播特点，经过反复修改，达到的自己的预期。画面生动，视觉感强，声音与图像有效结合，讲解清晰，逻辑性强，富有亲和力。三维目标有效落实，是学生拓展、学习和使用的优秀教材。

《杠杆》——杠杆分类的“解析”

宁　涛　宁强县第一初级中学

【微课简介】

学段学科：初中物理

微课名称：《杠杆》——杠杆分类的“解析”

【学情分析】

学生通过学习此微课，可使学生明确对杠杆工具进行正确分类，可以结合自身实际采用两种方法，掌握课程所传达的知识与技能，有助于促进学生实现自主学习和个性化学习。从而使学生达到能正确辨别生活中常见的杠杆工具以及一些新型杠杆工具的类型。

【知识点描述】

本微课选取的是苏科版九年级物理上册第 11 章第 1 节“杠杆”中的一个知识点予以展开教学剖析。由于学生的认知水平同城市化进程的速度不相协调，为了帮助学生尽快掌握对生活中杠杆工具的正确分类，结合自己的教学实践和钻研学习，归纳总结出对生活中杠杆工具的分类方法，一是根据生活体验（经验）进行分类，二是构建（抽象）杠杆模型进行分类。

【知识点来源】

学科：物理　　年级：九年级

教材：苏科版　　章节：第 11 章第 1 节

【基础知识】

学生在了解杠杆的定义，知道杠杆的五要素的前提下进行探究学习

【教学类型】

讲授法、探究法、归纳总结法

【适用对象】

学生：80 分以下

教师：班主任

其他：用于课前预习和课中学习，以及课后复习

【设计思路】

由于随着城市化进程的不断推进，很多在生活中常见的杠杆工具逐渐消失在我们的生活中。同时一些新型的杠杆工具不断新生。学生在学习中要正确对这些杠杆工具进行分类，可以说是困难重重！鉴于此我设计制作了本节微课。

【教学目标】

（1）通过体验、经验总结，思考分析、动手实践，理解和掌握对生活中杠杆工具的分类方法。

（2）感受物理就在我们生活中，激发学生学习物理热情。

【教学过程】

一、揭题解题、聚焦“解析”

简要介绍杠杆工具在历史进程中的作用和“演变”，激发兴趣，揭示学习内容：杠杆分类的“解析”。诱发学生质疑，引起思考：要“解析”的生活中杠杆工具的分类方法是什么呢?

二、自主和合作探究 攻破“解析”

（一）根据生活体验（经验）了解杠杆分类方法的“解析”

1. 生活体验

立足学生的生活体验，比较生活中常见的杠杆工具（如脚踏式垃圾桶、自行车刹车闸、筷子等）在使用中是省力、费力或者不省力也不费力，结合体验感受对它们进行分类。

学生活动：多实践去体验、感受。

2. 生活经验

结合学生现有的生活经验对生活中常见的杠杆工具（如撬棒、老虎钳、道钉撬等）进行分类。生活经验可以是自己生活体验的积累，也可以是来自他人的生活经历、体验、经验等（如父母、亲戚、朋友等）。

学生活动：善于观察与思考，注重生活经验的积累。

（二）构建（抽象）杠杆模型，理解杠杆分类方法的“解析”

1. 构建杠杆模型

出示生活中的杠杆工具（如钓鱼竿、缝纫机脚踏板、天平等），引导学生对杠杆工具对象，进行杠杆模型的构建，在杠杆工具上找出支点、动力、阻力、动力臂、阻力臂这五要素，并比较动力臂与阻力臂的大小关系进行分类。

学生活动：善于思考、勤于实践。

2. 抽象杠杆模型图

出示生活中的杠杆工具（如压水井、独轮车、开瓶器等），引导学生对杠杆工具对象，进行杠杆抽象，画出抽象杠杆模型图，并标注出抽象杠杆模型图的五要素，同时比较动力臂与阻力臂的大小关系进行分类。

学生活动：多动手、勤思考、理解归纳。

三、总结归纳、运用“解析”

生活中杠杆工具的分类方法：

（1）根据生活体验（经验）进行分类。

（1）构建（抽象）杠杆模型进行分类。

四、升华引导

物理源于生活又服务于生活，指导学生学习物理的方法，激发学生学习物理的兴趣和热爱生活的热情！

【教学反思】

一、内容反思

通过本节微课的学习，帮助学生系统、全面地“解析”了生活中杠杆工具的分类方法，引导学生多动手去感受，注重生活经验的积累。指导学生善于思考、勤于实践、理论联系与实际。激发学生学习物理的兴趣和热爱生活的热情！微课的使用，很好地促进了教与学目标的达成，掌握课程所传达的知识与技能。有助于促进学生实现自主学习和个性化学习

二、制作过程反思

以学生学习难点为选题素材，紧紧扣住“解析”，深入挖掘，充分激发学生的探求欲望，培养学生动手实践和善于思考分析的能力。教师讲授与引发学生思考紧密结合。本微课虽为讲授型，但并不是一味地给学生灌输知识，而是恰当融入了与学生的互动，引发学生积极思考。通过教师微课展示，学生可同步完成动手、思考、理解等学习活动。

三、效果反思

本节微课自制作完成之日，在我校九年级 16 个教学班，共计 900 多名同学中得到应用，分别用于课前预习、课中学习和课后复习，很好地促进了学生的自主学习和个性化学习，受到了师生的一致好评。

光的反射

兰义涛　西乡县古城九年制学校

【微课简介】

学段学科：初中八年级物理上册

微课名称：光的反射

【学情分析】

学生经过光的直线传播以及部分光现象的初步学习，积累了一定的光学知识，又应用知识解释了很多的日常生活现象和生活中疑问，所以有浓厚的学习兴趣，对于反射也有点感受，和生活现象的积累。因此学生学习积极性高，求知欲望强，可以利用这一点开展教学。但是学生的观察能力差，不注意观察的目的，找不到观察的要点，所以在实验中往往做完以后什么都不知道。也不会描述现象总结规律。

【知识点描述】

光的反射规律是初中物理学习中学生遇到的第一个物理规律，其中每条光线的名称，每个角的名称定义都是光学的基础，对以后光的折射的学习有一承上启下的作用，同时光的反射规律又是解释生活现象的主要依据，利用光的反射规律进行作图，计算也是每年考试的考点之一，另外通过对光的反射规律的探究过程，又培养学生观察能力动手能力的和分析归纳能力。所以本节内容上在物理学习中有重要的地位。

【知识点来源】

学科：物理　　年级：八年级

教材：苏科版　　章节：第三章第五节

【基础知识】

（1）认识光的反射现象、知道入射角反射角和法线。

（2）认识平面镜的画法和符号。

（3）光的直线传播以及光线的画法。

【教学类型】

☑ 实验型

【适用对象】

学生：本微课是针对本学科平时成绩多少分的学生？

□40 分以下　☑40 ~ 60 分　☑60 ~ 80 分　□80 ~ 100 分

教师：□班主任　□幼儿教师　☑ 普通任课教师　□其他

其他：□软件技术　□生活经验　☑ 家教　□其他

【设计思路】

光的反射探究过程的难点主要是现象不明显，光线较弱，学生在课堂上看不清楚，另外教材中的实验结论通过测量数据得出不直观。另外这个实验难度大不易成功时间紧往往一节课不时间不够。所以本微课从这三个方面下手进行改进。

（1）利用展台展示整个实验过程。

（2）利用白板进行批注、直接在实验现象上进行批注、标记。

【教学过程】

一、片头

介绍本节学习的主要内容。

（1）光的反射现象

（2）探究光的反射规律

二、正文讲解

（1）介绍实验器材。

（2）观察光的反射现象。

（3）认识光反射时各部分的名称，会具体对应到实际现象中。（入射角、法线、反射角、入射光线、反射光线）

（4）探究光的反射时反射光和入射光在同一平面内。

（5）探究反射角等于入射角。

（6）探究反射光线、入射光线在法线的两侧。

（7）总结光的反射规律。

三、结尾

强调光的反射规律。

【教学反思】

一、内容反思

教学内容突出了重点、突破了难点。学生直观明显的观察到光的反射现象，从众多现象对比中找到了普遍规律，通过本微课再现了实验的整个过程，是课堂教学的再现和提升。讲解也具体到位。存在的问题，结尾和开头过于简单，没有设计很好的引入，也没有很好小结。

二、制作过程反思

通过展台和白板，把实验过程搬上屏幕、在屏幕上，边实验、边讲解，是一种创新。效果非常好，学生反应也很。不足之处配音普通话不标准、讲解不流利，台词不精练。

三、效果反思

整体效果很好，是一节很成功的微课，有实际意义和作用，多次应用于实际教学和学生回家学习中，在实际教学中精细化了实验过程、节约了教学时间，达到了实验的目的。

初中地理

地图三要素

周　青　汉中市第八中学

【微课简介】

学段学科：初中地理
微课名称：地图三要素

【学情分析】

学生对地图的使用比较陌生，且不规范，尤其是图上方向与实际方向不能有效联系。

【知识点描述】

地图三要素包括比例尺、方向和图例。

【知识点来源】

学科：地理　　　　年级：七年级
教材：人教版　　　　章节：第一章第三节

【基础知识】

（1）比例尺：含义、公式、表示方法、计算和判别。
（2）方向：地图上判定方向的方法。
（3）图例：含义、常用图例。

【教学类型】

☑ 讲授型　□问答型　□启发型　□讨论型　□演示型　□联系型
□实验型　□表演型　□自主学习型　□合作学习型　□探究学习型

【适用对象】

学生：本微课是针对本学科平时成绩多少分的学生？

□40 分以下　□40～60 分　☑60～80 分　□80～100 分

教师：□班主任　□幼儿教师　☑ 普通任课教师　□其他

其他：□软件技术　□生活经验　□家教　□其他

【设计思路】

通过小明爸爸从家出发，多久能到学校、行走的方向、怎样找到学校中教学楼的位置等问题，循序渐进，不断深入，分别引出“比例尺”（包括比例尺的计算和判别）、“方向”（地图上判定方向的方法）、“图例”三个知识点，在轻松有趣的讲授中，学生学到了知识。同时，学生通过帮助小明完善校园平面图和自己画一幅校园平面图，较好地锻炼了学生的动手实践能力，掌握了一定的绘图技能，将理论知识与地理绘图素养结合在一起。

【教学过程】

一、片头

期中考试结束了，学校将于本周五晚 7 点召开首次家长会。请同学们帮助小明的爸爸准确地找到学校的位置吧。

二、正文讲解

展示小明“家”和“学校”在地图上的位置，并标出从家到学校的行走路线。

师：小明量得家到学校路程的图上距离共 6 cm，又得知成年人步行速度约为 6 km/h。请同学们帮助小明计算爸爸需要提前多久从家出发？

引出“比例尺”。①什么是比例尺？②比例尺的计算公式？③比例尺的表示方法？

返回刚才的地图，左下角可找到一个线段式比例尺。请学生说出这是哪一种比例尺，其含义是什么。

[学生活动 1]根据以上知识和数据，计算：

① 小明家到学校的实地距离。（3 km）

② 爸爸步行去学校的时间。（半小时）

转：怎样向爸爸描述行走的方向呢？

引出“方向”。

无指向标和经纬网时：“上北下南，左西右东”。

[学生活动 2]请你告诉小明，爸爸出门的行走方向。（先向东，至天台路十字后向南即可）

有指向标时：指向标指北方，与其相对的为南方；面向北方，通过“左西右东”即可判定出东西方位。

有经纬网时：经线指示南北方向，纬线指示东西方向。

转：爸爸顺利准时地抵达学校门口，拿着小明绘制的学校平面图，爸爸能否找到教学楼的位置呢?

展示一幅手绘学校平面图，让学生判断。

引出“图例”。①什么是图例?②认识常见的图例。

[学生活动 3]帮助小明将校园平面图补充完整。

三、结尾

地图是地理学习中必不可少的重要工具。这节课我们学习了地图三要素的知识，包括比例尺、方向和图例。希望同学们能在今后的学习生活中通过阅读和运用地图，养成使用地图解决实际问题的习惯。

课后练习：运用地图三要素的知识，绘制你所在学校的校园平面图。

【教学反思】

一、内容反思

本节微课创设了一个小明爸爸参加家长会的情景，将地图三要素的知识融汇其中，循序渐进，不断深入，在轻松有趣的讲授中，学生学到了知识。同时，学生通过帮助小明完善校园平面图和自己画一幅校园平面图，较好地锻炼了动手实践能力，将理论知识与地理绘图素养相结合，起到了一定的教学效果。

二、制作过程反思

本节微课仅使用了 PPT 播放、摄像机录制，缺乏对专业录课软件的使用，对 Flash 等视频制作软件也不熟悉，今后需要加强现代信息技术的学习，力求专业化。此外，录制语言较生硬，应继续改进，增加亲和力，拉近与学生之间的距离。

三、效果反思

由于微课时间限制的原因，如比例尺的计算、方向的判定等知识训练不够，略显仓促。今后应在教学时间和内容的安排、重难点突出等方面多加斟酌。

爸爸去哪儿——台湾省

刘晓晓　汉中市第四中学

【微课简介】

学段学科：八年级地理

微课名称：爸爸去哪儿——台湾省

【学情分析】

本节为八年级地理南方地区章节的一个小节，在此之前，学生已有一定的区域地理知识基础，初步掌握了地理读图的方法，在分析地理问题的时候思路相对明确，日常生活中对中国地理的知识也有所积累，教学时注重发挥学生学习的主动性以及培养学生分析问题、解决问题的地理综合能力；灵活运用启发式教学方法；以学生喜闻乐见的《爸爸去哪儿》节目旅行的形式为主线，在教学中采用视频、图片等电化教学设备。

【知识点描述】

（1）使学生能在地图上指出台湾省的位置或范围：台湾省的组成、周围的海域等。

（2）使学生能解释下列内容：地形和人口分布的关系。

（3）使学生认识到台湾省是祖国领土不可分割的一部分，激发学生的爱国情感。

【知识点来源】

学科：地理　　年级：八年级

教材：人教版　　章节：第七章第四节

【基础知识】

台湾省的位置、范围、地形等概况，人口和城市与自然环境的关系。

【教学类型】

☑ 讲授型 □问答型 ☑ 启发型 □讨论型 □演示型 □联系型
□实验型 □表演型 □自主学习型 □合作学习型 ☑ 探究学习型

【适用对象】

学生：本微课是针对本学科平时成绩多少分的学生？
□40 分以下 □40～60 分 ☑60～80 分 □80～100 分
教师：□班主任 □幼儿教师 ☑ 普通任课教师 □其他
其他：□软件技术 □生活经验 □家教 ☑ 其他

【设计思路】

本节微课选自人教版八年级地理下册第七章“南方地区”第四节“祖国的神圣领土——台湾省”，区域地理是初中生学习地理中的一个难点。学习本节内容旨在培养学生从地图上获取区域知识的能力，同时明确台湾自古以来就是中国的领土，培养学生的爱国情感。《爸爸去哪儿》是近年来十分火热的综艺节目，所以本节课借由爸爸和孩子们一起去台湾省旅游这一主线，贯穿了整个教学过程，分别学习台湾省的位置、范围和地形，并且用闯关的形式进行了课堂练习。

【教学过程】

一、片头

（引入新课）回顾《爸爸去哪儿》节目爸爸和孩子们已经旅行过的地方，引出新一站——台湾省。

（简介）台湾省位于我国东南沿海部分，面积 36000 平方千米，人口约 2300 万，主要为汉族，少数民族则主要为高山族。

（提问）大家了解台湾多少呢？了解他们的自然特征吗？

（导入）每一个宝贝都已经准备了台湾的小攻略，我们分别进行学习了解。

二、正文讲解

（讲述）了解一个地区，首先要了解他的地理位置。所以 Jasper 为我们带

来了台湾的纬度位置

（一）台湾省的地理位置

1. 纬度位置

让学生观察台湾省的纬度范围，北到 26°N，南到 22°N，属于低纬度地区。

再观察到北回归线横穿台湾省，所以台湾横跨两大温度带——热带和北温带。

（讲述）其次，嗯哼小朋友为我们带来了海陆位置。

2. 海陆位置

学生在地图中分别找到台湾省主要岛屿台湾岛东西南北所濒临的海洋与陆地。

（小结）北临东海，南临南海，东临太平洋，西隔台湾海峡与福建省相望。

总结归纳地理位置的方法，可以从纬度以及海陆入手。

（讲述）接下来，小山竹为我们带来台湾的范围。

（二）台湾省的范围

学生根据台湾的地图总结台湾省包括的主要岛屿，并且能够在图中准确地找到他们的位置。

（讲述）最后，neinei 和 max 姐弟俩为我们带来了台湾的地形特征。

（三）台湾省的地形

学生观察台湾的地形图，总结台湾的地势特点以及地形分布规律。

（小结）山地主要分布在中部和东部，平原主要分布在西部沿海地区。

（提问）思考：台湾的人口分布会不会和地形有联系？有什么样的联系？

出示台湾的人口分布图，总结人口分布特点。（西部多，中部少）

对比地形图，可得结论：人口多分布在平原地区。

（总结）人口分布和地形密不可分，城市和人口集中地区主要在平原地区。

（学生做练习题）

（1）总结台湾的位置范围概况。

（2）试着分析台湾的河流与地形的关系。

三、结尾

（小结）通过这节课的学习，我们认识到台湾人民和大陆人民是同胞兄弟，海峡两岸人民都有早日实现祖国统一的强烈愿望，同时，进一步对台湾省的位置、范围、地形等概况有所了解，还简单的了解了台湾的人口、城市的分布情况。在之后，我们还将学习到台湾丰富的自然资源和经济状况。

【教学反思】

一、内容反思

本节内容以自然地理为主，补充了人口和城市的分布情况。内容较为充实，也可以激发学生的主观能动性，主动思考自然环境和人文环境的关系，建立起基本的地理学习思维。

二、制作过程反思

《爸爸去哪儿》是近年来十分火热的综艺节目，所以本节课借由爸爸和孩子们一起去台湾省旅游这一主线，贯穿了整个教学过程，在微课制作中，利用了 PowerPoint 和 Camtasia Studio 等多媒体技术，结合相应的图片、视频、音频，让学生从兴趣、听觉、视觉上都能达到集中，充分理解知识点，以达到教学目的。

三、效果反思

通过学生喜闻乐见的话题和形式讲解知识点，让学生能够很快的接受新知识，并且学习到一定的地理思维方法，达到的教学效果是基本满意的，但是，本节微课还是以讲授法为主，在真实的教学过程中仍然需要以学生为主导，进行探究学习。

初中信息技术

Flash 传统补间动画

王　姣　勉县武侯中学

【微课简介】

学段学科：初中信息技术

微课名称：Flash 传统补间动画

【学情分析】

本节微课教学对象是八年级学生，这个年龄阶段的学生好奇心强，对动画还是比较感兴趣的。经过之前的学习，他们对位图、元件及图层等专有名词有了一定的了解，能进行帧、关键帧及图层等的操作，初步学习了任意变形工具，加上逐帧动画、形状补间动画的学习基础，通过微课学习“传统补间动画”不会有太大的困难。但是每个学生的外因不同，对信息技术的理解、实际操作、创作水平不同，形成了不同的认知层次，因此给出了四个小任务及参考资料，由学生自主设计创作小动画。

【知识点描述】

1. 教学内容分析

Flash 传统补间动画是人教课标版《信息技术》八年级上册第一单元第 3 课的内容，是在上节课制作形状补间动画的基础上进一步学习，主要是让学生自主完成传统补间动画的制作。

2. 教学目标

知识与技能：了解传统补间动画的原理，掌握传统补间动画的制作过程。能熟练运用工具栏中的“任意变形”工具修改对象的形状、位置。

过程与方法：通过模仿、自主探究及小组合作等完成传统补间动画的制作。

情感态度与价值观：体会歌词的含义，培养“蜗牛”精神，在生活学习中遇到困难，要不屈不挠。

3. 教学重、难点

教学重点：传统补间动画制作的原理及方法。

教学难点：传统补间动画的制作。

【知识点来源】

学科：信息技术　　年级：八年级

教材：人教课标版《信息技术》八年级上册　　章节：第一单元第 3 课

【基础知识】

之前学生学习了形状补间动画，是两个矢量图形之间的变化或者同一个矢量图形大小，颜色，位置等的变化。而本节微课所要学习的传统补间动画是实现同一个元件的大小，颜色，位置，透明度，方向等的变化。

传统补间动画的制作方法：在起始关键帧放置一个元件，然后在结束关键帧改变这个元件的大小、位置、透明度等，之间任意选择一帧，然后鼠标右击创建传统补间动画就可以了。

【教学类型】

☑ 讲授型　☑ 问答型　□启发型　□讨论型　☑ 演示型　□联系型
□实验型　□表演型　☑ 自主学习型　□合作学习型　□探究学习型

【适用对象】

学生：本微课是针对本学科平时成绩多少分的学生？

□40 分以下　□40 ~ 60 分　□60 ~ 80 分　☑80 ~ 100 分

教师：□班主任　□幼儿教师　□普通任课教师　☑ 其他

其他：☑ 软件技术　□生活经验　□家教　□其他

【设计思路】

本节微课通过制作小动画“蜗牛与黄鹂鸟”这个案例，来学习传统补间动画的制作过程，并给出四个层层推进的小任务，让学生在完成任务的过程中熟练掌握传统补间动画的制作方法。

【教学过程】

一、片头

复习导入：通过观看动画复习上节课的形状补间动画，对比提出《传统补间动画》这一课题。

二、正文讲解

任务一：演员“蜗牛”出场到达葡萄树下。

新建图层，名称改为蜗牛，在第 1 帧起始关键帧将蜗牛元件拖动到舞台右下角，在第 50 帧处插入关键帧，将蜗牛元件改变位置，拖动到葡萄树下，在过渡帧创建传统补间动画。

讲解使蜗牛加速前进、减速前进及匀速前进的制作方法。

总结制作传统补间动画的一般步骤及传统补间动画创建成功后，在两个关键帧之间的背景会变为淡紫色，并会产生一个长箭头。

任务二：蜗牛旋转身体，准备爬葡萄树。

在“蜗牛”图层 60 帧处插入关键帧，将蜗牛进行旋转，再创建传统补间动画。

讲解属性面板“旋转”的应用。

任务三：蜗牛爬上葡萄树。

在“蜗牛”图层 80 帧处插入关键帧，将蜗牛进行上移，再创建传统补间动画。

拓展提高：

拓展提高部分给出了四个层层推进的小任务，大家可自主选择设计创作小动画，熟练掌握“传统补间动画”的制作方法。

① 黄鹂鸟笑。

② 葡萄成熟了。

③ 蜗牛坐火箭。

④ 黄鹂鸟啄蜗牛。

三、结尾

互动式课堂小结：

（1）传统补间动画的特点。

（2）传统补间动画的制作方法。

（3）形状补间动画与传统补间动画的对比表格。

【教学反思】

一、内容反思

学生对本节微课动画内容表现出极大的兴趣，在观看了微课之后动手设计创作自己的作品，遇到难点重复观看，基本能完成给出的四个任务并融入了自己的创意。

二、制作过程反思

软件使用不是很熟练，动画素材的声音和讲解声音的音量大小不一致，忽大忽小。在操作演示的过程中，由于操作比较快，鼠标不容易被捕捉到，应该给鼠标加上颜色突出的标识。

三、效果反思

本节微课已在本校八年级 5 个班的学生上课时使用，学生观看微课后自己动手操作，有困难的同学可重复观看微课视频，大多数能完成课堂任务。但是课堂上没有来得及查看每一个作品，课后发现有的作品还存在一些问题，比如有的同学创建成了形状补间动画，有的同学对关键帧的理解还不是很透彻，做出的动画效果为蜗牛一边前进一边旋转，不符合任务要求。还有小组合作任务分工不明确，导致个别同学不主动和同伴交流，在今后的教学中要引导学生提升合作意识。

直通网线的制作

李　超　宁强县燕子砭镇初级中学

【微课简介】

学段学科：初中信息技术
微课名称：直通网线的制作

【学情分析】

在前面学习了计算机网络连接的基础上，学习组建和使用局域网，让学生能够对局域网的构建有进一步的了解，为了更好地理解局域网和局域网的构建，学习直通网线的制作并进行动手实践，了解网线制作标准和计算机连接方法，更好地掌握局域网的组建和信息共享。

【知识点描述】

本课主要知识点是局域网组建，网线制作及标准 T568B。

【知识点来源】

学科：信息技术　　　　　　　　年级：七年级
教材：陕西科学技术出版社　　　章节：主题六任务三第一讲

【基础知识】

了解网线制作工具压线钳、双绞线、水晶头、测线仪，学会双绞线的制作标准和连接方法 T569B 和 T568A，学习网线制作过程剥线、排线、剪齐、插线、压线、测试。

【教学类型】

□讲授型　□问答型　□启发型　□讨论型　□演示型　□联系型
☑ 实验型　□表演型　□自主学习型　☑ 合作学习型　☑ 探究学习型

【适用对象】

学生：本微课是针对本学科平时成绩多少分的学生？
☑40 分以下　☑40 ~ 60 分　□60 ~ 80 分　☑80 ~ 100 分
教师：□班主任　□幼儿教师　☑ 普通任课教师　□其他
其他：□软件技术　□生活经验　☑ 家教　□其他

【设计思路】

将微课资源存放在网络，开展小组合作学习，教学过程中小组使用平板从网络访问，在线观看视频，进行学习并动手实践，进行直通网线的制作，教师进行指导和重难点的讲解示范，过程中关注各个小组学习情况和个体学习状态。

【教学过程】

一、片头

呈现简洁片头画面，出现机器人手握网线 LOGO，引起学习者注意，出示教材版本章节、课题及作者信息：陕科版七年级上册第六章任务三第一讲，直通网线的制作，宁强县燕子砭镇初级中学 李超。

二、正文讲解

1. 网线制作工具介绍（文字、图片介绍）

对网线制作所需工具进行逐一介绍，压线钳、双绞线、水晶头、测线仪。

2. 网线制作过程演示（视频、文字演示）

视频演示网线制作的全过程，剥线、排线、剪齐、插线、压线、测试。

每一个过程都进行细致的视频演示和解说：

（1）剥线：稍微用力握紧夹有双绞线的压线钳，慢慢转动，让刀口划开双绞线的保护胶皮，并将保护胶皮去掉。

（2）排线：将 4 对线逐一解开、理顺、扯直，然后按一定的线序排列整齐，这里，我们使用 T568B 的标准将线排列整齐。

（3）剪齐：检查线缆排序，用压线钳的剪线刀口把线缆顶部裁剪整齐。

（4）插线：按紧线缆，沿水平方向慢慢用力，把 8 条线缆同时插入水晶头的 8 个线槽，直到水晶头的顶端。

（5）压线：双手用力握紧压线钳，使水晶头插头突出在外面的针脚全部压入水晶头中，听到“啪”的一声。

按照这样的方法，做出网线的另一端接头。

（6）测试：把网线两端的水晶头插入测线仪的两个接口，听到“啪”的一声，说明水晶头就卡好了，打开测线仪开关，测线仪上两组指示灯按 1 ~ 8 号顺序依次闪亮，就表明网线制作成功了。

三、结尾

回顾直通网线制作的几个步骤：剥线、排线、剪齐、插线、压线、测试，各步骤配以图片。

【教学反思】

一、内容反思

本课设计，计算机网络技术的学习从理论学习走向实践操作学习。教学中，教师组织、引导学生在线观课微课进行小组学习，通过观看视频并进行实践，激发学习兴趣的同时让学生掌握我们生活中最常用的网线制作方法，提高了学习效率和教学有效性。

二、制作过程反思

制作过程中使用了多种制作方式：PPT 演示文稿，DV 摄像机拍摄，会声会影后期制作。PPT 演示文稿进行微课的整体设计和直通网线制作工具的介绍的主体呈现，DV 摄像机拍摄了网线制作的全过程，会声会影对网线制作过程视频进行了后期处理和加工，最后完善 PPT 内容并使用视频导出功能导出微课视频。在视频制作的过程中，采用多种媒体、多种途径和方式进行制作，优化了微课视频，提高了视频质量。

三、效果反思

本微课内容设置相对简单，主要是实践性学习，从学习者角度分析，实践性任务更能激发学生学习兴趣和创造能力。实践中，学生能够按照教师要求，在教师引导下观看视频并进行动手实践，教师引导学生进行小组合作、交流学习，提高了学习效率。微课的引入改变了教师讲授和实验演示的单纯教学模式，让学生更多的开展自由学习和个性化学习成为可能，极大地激发了学生的学习兴趣和创造性。

初中美术

中国画的笔墨情趣——水墨小鸡

张　瑶　勉县武侯中学

【微课简介】

学段学科：初中美术

微课名称：中国画的笔墨情趣——水墨小鸡

【学情分析】

1. 知识基础情况分析

同学们通过课堂学习，对中国画的水墨变化和艺术魅力有了一定的了解，在动手实践前有一定的理论基础。

2. 电脑网络应用情况分析

这个学段的学生已经能够熟练地运用电脑网络来拓展学习，对于利用微课来练习实践不存在任何问题。

【知识点描述】

主要是针对中国画的笔墨情趣一课学生实践部分的知识突破，学生在掌握理论知识的基础情况之下，实践是非常重要的，以微课形式展开教学，更有利于学生直观感受，从而顺利实践感受水墨变化的魅力。

【知识点来源】

学科：美术　　年级：七年级

教材：人美版　　章节：第七课

【基础知识】

中国画笔法：中锋用笔、侧缝用笔、拖笔、逆锋。

中国画墨法：墨的深浅靠水调出，即焦、浓、重、淡、清。

【教学类型】

☑ 讲授型　□问答型　☑ 启发型　□讨论型　☑ 演示型　□联系型
□实验型　☑ 表演型　☑ 自主学习型　□合作学习型　☑ 探究学习型

【适用对象】

学生：本微课是针对本学科平时成绩多少分的学生？
□40 分以下　☑40 ~ 60 分　☑60 ~ 80 分　☑80 ~ 100 分
教师：□班主任　□幼儿教师　☑ 普通任课教师　□其他
其他：□软件技术　□生活经验　□家教　☑ 其他

【设计思路】

教学设计中，从教师情景讲解导入，让学生产生兴趣并介绍所需要准备的工具材料展示，非常直观。工具材料介绍完成后就进入了知识点介绍部分，中国画的笔法和墨法，让学生初步了解中国画的笔法和墨法，接下来创作演示部分，在演示的过程中讲解展示水墨技法和画小鸡的方法步骤，演示三只小鸡的不同画法，希望同学能够循序渐进。整个过程完整清晰，希望同学们在观看微课后能多多实践练习，可以尝试不同姿态的小鸡造型去画，灵活学习，在实践中喜欢上中国画的笔墨情趣。

【教学目标】

中国画是一门有魅力的传统艺术，中国画讲究笔墨变化，笔墨也是中国画的造型语言，本课学习中国画小鸡希望同学们能够初步掌握中国画小鸡的基本画法，了解中国画的笔法和墨法。使学生能够感受水墨变化的魅力，初步了解我国博大精深的民族文化内涵和中国画本身的艺术魅力和艺术情趣，陶冶情操，使学生能够健康发展，并传承这一中国传统文化。

【教学重点与难点】

1. 教学重点

提高学生的审美意识和能力，了解画中国画水墨小鸡所需要的材料、绘画步骤和方法，激发学生的学习的兴趣。

2. 教学难点

如何使准确使用中国画笔法和墨法变化，生动变现水墨小鸡。

【教学过程】

一、片头

展示课题名称，教材版本和作者单位姓名。

二、正文讲解

1. 情景导入

教师入境介绍我们本课要学习的内容，并介绍我们画水墨小鸡所要使用的材料和工具，准备好后进入下一阶段学习，引入，那就和老师一起来学习吧！

2. 知识讲解

学习画水墨小鸡前中国画笔法和墨法介绍。

中国画笔法：中锋用笔、侧缝用笔、拖笔、逆锋。

中国画墨法：焦、浓、重、淡、清。

3. 示范讲解

（1）画第一只小鸡。

讲解画的时候注意墨的浓淡变化，淡墨应用和小鸡嘴巴眼睛和爪子的塑造。

（2）画第二只小鸡。

同样的方法，介绍步骤，先画头部，然后是翅膀，在用淡墨画身子，最后画上嘴巴眼睛和爪子，就完成了。

（3）再画第三只小鸡。

头用重墨，尾巴用焦墨，淡墨画出身子，最后画上嘴巴眼睛和爪子，像这样就画好了。

三、结尾

本节课我们学会用水墨焦浓重淡清来画水墨小鸡，同学们快去多多练习吧，我们的课程就结束了。

【教学反思】

一、内容反思

在选择内容选择了丁酉年水墨小鸡为课题，让学生在学习的过程中体会中国传统的魅力，以三只小鸡为例示范，展现不同动态小鸡的画法，多元化，但是忽略了学生的个体差异，内容上应该有层次区别，适应于不同个体差异的学生。

二、制作过程反思

在制作过程中应该更注意计算机的应用，使微课效果更美观，更有艺术性，后面还应该加强计算机应用技能的学习，努力做更好的微课。

三、效果反思

中国画的笔墨情趣很有艺术魅力，同学们看到老师示范的过程很是心动，迫不及待地想要去表现，可是实践画的时候有部分同学很难能够准确把握水墨变化，有的同学会画的一片黑，有的同学会画的一片子水，发现实在是太难画了，有的同学会因此失去自信和兴趣，水墨画学习兴趣和自信是很重要的，所以在今后的教学中应该根据学生不同层次的情况，变换不同的物象来画，更容易上手，容易找到自信，对那些基础稍微差一点的学生也是一个很好的鼓励和兴趣培养，重点练习水墨焦浓重淡清的变化。会起到更好的效果。

初中音乐

中国民族管弦乐队的主要乐器

王笑微　洋县书院初级中学

【微课简介】

学段学科：初中音乐

微课名称：中国民族管弦乐队的主要乐器

【学情分析】

现在的中学生每个人心中都有自己喜欢的音乐、歌星，很多学生认为我们传统的民族器乐太“土”，很少有同学从小学习某件乐器，想让他们发自内心的喜欢教材上民族器乐的鉴赏内容并不是件容易的事。

【知识点描述】

重点让学生知识中国民族乐器之弹拨乐器的分类、音色和乐器的特征，让学生在短时间里尽可能认识这些乐器。

【知识点来源】

学科：音乐	年级：八年级
教材：人音版	章节：第五单元“国乐飘香”

【基础知识】

弹拨乐器的分类。

【教学类型】

☑ 讲授型　□问答型　□启发型　□讨论型　☑ 演示型　□联系型

□实验型　□表演型　□自主学习型　□合作学习型　□探究学习型

【适用对象】

学生：本微课是针对本学科平时成绩多少分的学生？

□40 分以下　□40 ~ 60 分　☑60 ~ 80 分　□80 ~ 100 分

教师：□班主任　□幼儿教师　☑ 普通任课教师　□其他

其他：□软件技术　□生活经验　□家教　□其他

【设计思路】

随着新课程标准“弘扬民族音乐”要求的提出，我国的传统民族音乐教学被提升到一个相对重要的位置。如何提高学生分析、理解中国民族器乐作品的能力，培养学生学习民族乐器的兴趣，提高学生的文化素养，促使学生更加了解和热爱祖国的民族音乐文化，激发他们高尚的爱国主义情怀，已成为我们农村一线音乐教师迫在眉睫必须要尽快解决的。故本课就从最基础的器乐认识开始入手，激发学生的兴趣，培养学生认识分辨乐器特征和音色的能力。

【教学过程】

一、片头

播放视频，通过中国民族管弦乐器的历史地位导入新课。

二、正文讲解

1. 弹拨乐器的分类

第一类：以七弦琴为代表，包括古琴、古筝等乐器。

第二类：琵琶为代表，包括柳琴、阮、三弦等乐器，装有四弦三弦或两弦，左手按弦右手弹拨多放在腿上演奏。

第三类：是扬琴，平直在木架上用琴竹击弦取音，约在明代由外国传入。

2. 视频教学

利用古琴和古筝还有扬琴的视频演奏让学生清晰的感受这几种乐器在演奏方法上和乐器特征中的不同，在教学过程中增加学生学习的兴趣。

3. 音频教学

通过图像对应音频的方法，让学生区分柳琴和琵琶、三弦和阮、这几种乐器的相似和不同之处，更好地在乐曲中有所分辩。

三、结尾

小结，弹拨乐器的共同特点。

【教学反思】

一、内容反思

作为农村初中学校，学生对民族乐曲的熟知程度远远跟不上流行音乐，更别说中国民族乐器的分类以及乐器的特征和音色的区分，这就需要我们音乐教师利用各种手段和方法让学生简单、直接的了解它们，此课通过音、视频结合的方法，让学生不仅快速地知道乐器的名称，更重要的是利用几分钟时间就可以了解其中一类乐器的特点并直观的感受器乐曲所带来的音乐享受，事实证明是有效的。

二、制作过程反思

画面感比较清新，符合中国民族音乐的风格。对于制作的软件在操作熟练程度上还不够纯熟，故在制作的过程中耗时太多。视频编辑和下载过程中选择尽可能都是和学生学习和生活中关联比较多的音乐或曲子，对于个别视频的画质处理上还不够清晰。这些都是教师在以后的制作过程中需要改进的方向。

三、效果反思

学生对于微课教授的模式感到很新颖，学习兴趣大，在微课播放过程中注意力集中，针对教师提出的问题在微课中都能找到答案有实效，为当堂音乐课教学过程中奠定了基础，起到了事半功倍的作用。

高中数学

高三一轮复习——数列通项公式的求法

夏源锋　汉台中学

【微课简介】

学段学科：高中数学

微课名称：高三一轮复习——数列通项公式的求法

【学情分析】

学生经历新课学习之后，掌握了等差、等比数列的通项公式，对数列的通行公式的求解有一定的心得，能够处理较为简单的问题。然而在遇到较复杂的递推关系时，缺乏成熟的形成体系的解题思路。这需要在一轮复习的过程中结合典型例题深入探究，引导学生构建知识体系，形成解题思路。

【知识点描述】

数列是高中数学的重要内容，同时也是高考的必考重点和热点，而在近年来的高考考查中，数列的通项公式的求法一直都是重中之重。能够掌握对递推公式的变形化简顺利求得通项也是解决数列问题的必经之路，因此，在数列的学习中，通项公式的求解是基础，更是重难点。

【知识点来源】

学科：数学　　　　　　年级：高三

教材：《创新设计》

【基础知识】

等差数列、等比数列。

【教学类型】

□讲授型　□问答型　□启发型　□讨论型　□演示型　□联系型
□实验型　□表演型　□自主学习型　□合作学习型　☑ 探究学习型

【适用对象】

学生：本微课是针对本学科平时成绩多少分的学生？
□40 分以下　□40 ~ 60 分　☑60 ~ 80 分　□80 ~ 100 分
教师：□班主任　□幼儿教师　☑ 普通任课教师　□其他
其他：□软件技术　□生活经验　□家教　☑ 其他

【设计思路】

利用微课将数列问题求解过程中对递推关系的化简变形具象化、动态化，让学生能够主动融入其中，通过观察、探究、归纳，体会几种常见的解决问题的方法，形成全面成熟的解题思路。

【教学过程】

一、片头

本微课片头大概 55 s 的时间针对数列课程学习和核心内容复习的要点概览。

二、正文讲解

例 1：已知正项数列 $\{a_n\}$ 的前 n 项和为 S_nT_n 为数列 $\{a_n^2\}$ 的前 n 项和，且 $3T_n = S_n^2 + 2S_n$，求数列 $\{a_n\}$ 的通项公式。

分析：

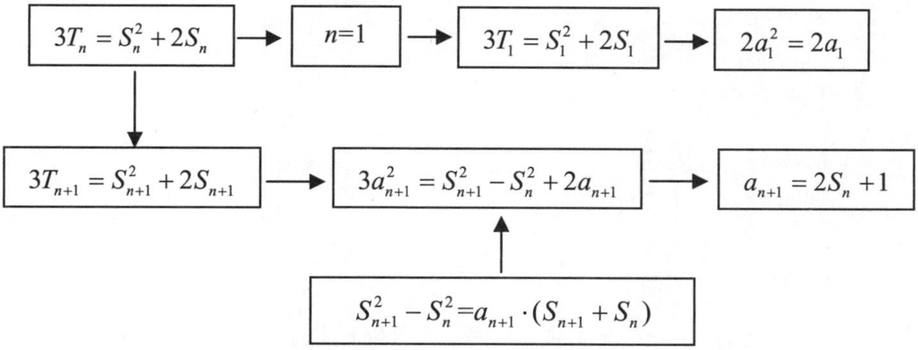

解析演示：

三、结尾

学生活动：根据微课演示，学生再现本题目的解析过程，完成对比探究。
教学小结：求数列通项公式的常见类型及常用方法。

【教学反思】

一、内容反思

课题选择紧扣高考的重点、热点，有的放矢，针对学生的薄弱环节集中突破。由于时间等方面因素，所选择的例题涵盖面有限，可以更加深入细化对比，从更多的几个角度来归纳数列通项的求解方法。

二、制作过程反思

经历了多番探究学习，在制作方面有了很大的进步。但是依旧在录制和音频剪辑的过程中对时间刻点的把握不是很好，尚待增进。

三、效果反思

通过教学，学生对求数列通项理解掌握得更加透彻，都可以独立解决各类常规问题，微课教学在学生集中解决疑难点时富有成效。是否可以向课后探究、巩固复习等学习环节中融入是值得思考的问题。

复数的概念

叶　菲　唐　榕　勉县第二中学

【微课简介】

学段学科：高中数学
微课名称：复数的概念

【学情分析】

数系扩充的过程体现了数学的发现和创造过程，体现了数学发生发展的客观需求。通过学习，学生在问题情景中了解数系扩充的过程以及引入虚数的必要性，体会人类理性思维在数系扩充中的作用，有助于提高学生的数学素养。

【知识点描述】

复数的引入是中学阶段数系的最后一次扩充.学习复数的一些基本知识，为学习复数的四则运算和几何意义做好知识储备.

【知识点来源】

学科：数学　　　　年级：高二

教材：选修 2-2　　　　章节：第 5 章第 1 节

【基础知识】

了解数系的扩充过程，感受人类理性思维的作用以及数与现实世界的联系；了解复数的相关概念。

【教学类型】

☑ 讲授型　□问答型　□启发型　□讨论型　□演示型　□联系型

□实验型　□表演型　□自主学习型　□合作学习型　□探究学习型

【适用对象】

学生：本微课是针对本学科平时成绩多少分的学生？

□40 分以下　□40 ~ 60 分　☑60 ~ 80 分　□80 ~ 100 分

教师：□班主任　□幼儿教师　☑ 普通任课教师　□其他

其他：□软件技术　□生活经验　☑ 家教　□其他

【设计思路】

直观形象地展示数系扩充的过程.化抽象为具体，使学生真实体验数系扩充的必要性及数系扩充要遵循的法则。

【教学过程】

一、片头

展现了学习数的范围变迁。

二、正文讲解

1. 创设情境

以方程方程（$x+2$）（$5x-1$）（$x-1$）（x^2-2）（x^2+1）=0 在不同的数系范围内的解引入，投影出方程在不同的数系范围内的解，接着提出问题：（x^2+1）=0 这个方程是否有实数解？

（设计意图：激发学生学习兴趣，引入新课。）

2. 建构数学

欧拉引进了虚数单位，尽管欧拉引进了虚数单位，并也在使用它，但欧拉仍然认为它是想象的数。著名的法国数学家笛卡尔也曾说："虚数，就是子虚乌有的数"，直到一个更伟大的数学家——高斯出现，他指出虚数可以用直角坐标系的纵轴来表示。

在数学大师的引导下，大胆引入一个新数 i，把 i 叫作虚数单位。

并且规定：$i^2=-1$，意大利数学家指出 i 可以与实数进行四则运算，原有的加法、乘法运算律仍然成立。

引导学生自己写出一些 i 与实数四则运算的式子，并总结这些式子的特点。

给出定义：形如 $z=a+bi$（a，$b\in R$）的数叫复数，其中 a 叫复数的实部，b 叫复数的虚部。

三、结尾

回顾之前提出的问题：（x^2+1）=0 在复数范围内是否有解？

认识到数系扩充的必要性。发展学生求知、求实、勇于探索的情感和态度，体会数学体系的系统性和严密性。

【教学反思】

一、内容反思

通过这个内容的学习仅仅是打开了研究复数的大门，对复数的认识还是肤浅的，在今后的学习中，我们还将继续研究复数，大家再慢慢体会复数的作用。

二、制作过程反思

在制作过程中还是不能很好地把握声音与画面的同步，经过慢慢摸索，最后终于调整好。但是对于画质还有待提高。PPT还可以制作的更精美。

三、效果反思

总体来说简洁易懂，效果不错。

高中英语

The Emphatic Pattern

贺　晶　城固一中

【微课简介】

学段学科：高一英语

微课名称：The Emphatic Pattern

【学情分析】

Students of Grade One have learnt the example sentences about the emphatic pattern in the texts, so they can translate them fluently. Based on these, students need to focus on usage and details in this period, and learn to use the emphatic pattern to express the meanings expertly and accurately.

【知识点描述】

The emphatic pattern is one of the important knowledge points in English learning in senior high which also pays an important role in college entrance examination.

【知识点来源】

学科：英语　　　　年级：高一

教材：外研版必修 2　　　　章节：3

【基础知识】

（1）The students will get to know the function and usage of the emphatic pattern by listening to teacher and doing exercises.

（It + is/was + _____ + that/who + ______ ）

（2）The students will master three details of using the emphatic pattern by observing, concluding and summarizing.

a）The connections between predicate verb and be.

b）The conditions of using word who and word that.

c）The characteristic of the emphatic pattern.

【教学类型】

☑ 讲授型　☑ 问答型　☑ 启发型　□讨论型　☑ 演示型　□联系型
□实验型　□表演型　☑ 自主学习型　□合作学习型　□探究学习型

【适用对象】

学生：本微课是针对本学科平时成绩多少分的学生？
☑40 分以下　☑40 ~ 60 分　☑60 ~ 80 分　□80 ~ 100 分
教师：□班主任　□幼儿教师　☑ 普通任课教师　□其他
其他：□软件技术　□生活经验　□家教　□其他

【设计思路】

There are three parts in teaching materials. In the first part, students mainly get to know the function of the emphatic pattern, and the aim of second part is to comprehend the structure and usage of the emphatic pattern. The third part guides students to pay attention to three details of using the empathic pattern.

Therefore in this period, the students will be able to master the empathic pattern by listening and practicing.

【教学过程】

Step1　Lead-in

（1）Self-introduction;

（2）After that, the teacher introduces the procedures of this class.

Step2　Learning

（1）The teacher puts forward two questions. （Why do we need to learn the emphatic pattern? What’s the function of the emphatic pattern?）

（2）he teacher summarizes the function of the emphatic pattern.

(3) The teacher sets a situation for learning the emphatic pattern;

(4) Observing the example sentences, the students are asked to conclude the structure of the emphatic pattern;

(5) The teacher guides students to summarize the structure and usage of the emphatic pattern;

(6) Review the usage of the emphatic pattern by doing exercises.

(7) The teacher guides the students to observe the example sentences and summarizes the three details.

Step3 Revision

The teacher guides students to review the important points by asking questions.

【教学反思】

一、内容反思

微课的题目为 The Emphatic Pattern 。选取强调句作为本次讲解的主题有如下原因：强调句是高考的重要考点之一，学生喜欢在细节上犯错误，所以本次微课重点讲解了强调句的使用方法以及使用过程中要注意的三个小细节，对高中生起到一定的帮助作用。

二、制作过程反思

本次微课制作主要使用了两个软件，分别是 Powerpoint 和 Camtasia Studio 8。教学设计完成后，使用 Powerpoint 制作了微课使用的课件，共计 14 张。之后，用 Camtasia Studio 8 录制了微课视频，时长为 9 分 33 秒。

三、效果反思

(1) 总结了强调句的使用方法。(两次“剪切”加“粘贴”)

(2) 先提问后讲解。让学生通过观察自行发现问题、寻找答案、总结规律，最后通过讲解得出结论。

高中物理

静电知识告诉你，雷暴中的求生之路

张　霄　汉中市汉台中学

【微课简介】

学段学科：高二物理

微课名称：静电知识告诉你，雷暴中的求生之路

【学情分析】

1. 知识基础情况分析

处于高二年级的学生，拥有一定的物理素养和知识储备，思维活跃求知欲强而且具有较好的形象思维，在这之前他们已经了解静电感应规律，能够解释一般的静电感应现象，但是对于静电现象的应用感觉到内容抽象，推理分析电荷在导体上的分布还有一定的难度，所以我确定本节课的难点为理解和解释生活中静电现象的应用。

2. 互联网多媒体设备使用情况分析

高中学生对于智能手机的携带和使用已经相当频繁，能够轻易找到学习网站，观看学习视频，并根据视频提取有用信息。

【知识点描述】

（1）静电平衡状态：导体内的自由电子不再发生定向移动的状态，叫作静电平衡状态。

（2）静电屏蔽：导体的外壳对它的内部起到“保护”作用，使它的内部不受外部电场的影响.

【知识点来源】

学科：物理　　　　　　　　　　年级：高二

教材：人教版　　　　　　　　章节：第一章第七节

【基础知识】

（1）静电感应：导体中的电荷在外电场作用下发生重新分布的现象。

（2）带电导体电荷分布状况：带电导体内部没有净电荷，多余的电荷分布在外表面。

（3）电场线：正电荷向外发散，负电荷向内集中。

【教学类型】

☑ 讲授型　☑ 问答型　☑ 启发型　□讨论型　□演示型　□联系型
☑ 实验型　☑ 表演型　☑ 自主学习型　□合作学习型　☑ 探究学习型

【适用对象】

学生：本微课是针对本学科平时成绩多少分的学生？
□40 分以下　☑40 ~ 60 分　□60 ~ 80 分　□80 ~ 100 分
教师：□班主任　□幼儿教师　☑ 普通任课教师　□其他
其他：☑ 软件技术　☑ 生活经验　□家教　□其他

【设计思路】

（1）课程流程设计：先创设情境提起学生的兴趣；再围绕情境问题展开讲解与实验探究；然后得出结论，充分联系生活实际，让学生感受到所学知识与日常实际的联系；最后通过练习题和思考题及时检测学习成果。

（2）实现方式设计：法拉第笼实验并不适合现场演示，为了激起学习兴趣，选取最贴近学生日常的“钢铁侠”作为实验道具的一部分来设置悬疑，利用视频软件的抠像功能可以将电影人物与教师结合在一起；电场采用带箭头的线段来模拟电场线，可以利用 PPT 中的形状工具选取不同颜色来体现合场强的概念。

【教学过程】

一、片头

1. 创设情景（见图 2-16）

户外游玩遇上暴风雨来袭,电闪雷鸣的郊外如何保全自己不受雷击伤害呢?

图 2-16

2. 做出假设（见图 2-17）

给出三种能保护自己不受闪电伤害的着装假设：穿上一件厚实的雨衣、穿上一件帅气的超人斗篷、穿上一套酷炫的钢铁侠套装，让学生猜想哪一种衣服可以更好地保护人体。

图 2-17

3. 故设疑问

由于钢铁侠套装是金属材料，在前面的学习中已经知道，金属是良导体更容易导电。基于此学生猜测着装是不可能的选择。教师直接给出答案，就是金属套装！引起学生的学习兴趣。

二、正文讲解

1. 原理探究

金属在电场中会发生静电感应，内部电荷定向移动。但移动并不是无休止的，当感应电荷产生的电场场强与外电场等大反向时，内部合场强为零，电荷不再定向移动——达到静电平衡状态。如图 2-18 所示。

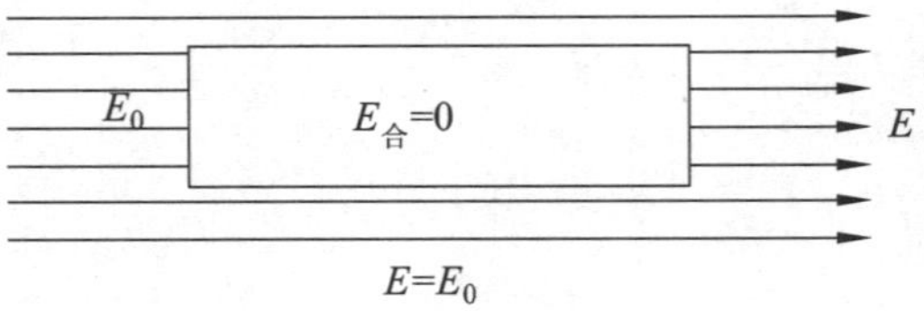

图 2-18

静电平衡的中空导体也是内部场强处处为零的，因此具有屏蔽外电场的作用。

2. 实验演示

金属网对外电场的屏蔽作用。在外电场的作用下，空腔导体的外表面将有感应电荷产生。感应电荷在空腔内部产生的电场与 Q 在空腔内部产生的电场相互抵消，从而使得空腔内部的电场强度为零。

3. 知识拓展

法拉第曾经冒着被电击的危险，做了一个闻名于世的实验——法拉第笼实验。如图 2-19 所示，法拉第把自己关在金属笼内，当笼外发生强大的静电放电时，什么事都没发生。

图 2-19

4. 解除疑惑

想要在雷暴中躲过一劫，需要利用导体可以屏蔽外电场的特性，寻找类似于法拉第笼的物体躲避——例如小汽车。如图 2-20 所示。

图 2-20

三、结尾

1. 课堂小结

（1）静电平衡：导体中不再有电荷定向移动的状态叫做静电平衡。

特点：① 导体内部场强处处为零。

② 电荷只分布在导体的外表面上。

（2）静电屏蔽：处于静电平衡状态的中空导体壳，内部场强处处为零，导体外壳使它内部不受外部电场影响的现象。

应用：电子仪器金属壳、通信电缆屏蔽层等。

2. 当堂训练

练习：如图 2-21 所示，一金属球，原来不带电，现沿球的直径的延长线放置一正点电荷 Q，如图所示， 金属球上感应电荷产生的电场在球内直径上 a、b、c 三点的场强大小分别为 Ea、Eb、Ec，三者相比哪一点的场强最大？

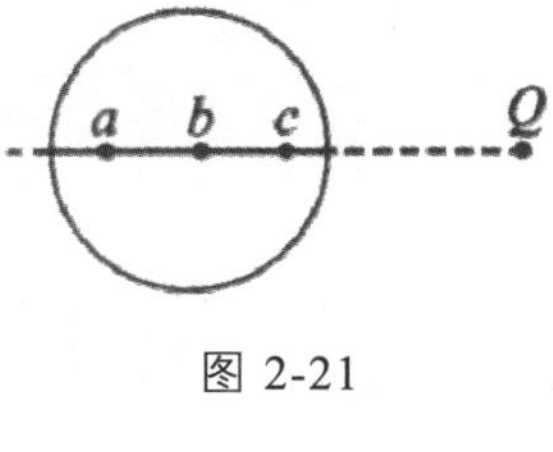

图 2-21

【教学反思】

一、内容反思

教学题材选取了高二最先学习的静电场知识，抓住静电感应和静电屏蔽两个关键知识点展开了探究，微课视频整体设计上体现了结构的完整性和连贯性，最后把知识浓缩到练习题目当中，结合前面已学知识将本节内容加以运用，再次加深了对静电屏蔽的认识。但美中不足的是，中间一段实验操作过程直接引用了教材附赠的演示视频，这一部分如果教师能够自己操作，边演示边解说，不断启发学生思考就更好了。

二、制作过程反思

完成本节微课时，我先后运用了 MS PowerPoint、TechSmith Camtasia Studio、Corel VideoStudio、Adobe After Effects 等软件。PowerPoint 是日常知制作教学课件用的，还算比较熟悉，而对于后面三款软件来说平时并不怎么接触，在设计视频切换，人物抠像等一些专业技术上制作的较为粗糙，原因还是在于对软件的不熟悉，对需要用到的功能不熟练。为了今后更好地制作微课视频，还需要不断更新自己的软件库，不断提高驾驭视频制作软件的能力，才能更好地利用一些学生喜闻乐见的形式展现出自己想要表达的内容。

三、效果反思

本课于 9 月 18 日在作者所带的高二 18 班、23 班上课时播放过，学生反应比较激烈，看到自己的老师出现在视频当中，表现出了浓厚的兴趣。在教师的循循诱导下，学生逐步探索得出结论，课堂效果非常好。教师出镜的时间不长，且放在开头有效地吸引了学生了注意力，提出的问题很好地勾起了学生的求知欲。

生活中的振动

李　宏　汉中市龙岗学校

【微课简介】

学段学科：高中物理
微课名称：生活中的振动

【学情分析】

学生学习完本节课内容，能够掌握阻尼振动的特点、受迫振动的规律，以及共振的应用和防止，能充分认识到生活中的振动与理想的简谐运动的联系与区别。

【知识点描述】

本节主要涉及知识点有：自由振动、阻尼振动、受迫振动、驱动力、受迫振动的周期、共振及共振曲线等。

【知识点来源】

学科：物理　　年级：高二

教材：鲁科版选修 3-4　　章节：第 1 章第 4 节

【基础知识】

阻尼振动：弹簧振子或单摆在振动过程中，振子或单摆要克服摩擦阻力做功，系统的机械能不断减少，振幅也不断减小。机械能耗尽时，振动就停止了。我们将振幅不断减小的振动叫阻尼振动。

受迫振动：通常需要给振动物体施加一个周期性外力，使物体在周期性外力作用下做受迫振动。受迫振动稳定后，振动周期等于驱动力的周期。

共振：当驱动力的周期等于振动物体的固有周期时，振幅最大，这种现象叫共振。通过共振曲线反映受迫振动的振幅与驱动力频率的关系。

共振曲线如图 2-22 所示：

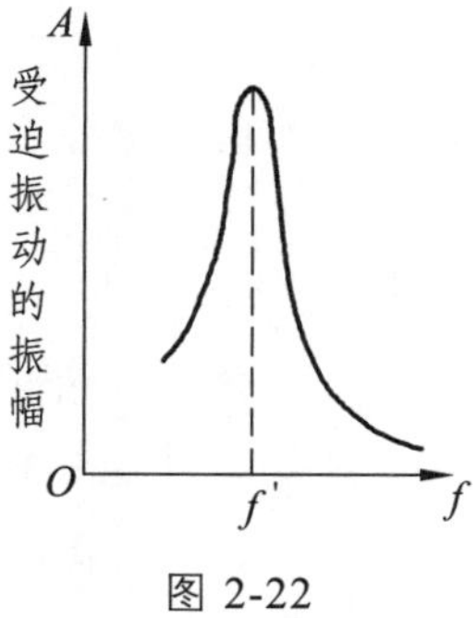

图 2-22

【教学类型】

☑ 讲授型　□问答型　☑ 启发型　□讨论型　☑ 演示型　□联系型

□实验型　□表演型　□自主学习型　□合作学习型　□探究学习型

【适用对象】

学生：本微课是针对本学科平时成绩多少分的学生？

□40 分以下　☑40 ~ 60 分　☑60 ~ 80 分　☑80 ~ 100 分

教师：□班主任　□幼儿教师　☑ 普通任课教师　□其他

其他：□软件技术　□生活经验　☑ 家教　□其他

【设计思路】

本课从“鱼洗”现象问题导入，从自由振动入手，分析实际中的自由振动振幅减小的原因，进而引入阻尼振动的概念，结合其他实例总结出阻尼振动的特点。借助于阻尼振动振幅减小的现象，设问“如何让阻尼振动持续下去”，引发学生思考，进而引入“受迫振动”，层层深入，最后得出受迫振动的规律。通过演示实验，观察总结共振的特点，并了解共振曲线以及共振的应用和防止。

【教学过程】

一、片头

通过画面和讲解展示课题“生活中的振动”、本课题在教材中出处。

二、正文讲解

1. 新课引入

通过观看“‘鱼洗’喷水现象”实验，激发学生学习本节课的兴趣和探索未知问题的热情。

画面：“鱼洗”喷水实验视频。

讲解：在一个铜盆内注入适量清水，用潮湿的双手来回摩擦铜盆的两个耳环，会观察到什么现象呢？我们会看到盆中的水如泉涌一般从盆中喷出，高可达数十厘米？这是为什么呢？学习了本节课，我们就可以解释这种现象。

2. 新课探究

（1）阻尼振动。

先回顾弹簧振子和单摆在自由振动过程中的振幅及机械能情况，再引入实际振动中存在摩擦阻力的情况下，振动的机械能及振幅的变化，最后得出阻尼振动的定义和特点。

画面：弹簧在水中的振动，阻尼振动曲线。

讲解：弹簧振子或单摆在振动过程中，振子或单摆要克服摩擦阻力做功，系统的机械能不断减少，振幅也不断减小。机械能耗尽时，振动就停止了。我们将振幅不断减小的振动叫阻尼振动。

（2）受迫振动。

引入：实际的振动如果没有能量补充，最终振动会停止，如何获得稳定的振动呢？

讲解：通常需要给振动物体施加一个周期性外力，使物体在周期性外力作用下做受迫振动。

画面：展示受迫振动的实验装置及其工作原理。

探究 1：受迫振动的周期有什么规律呢？通过观察实验和讲解得到结论：受迫振动稳定后，振动周期等于驱动力的周期。

探究 2：受迫振动的振幅有什么规律呢？通过研究共振摆，得到规律：驱动力的周期越接近振动物体的固有周期，振幅越大。

（3）共振及其应用和防止。

讲解：当驱动力的周期等于振动物体的固有周期时，振幅最大，这种现象叫共振。通过共振曲线反映受迫振动的振幅与驱动力频率的关系。

通过声音的共鸣了解共振在生产生活中的应用；通过轮船共振倾覆，认识到在某些情况下需要防止共振。

三、结尾

思考与讨论：

（1）解答“鱼洗”喷水现象：手摩擦铜盆双耳，引起盆壁和铜盆内水的振动。

（2）课后思考：荡秋千时，只要按着秋千的固有频率周期性地施加推力，尽管每次的推力很小，但一段时间后，秋千也会荡得很高，为什么呢？

【教学反思】

通过微课的独立制作，认识到要做出好的微课并非易事。通过反复观看和反思，认识到本课的还存在一些优点和缺点。优点和收获是：内容完整翔实，画面与讲解配合得当，资源丰富，生动流畅。通过独立完成微课的设计和制作，学会了制作微课的基本方法和技术，认识到备课和制作的重要性。缺点和需要改进的部分有：还应进一步提高语言表达亲和力和感染力，使讲解更具有吸引力。实验部分如果换成实验实录视频，过程就更完美了。总之，微课不同于常规课堂，只有尽可能减少微课的缺点才能做出优秀的微课。

一、内容反思

内容完整翔实，画面与讲解配合得当，资源丰富，生动流畅。

二、制作过程反思

通过独立完成微课的设计和制作，学会了制作微课的基本方法和技术，认识到备课和制作的重要性。缺点和需要改进的部分有：还应进一步提高语言表达亲和力和感染力，使讲解更具有吸引力。实验部分如果换成实验实录视频，过程就更完美了。

三、效果反思

本课完整展现了教学内容和探究方法，讲解详略得当，画面、视频、讲解配合准确到位。本课以新的方式弥补了传统课题的缺陷，加深了对物理与生活生产的紧密联系的认识。本课适合高中学生初次学习，或复习时使用，也可作为教师的教学资源应用于教学实践中，会有很好的学习效果。

高中化学

过氧化钠的性质和用途

王鹏飞　陕飞二中

【微课简介】

学段学科：高中化学
微课名称：过氧化钠的性质和用途

【学情分析】

过氧化钠的性质和用途是高一化学教学的难点，我们刚学了常见金属钠、铝等的内容，初中也学习了氧化钠、氢氧化钠等物质的简单性质和用途。但对于过氧化物的知识却是首次学习，对学生来讲学习难度较大，在学习中用有关实验视频来呈现实验现象以突出重点。

【知识点描述】

过氧化钠的物理性质、化学性质和用途。

【知识点来源】

学科：化学　　　　　　年级：高一
教材：必修 1　　　　　章节：第三章第二节“几种重要的金属化合物”

【基础知识】

主要学习过氧化钠的物理性质、化学性质和用途，引导同学们根据氧化还原反应的原理来分析过氧化钠分别与水、二氧化碳的反应原理。

【教学类型】

☑ 讲授型　□问答型　☑ 启发型　□讨论型　□演示型　□联系型

☑ 实验型　□表演型　□自主学习型　□合作学习型　□探究学习型

【适用对象】

学生：本微课是针对本学科平时成绩多少分的学生？

□40 分以下　□40 ~ 60 分　☑60 ~ 80 分　□80 ~ 100 分

教师：□班主任　□幼儿教师　☑ 普通任课教师　□其他

其他：□软件技术　□生活经验　□家教　☑ 其他

【设计思路】

过氧化钠的性质和用途属于高中化学必修 1 第三章第二节“几种重要的金属的化合物”的部分内容，是对以前所学氧化物知识的丰富，各种考试中与过氧化钠有关的试题被频繁考查，因此在高中化学教学中具有十分很重要的地位。我们主要学习过氧化钠的物理性质、化学性质和用途，引导同学们根据氧化还原反应的原理来分析过氧化钠分别与水、二氧化碳的反应原理，同时依据过氧化钠氧元素的化合价是负 1 价的特点，进而利用“性质决定用途”这一理论顺利的生成过氧化钠用途的有关知识，接着通过一道习题巩固所学过氧化钠的知识，最后利用列表的办法来总结本节课的内容。

【教学过程】

一、片头

介绍过氧化钠的物理性质：

直接播放图片，学生直观感知过氧化钠的物理性质。得出其为淡黄色粉末状固体的结论，同时分析过氧化钠的化学式。

二、正文讲解

介绍过氧化钠的化学性质和用途：

借助化学实验视频，学习过氧化钠分别与水、二氧化碳的反应现象。通过实验现象，推测反应产物，结合氧化还原反应和元素守恒的知识，推出化学反应原理，这也是本节课的难点所在。

在学习完过氧化钠与二氧化碳等的反应后，根据实验现象和原理得出过氧化钠的用途。接着因为过氧化钠能与酸性氧化物反应，能不能与酸反应呢，通过过氧化钠与水反应、酸碱中和反应，二者叠加后直接得出过氧化钠与盐酸的反应方程式，顺势得出过氧化钠非碱性氧化物这一结论。

通过一道习题介绍本节所学内容练习题目直接涉及过氧化钠的物理性质和化学性质，基本涵盖了本节微课教学的全部重点内容，对教学内容进行了很好的考查，巩固了所学知识。

三、结尾

小结本节微课的内容：

利用列表的办法，非常直观地总结了本节微课的全部内容，见表 2-1。

表 2-1

	Na_2O_2
色态	淡黄色固体
物质种类	过氧化物
氧元素价态	-1
生成条件	$2Na + O_2 \xlongequal{点燃} Na_2O_2$
与水反应	$2Na_2O_2 + 2H_2O \xlongequal{} 4\ NaOH + O_2\uparrow$
与酸性氧化物反应	$2Na_2O_2 + 2CO_2 \xlongequal{} 2Na_2CO_3 + O_2$
与酸反应	$2Na_2O_2 + 4HCl \xlongequal{} 4NaCl + O_2\uparrow + 2H_2O$
用途	供养剂　漂白剂

【教学反思】

一、内容反思

本节课过氧化钠的物理性质可以通过观察的办让学生获得第一手的感性材料，然后教学难点化学性质则借助视频的过氧化钠分别与水和二氧化碳实验现象，直观具体，学生能够透过现象看本质，加上老师深入浅出的分析，就可以收到事半功倍的教学效果。整体上本次微课很好地起到了突破教学难点的作用。

二、制作过程反思

本节微课的 PPT 制作讲究，在 PPT 中穿插了实验视频，直观的展示实验现象，便于学生理解实验原理，同时设计了丰富的 PPT 动态效果，吸引学生的注意力，激发了学生的兴趣；使用录屏专家录制微课时，将电脑的分辨率调节到 600×800，保证了本微课在更高分辨率的环境下都能高质量全屏幕播

放，同时利用手写板的手写功能，直接在播放画面上进行必要的书写和分析讲解，突出重点，突破难点，效果十分明显

三、效果反思

我们在课前播放微课，加深学生对过氧化钠知识理解，课上讲解过氧化钠的知识倍感轻松，在我校进行的教学实践应用，课后检测学生掌握情况，效果十分明显。

高中思想政治

供求影响价格

胡永斌　南郑中学

【微课简介】

学段学科：高中思想政治
微课名称：供求影响价格

【学情分析】

高一年级学生对于经济生活的内容很感兴趣，本课所讲知识与学生的生活紧密相连，能激发学生学习热情和自主探究的意识。但由于受学生认知水平和认知能力的限制，学生归纳总结，概括本质的能力较为欠缺，因而在课程中既要发挥学生的学习主体作用，还要发挥教师的主导作用，由教师带领学生自主探究，实现知识的有意义建构。

【知识点描述】

本知识点是高中思想政治必修 1“经济生活”第一单元第二课第一框的内容。在横向上，学生已经学过了商品和货币等相关的概念，这为本框题引导学生认识商品价格的涨跌起到了铺垫作用。在纵向上，本课前面承接了本教材中商品交换相关的知识点，后面承接价值规律的相关内容。所以，学好本框题能为学好价值规律奠定基础。同时，学习这一课题有利于帮助学生感受供求关系在日常生活中对价格的影响。因此学习这一课题也具有重要的现实意义。

【知识点来源】

学科：思想政治　　　年级：高一
教材：人教版必修 1　　　章节：第一单元第二课第一节

【基础知识】

供求关系影响价格，卖方市场和买方市场区别

【教学类型】

□讲授型 ☑ 问答型 ☑ 启发型 □讨论型 □演示型 □联系型
□实验型 □表演型 □自主学习型 □合作学习型 □探究学习型

【适用对象】

学生：本微课是针对本学科平时成绩多少分的学生？
□40 分以下 □40 ~ 60 分 ☑60 ~ 80 分 □80 ~ 100 分
教师：□班主任 □幼儿教师 ☑ 普通任课教师 □其他
其他：□软件技术 □生活经验 □家教 ☑ 其他

【设计思路】

本知识点是经济生活第一单元的内容，学生刚升入高中对抽象事物具有一定的认知能力，因而本课在教学方法上主要采用教师讲授法为主，辅以学生的自主探究活动，由浅入深，层层剥离，带领学生一起理解价格是影响供求关系的重要因素。

【教学过程】

一、片头

新课导入：用日常生活中超市里商品价格变动的案例，将学生带入课堂情景。学生通过思考对价格变动有初步的了解。

（设计意图：用生活案例提问的形式导入、激起学生的兴趣，让学生对价格变动有整体感知。）

二、正文讲解

情景探究一：展示四则背景材料“月饼在节前和节后价格差异很大”，“苹果遭冰雹减产，价格高于往年”，“羽绒服高价东北卖火爆，海南低价鲜有人问津”，“石油输出国宣布减产原油，油价上涨”引导学生归纳具体的因素影响价格。

学生在教师的引导下通过自主学习，对照材料，自己提出问题并由其他

同学来回答问题，学习价格变动的具体因素。

（设计意图：培养学生自主学习的能力；通过交流，总结归纳出节日、天气、地域、政策等具体的因素引起价格变动，为下面知识的讲解进行过渡。）

总结概括：引导学生讨论分析月饼节后价格低是因为需求量减少，苹果遭受冰雹减产是因为供给量下降，羽绒服在东北卖的火爆是因为需求量多，油价上涨是因为供给量减少，进而引导学生总结出各种因素对商品价格的影响，是通过改变该商品的供求关系来实现的。进而教师带领学生总结出影响价格的间接因素和直接因素。

（设计意图：提高学生透过现象认识本质的能力和归纳总结的能力。）

情景探究二：通过深圳鸽笼房被抢购一空的案例，引导学生分析供求关系具体影响价格的方式，供不应求最终促使价格上涨，供过于求最终促使价格下跌。

（设计意图：通过引导学生进行案例分析，培养学生探究问题解决问题的能力和技巧。）

拓展延伸：讲解卖方市场和买方市场的区别。

（设计意图：在讲授新知识的同时将两种市场联系起来，培养学生系统地掌握知识的能力。）

三、结尾

课堂巩固：通过两道练习题巩固知识，加深学生对知识的理解和掌握。

知识小结：以思维导图的形式进行本知识小结。师生互动，回忆主干知识。

（设计意图：开放课堂，促进学生知识的掌握和深化。促进学生情感的升华。）

【教学反思】

一、内容反思

本作品讲授的主要内容是高中政治“经济生活”中的“影响价格的因素”，这个知识点在教材知识体系中起到承上启下的作用，因而学好本知识点可以为后面经济知识的学习起到铺垫的作用。另外，本知识点内容具体、主题明确，可以单独作为一个小知识点讲解，符合微课短小精悍，内容具体的特点，因此我选择该知识点制作本作品。

在问题的设置上，能够根据情景的创设分步递进，环环相扣，引人入胜。通过生活案例和时事新闻的运用对知识的讲解起到了很好的阐释作用，同时也获得了学生的积极反响与共鸣，总的来看，实现了预期的教学目标。

二、制作过程反思

在教学技能上，充分运用多媒体设备，通过探究式教学，启发式教学以及自我生成性教学方法的运用，这种设计充分发挥了现代科技媒体在实现学生自主学习、合作探究中的重要功能，充分调动了学生学习的积极性、主动性和创造性，使学生在探究过程中，提高了学生分析信息和提炼信息的基本能力，激发了学生的创新思维和创新实践，体现了新课改的理念。

在后期制作和剪辑中，本作品紧紧围绕微课教学目标明确，针对性强的特点，通过将传统的讲授法与信息技术有机结合，以生动形象的生活事例为切入点，充分突出教学的重难点，后期主要运用绘声绘影和 Camtasia Studio 软件进行制作剪辑，实现了 PPT 演示文稿与教师镜头的自如切换，另外运用画中画的剪辑方式，同时配以字幕，增强课堂的体验感与趣味性。

三、效果反思

本课根据微课的特点和要求，充分运用信息技术，辅以生活事例和新闻时事，将知识点生动有趣的呈现，讲练结合。同时，利用“画中画”技术实现了传统课堂优点与现代课堂优点的有机结合。当然，本课也有一些需要改进的地方，例如受设备的影响，声音效果不太理想，还有限于微课不能与学生互动的局限，一些探究活动没法开展。不过总的来说，本课还是充分利用信息技术，将知识生动化、趣味化，实现了预期的教学目标。

高中通信技术

三视图的形成及规律

王海波　城固县第一中学

【微课简介】

学段学科：高中通用技术学科
微课名称：三视图的形成及规律

【学情分析】

高中学生在数学课中对三视图有一定的认识，但通用技术作为技术类学科，要进一步规范技术语言和技术绘图的。通过微课程学习，学生对三视图形成原理有清晰认识，为后面学习三视图的识图，以及简单绘制做好铺垫，也为学习轴侧图，剖视图有一定的帮助作用。

【知识点描述】

三视图的形成及投影规律是一个非常抽象的理论知识，学生学起来比较枯燥无味，所以短时间几分钟内在教学的过程中必须想办法把这个抽象的理论通过生动的形象的具体的教学方法展示出来，使用形象直观地模拟动画教学资源，学生更容易理解和掌握学习内容。

【知识点来源】

学科：通用技术　　　　　　　　　年级：高一（高二）
教材：江苏教育出版社普通高中课程标准实验教科书《技术与设计 1》
章节：第六章“技术图样的绘制”第二节“常见的技术图样”第一小节“正投影与三视图”

【基础知识】

小学、初中、高中阶段的数学学科都接触到三视图的相关知识。

【教学类型】

☑ 讲授型　□问答型　□启发型　□讨论型　□演示型　□联系型
□实验型　□表演型　☑ 自主学习型　□合作学习型　□探究学习型

【适用对象】

学生：本微课是针对本学科平时成绩多少分的学生？
□40 分以下　☑40 ~ 60 分　☑60 ~ 80 分　☑80 ~ 100 分
教师：□班主任　□幼儿教师　☑ 普通任课教师　☑ 其他
其他：□软件技术　□生活经验　☑ 家教　□其他

【设计思路】

本课内容可以解决技术图样绘制中三视图的相关知识。突破教学难点三视图的形成和规律，对三视图的形成原理有一个清楚的认识。

本课为了讲清楚三视图形成原理和规律，从自然现象，熟悉的手影游戏导入到正投影的投影原理，三视图的形成及投影规律，教会学生积极思考善于观察，让学生体会从生活知识到理论运用的迁移形成过程

【教学过程】

一、片头

以通用技术学科的 LOGO 为点缀，画面清晰美观，呈现出了教材版本、章节，并辅助以动画呈现本知识点名称。

二、正文讲解

物体在光线的照射下，会在地面或被投射面上投下影子，这是一种自然现象，如我们熟悉的皮影，手影游戏……我们观察到光源发出的平行光且与物体某方面的面平行时，能够反映物体这个方向的形状特征和大小。

我们在技术图样绘制时，常用正投影法。就是假设投射线与投影平面垂直，把互相平行的投射线看作人的视线，在投影平面上求取物体的投影方法。这时在投影面上得到的投影，我们称之为视图。

观察以下三个形体,（暂停） 单一投影面投影视图能表示物体形状吗？图中三个不同的物体在同一投影面上的视图完全相同，可以看出单一投影面不能完全表示物体的形状与大小，也不能区分不同的物体。

观察以下两个形体在两个面上的投影。两面投影面能表示物体形状吗？（暂停）两面投影面也不能完全表示物体的形状与大小，也不能区分不同的物体。那么，三面投影面呢？（我们来看一下动画模拟演示）通过三面投影面可以表示物体的形状大小。因此要反映物体的完整形状和大小，必须有三个不同投影方向得到的视图。为什么不用四面、五面、六面呢？（由于上下、前后、左右两个面的投影面的形状、大小完全一样所以投影到投影面上时，只出现一个图形。六个投影面只需要出现三个。）

在技术图样中通常采用与物体的长、宽、高相对应的三个互相垂直相交的投影面，分别是：

正立投影面：直立在观察者正对面的投影面，简称正面，用 V 表示；

水平投影面：水平位置的投影面，简称水平面，用 H 表示；

侧立投影面：右侧的投影面，简称侧面，用 W 表示。

如图所示，将物体置于三投影面内，处于观察者与投影面之间分别向 V、H、W 面正投影，可分别得到该物体的三个投影：由前向后投影，在正面上所得视图称为主视图（主视图通常反映物体的主要形状特征）；由上向下投影，在水平面上所得视图称为俯视图；由左向右投影，在侧面上所得视图称为左视图。

主视图、俯视图、左视图称为三视图。

为了方便绘图与读图，三面视图应该画在同一张图纸上，可将三投影面展开。正面 V 保持不动，水平面 H 绕 OX 轴向下旋转 90°，侧面 W 绕 OZ 轴向右旋转 90°，使三面共面。

形体的三视图，首先要分析形体结构，要弄清楚形体的基本组成及各部分之间的位置关系。如果改变任何一部分位置，形体就会改变。其次我们以后在绘制物体的三视图时， 以主视图为准，俯视图在主视图的正下方，左视图在主视图的正右方。 主、俯、左三个视图之间必须互相对齐，不能错位。通常省去投影面的边框和投影轴。在同一张图纸内必须按以上的投影关系配置，一律不需要注明视图的名称。

主视图反映了物体的长度和高度，俯视图反映了长度和宽度，左视图反映了宽度和高度，且每两个视图之间有一定的对应关系。由此，可得到三个视图之间的如下投影关系：

（1）主、俯视图都反映物体的长度——“长对正”。

（2）主、左视图都反映物体的高度——“高平齐”。

（3）俯、左视图都反映物体的宽度——“宽相等”。

最后我们来观察思考图中视图的形成过程及规律。

三、结尾

对知识的一个拓展，选择一比较复杂的图形实例分析，用 Flash 软件制作热区，讲解到不同结构时会突出呈现出不同视图对应的点、线、面。形象直观，目的是鼓励学习者自己探究，进一步学习并呈现致谢画面。

【教学反思】

一、内容反思

“三视图的形成及投影规律”是一个非常抽象的理论知识，学生学起来比较枯燥无味，所以短时间几分钟内在教学的过程中必须想办法把这个抽象的理论通过生动的形象的具体的教学方法展示出来，使用形象直观地模拟动画教学资源，学生更容易理解和掌握学习内容。

二、制作过程反思

内容决定形式，本节微课用 PPT 制作时注意教学的层次逻辑，突出重点，利用动画呈现难点。PPT 制作时注意画面的简洁，美观。讲解时语速恰当，缓急轻重有节奏，有些设问要有停顿，给学习者一思考的时间。本节课美中不足的是后期录音质量不好，有个人音色不好的原因，也与录音设备和录音环境有关系。

三、效果反思

在后期教学使用中，提高了课堂效率，解决了本节的一知识难点。如果可以重新配音，我想效果会更好。

高中信息技术

3D 打印制作圣诞礼物

陈　诗　汉中市汉台中学

【微课简介】

学段学科：高中信息技术
微课名称：3D 打印制作圣诞礼物

【学情分析】

本节课的内容是汉台中学 3D 创客工坊编写的校本教材《神奇的 3D 打印》第一课。对于高一学生来说，是培养科研兴趣最好的时期，通过学生喜闻乐见的案例实践，制作出看得见摸得着的实物，对学生有很大的吸引力。本节课要求学生有一定的电脑操作基础，三维空间能力和基本审美。

【知识点描述】

本节课的主要内容为四个。基本实体操作，组合编辑上操作，3D 打印机使用和打磨抛光上色。既有计算机基本操作也有动手实践活动。

【知识点来源】

学科：信息技术　　　　　　　　年级：高一
教材：汉台中学校本研修教材　　章节：第一张第一节

【基础知识】

（1）3D one 创建基本实体；
（2）3D one 基本实体组合编辑；
（3）操作 3D 打印机打印实物；
（4）打磨模型，上色定型。

【教学类型】

☑ 讲授型 □问答型 □启发型 □讨论型 □演示型 □联系型

☑ 实验型 □表演型 □自主学习型 □合作学习型 □探究学习型

【适用对象】

学生：本微课是针对本学科平时成绩多少分的学生？

□40 分以下 □40 ~ 60 分 ☑60 ~ 80 分 □80 ~ 100 分

教师：□班主任 □幼儿教师 ☑ 普通任课教师 □其他

其他：☑ 软件技术 □生活经验 □家教 □其他

【设计思路】

（1）通过使用 3D one 软件建模，了解三维建模的空间成像原理，掌握三视图的基本操作；

（2）通过使用 3D 打印机打印模型，掌握 3D 打印机的工作原理，学会简单的打印机故障处理；

（3）通过使用砂纸，锉刀等工具打磨模型，利用丙烯颜料对模型进行上色，培养动手实践能力。

【教学过程】

一、片头

创设情境，导入新课：

同学们好，不知不觉又到了飘雪的十二月，欢乐的圣诞节马上就要来了，你有没有想好要送爸爸妈妈，同学朋友什么礼物呢？

去礼品店买礼物？既没有创意有没有诚意。自己动手制作？很多同学想不到好的创意。今天，我们就教大家利用 3D 打印技术，制作一款圣诞专属定制挂件，既学习了新知识又送出了新颖漂亮的礼物，岂不是一举两得。现在就赶紧一起学习吧！

二、正文讲解

制作一个 3D 打印实物主要分为三部分，利用 3D one 软件进行三维建模；3D 打印机打印实体模型；后期打磨加工和上色。

（一）使用 3D one 软件构建三维模型

首先完成第一步三维建模任务。所要用到的工具是 3D one 软件和一张我们设计好的图纸，如图 2-23 所示。

图 2-23　设计图纸

分析该图纸可知，它是由 17×26 共 442 个正方体组成的像素图形。将一些不必要的正方体删除，将相应的正方体涂上颜色，即可形成圣诞老人的图案。

打开 3D one 软件，点击基本实体工具，创建一个正方体，设置边长为 5 mm，如图 2-24 所示。

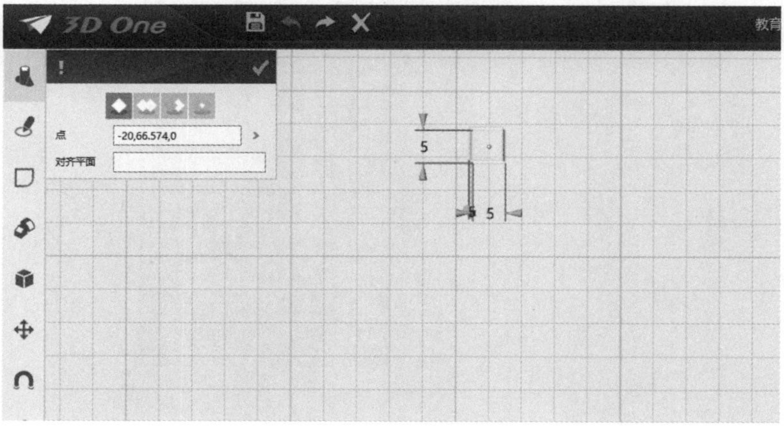

图 2-24　创建基本实体

为了使每个正方体界限分明，我们使用圆角工具，设置圆角为 0.5 mm，将棱角分明的边钝化，如图 2-25 所示。

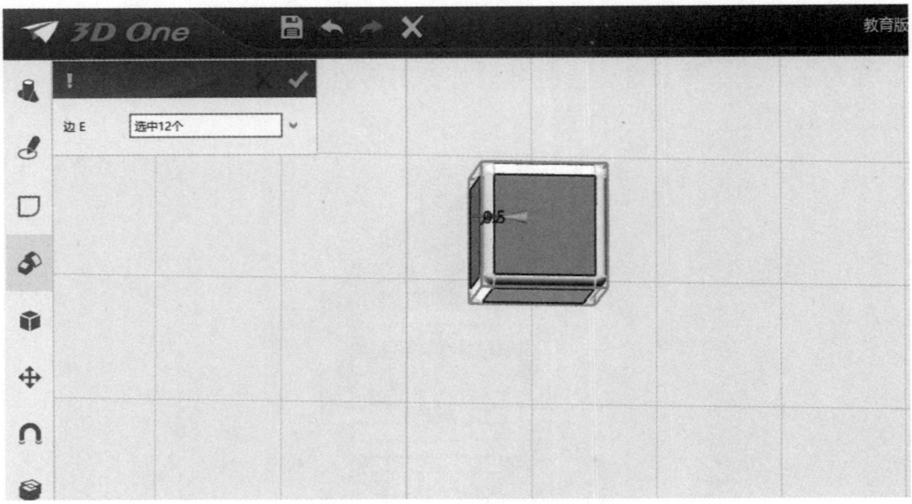

图 2-25　使用圆角工具

接着使用阵列工具，将一个正方体阵列为 17×26 个，宽为 17×5 mm 减去 17×0.5 mm，长为 26×5 mm 减去 26×0.5 mm，构成一个宽为 76.5 mm，长为 117 mm，高为 5 mm 的大立方体，如图 2-26 所示。

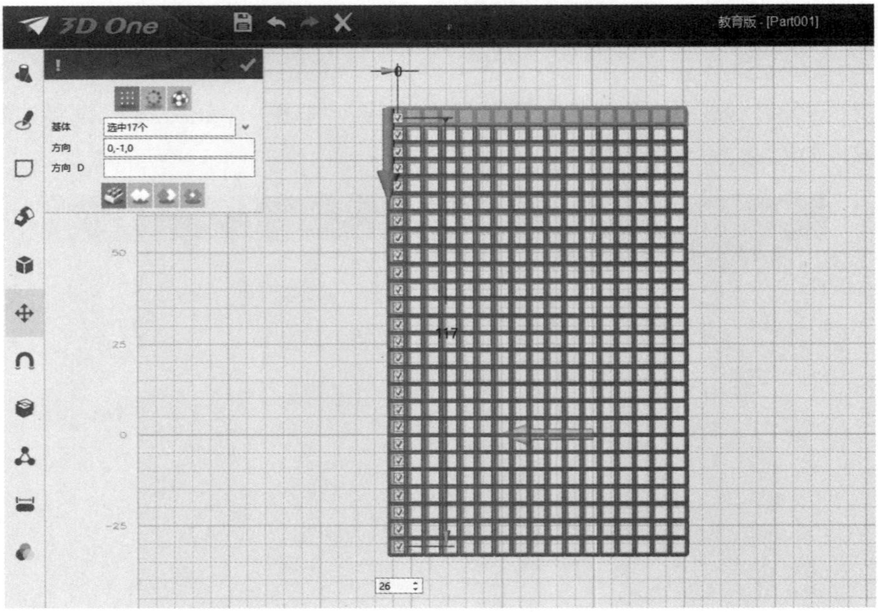

图 2-26　使用阵列工具

根据设计图纸，绘制出轮廓，将多余的立方体选中，利用键盘 delete 键删除，如图 2-27 所示。

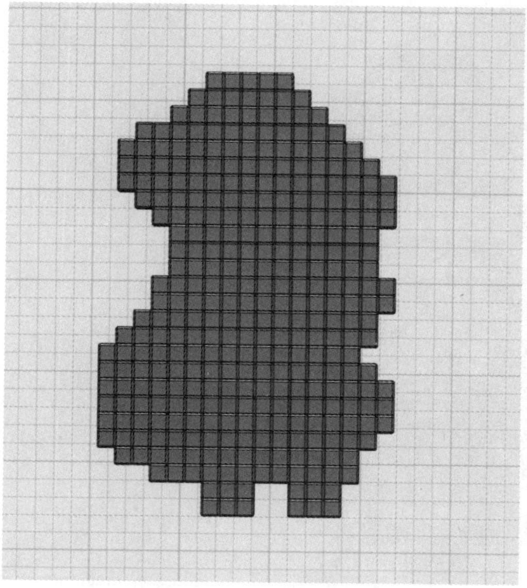

图 2-27　删除多余立方体

按照设计好的图纸进行上色，最终得到三维建模的成品图。如图 2-28 所示。

图 2-28　上色图

基础轮廓做好后，导出为切片软件可以识别的 STL 格式（见图 2-29），再将文件用 CURA 切片软件打开（见图 2-30），我们看到，加上底层网格后，完成切片，整个模型的打印时间共 4.5 个小时，耗材 42 g。

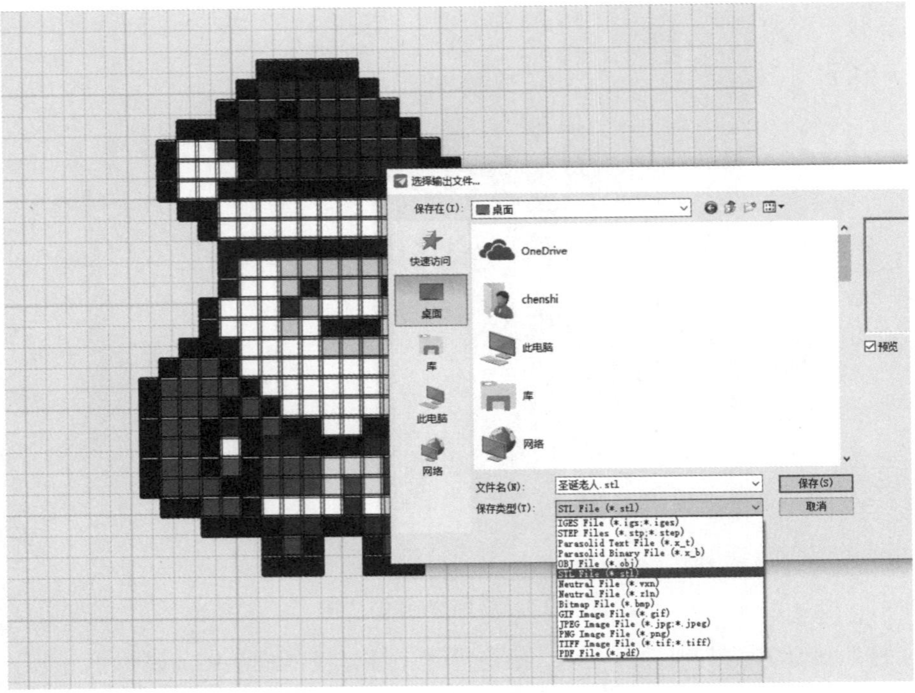

图 2-29　导出为 STL 格式文件

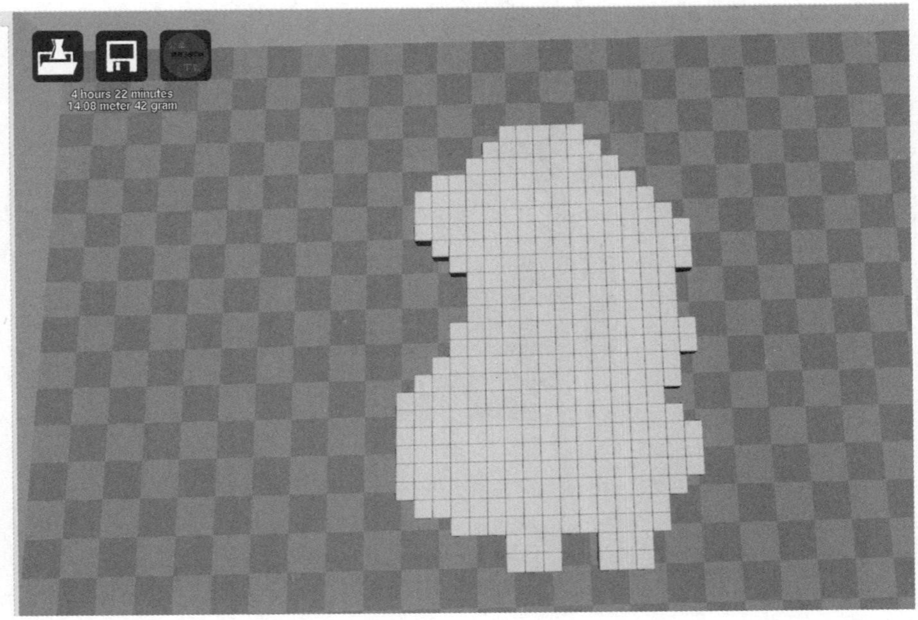

图 2-30　CURA 切片

（二）使用 3D 打印机打印模型

导入打印机，开始预热（见图 2-31）。3D 打印是一种以数字模型文件为基础，运用粉末状金属或塑料等可粘合材料，通过逐层打印的方式来构造物体的技术。区别于传统的数控加工方式，3D 打印采用逐层堆叠累积的方式来构造物体，理论上可以有“无限”的可能性。打印机工作时，用来熔化材料的喷头温度高达 200 °C，底板温度达到 50 °C，同学们要注意安全，谨防烫伤。

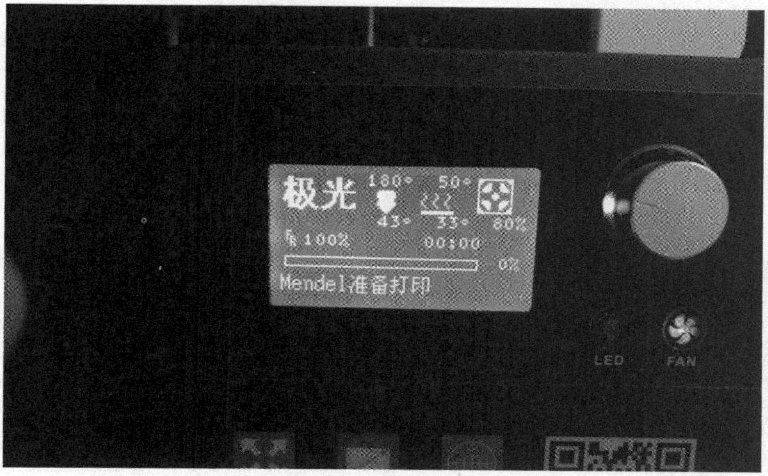

图 2-31　预热到指定温度

选择文件，开始打印（见图 2-32）。

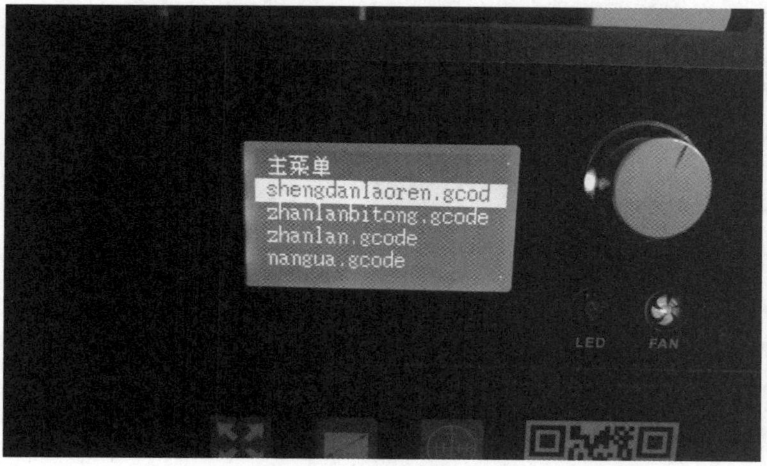

图 2-32　选择要打印的文件

五个小时后打印完成（见图 2-33），成品如图 2-34 所示

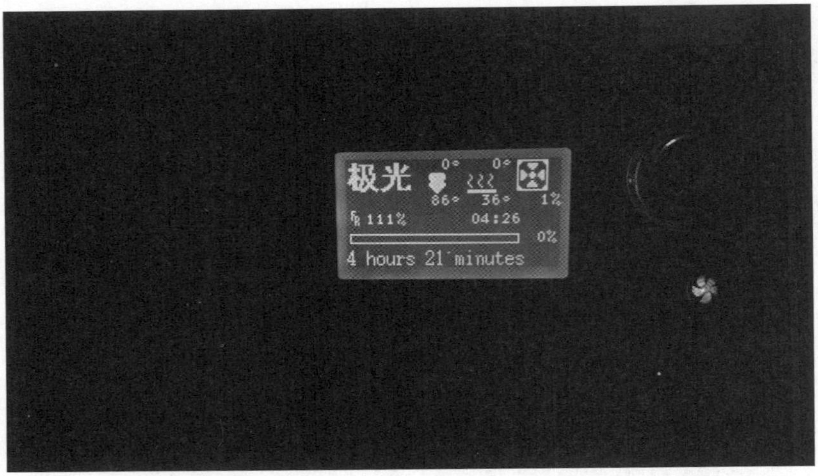

图 2-33　打印完成

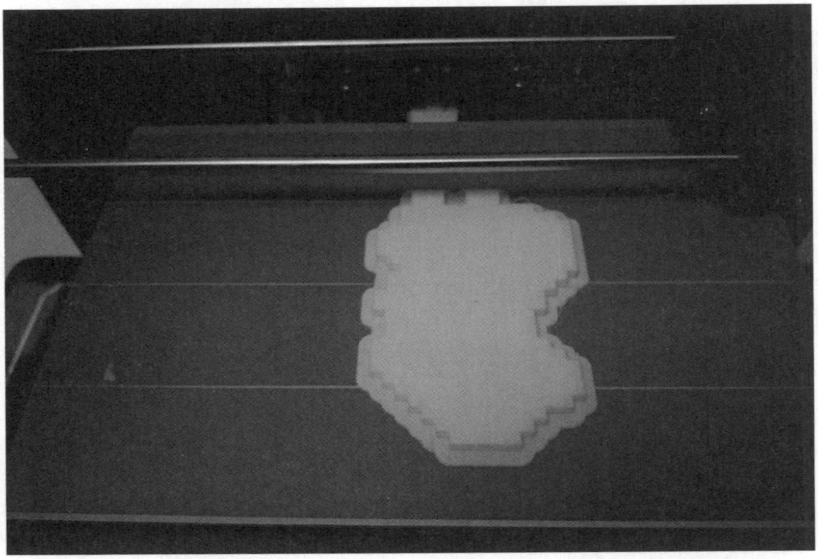

图 2-34　打印成品

（三）打磨，上色

由于打印机精度的问题，打印的成品会产生毛刺，表面不光滑等现象，需要使用工具打磨。

后期使用不溶于水的丙烯颜料上色，使造型更加生动形象。

利用钳子，刻刀，砂纸等工具（见图 2-35）对模型进行打磨抛光，对细节处进行修饰。

图 2-35　后期打磨工具

最后利用丙烯颜料进行上色（见图 2-36），将自己喜欢的图案画上去，完成整个作品（见图 2-37）。

图 2-36　丙烯上色

图 2-37　最终成品

三、结尾

1. 课堂小结

（1）掌握 3D one 软件中的基本操作，包括创建基础实体，圆角操作，阵列操作，删除操作，上色操作，利用基本操作创造自己喜欢的模型；

（2）掌握 3D 打印机的基本操作，利用 3D 打印机打印实体模型；

（3）培养动手实践能力，包括打磨，上色等操作。

2. 课后练习

自己设计一款喜欢的图纸，利用 3D one 软件建模，有条件的尝试使用 3D 打印机进行打印，上色等操作，最后将自己制作好的礼物送给朋友们。

【教学反思】

（1）本节课属于陕西省汉台中学 3D 打印校本教材内容，适合有一定计算机基础，了解 3D 打印的高中生学习。对于计算机基础较薄弱的同学有一定难度。

（2）本节课不仅要求学生了解 3D 打印原理，还需要动手实践，有一定的危险性，需要注意安全。

（3）科技改变生活，了解前沿科技发展，将科学知识与日常生活相结合，是需要我们不断探索的课题。

选区的应用

高　磊　汉中市第一职业中等专业学校

【微课简介】

学段学科：中职平面设计专业 一年级学生
微课名称：选区的应用

【学情分析】

本课的授课对象是中职一年级的学生，刚刚接触平面设计，基础比较差，对于平面设计的理解也不深刻，运用软件的水平参差不齐，但是动手能力强，可塑性强。

【知识点描述】

我所使用的教材是高等教育出版社出版的《图形设计与制作》，该教材配套 PhotoshopCS5 指导学生学习和掌握平面设计专业的相关知识，该教材内容全面，案例丰富，紧跟时代，适合中等职业学校的学生学习。

【知识点来源】

学科：平面设计　　　　年级：中职一年级
教材：《图形设计与制作》　　　　章节：第二章第二节

【基础知识】

（1）理解选区的概念，选区的建立，选区的编辑。
（2）掌握选区的分类，选区的编辑。
（3）学会应用 Photoshop 软件利用选区设计制作作品。

【教学类型】

☑ 讲授型　□问答型　□启发型　□讨论型　□演示型　□联系型
□实验型　□表演型　□自主学习型　□合作学习型　□探究学习型

【适用对象】

学生：本微课是针对本学科平时成绩多少分的学生?

☑40 分以下　☑40 ~ 60 分　☑60 ~ 80 分　☑80 ~ 100 分

教师：□班主任　□幼儿教师　☑ 普通任课教师　□其他

其他：☑ 软件技术　□生活经验　□家教　□其他

【设计思路】

通过录制微课，引导学生从感性上去了解什么是选区的应用，如何灵活应用选区，这样让基础比较差的学生也感到容易上手，对基础较好的学生也有发展的空间。最终，通过本课的学习，能设计出简单的作品。

【教学过程】

一、片头

创设情景，感知概念：

本节课教师起引导作用。在教学中我播放一段本人事先录制好的微课视频，选取大家都所熟知的体育明星刘翔的照片作为素材，并运用全区选取需要的素材完成一幅新的作品。之所以选择刘翔，我觉得首先刘翔是中国家喻户晓的体育明星，用他的照片作为素材，能很快地拉进平面设计软件和学生的距离，其次刘翔是世界冠军他的身上有着无穷的拼搏精神，我想借此来鼓励学生遇到困难也想勇于拼搏，积极向上。

二、正文讲解

1. 反转课堂，探究学习

针对老师讲解的案例让学生分组讨论，探究针对不同的素材应当使用什么工具创建怎样的选区。

任务驱动，设计和制作一幅作品。

让学生运用本节课所学到的知识，在网上搜集其所需的素材，进行设计和制作。学生完成设计后，利用多媒体网络教学系统或者本门课程专用的微信公众平台提交给老师。这样做的意图是培养学生的协作学习、探索意识及创新能力，并培养学生熟悉在平面设计领域最简单的流程。

2. 展示评价

展示学生作品，然后进行对比评价，分析存在不足及优点所在，鼓励学生进行创新。

三、结尾

（1）教学小结。

借助课件让学生回顾本课所学知识，加深对平面设计的理解。

（2）作业布置。

让学生利用课外时间（2～3 人一组）合作设计一个平面作品参加校级比赛，主题要求积极健康。

【教学反思】

一、内容反思

通过本节课的学习，使学生自主学习掌握了选区的应用。

二、制作过程反思

通过学生自己动手操作，提高了他们在学习过程中的成就感。

三、效果反思

通过完成任务，培养了学生自主学习的积极性。

高中体育

立定跳远

刘　强　汉中市南郑区大河坎中学

【微课简介】

学段学科：高中体育与健康

微课名称：立定跳远

【学情分析】

我校是一所全日制寄宿制学校。学生大部分来自农村，从小吃苦耐劳，意志坚定，勤奋好学，养成了迎难而上不怕困难的精神。对于他们来说，好的学习方法、好的学习态度都会对他们起到很大帮助，那么我也看到了他们的这一点，正对他们的特点，我精心设计了这个提高他们跳跃能力的微课程——“立定跳远”。希望通过这节小小的微课能对学校的体育课质量有提高，同时对文化课学生和体育特长生的跳跃能力有所提高，通过学习达到和提高下肢以及腰腹力量素质，提高跳跃能力的教学目标。

【知识点描述】

立定跳远属于跳跃运动，它能有效提高学生的下肢和腰腹力量，发展身体协调性，单一枯燥的上课形式和练习让学生感到厌倦，丧失学习和练习的动力。因此，我着重在激发学生跳跃的兴趣上着手，发挥教师的主导作用，转变教学方式和教学观念，以快乐教学为主，器械辅助为一体的各种跳跃训练设计，并结合物理实验，从理论上阐述影响跳跃能力的外部因素，再加上新颖的辅助练习动作，让学生逐步掌握正确的跳跃动作，提高跳跃能力，树立充分的自信心，努力实现自己的人生理想。

【知识点来源】

学科：体育与健康　　　　年级：高中

教材：人教版　　　　　　章节：第六章 提高田径运动技能 第三节 跳跃

【基础知识】

（1）蹬地摆臂动作技术要领；（2）起跳腾空技术要领；（3）起跳腾空收腿技术要领；（4）腾空收腹落地技术要领等。

【教学类型】

□讲授型　□问答型　□启发型　□讨论型　☑ 演示型　□联系型

□实验型　□表演型　□自主学习型　□合作学习型　□探究学习型

【适用对象】

学生：本微课是针对本学科平时成绩多少分的学生？

□40 分以下　□40 ~ 60 分　☑60 ~ 80 分　□80 ~ 100 分

教师：□班主任　□幼儿教师　☑ 普通任课教师　□其他

其他：☑ 软件技术　☑ 生活经验　□家教　□其他

【设计思路】

本微课的创意灵感来自青蛙跳跃的动作过程，首先要符合人体机能和生理机能的前提下，结合科学的锻炼方法和运动技巧，最大限度地挖掘人体立定跳跃运动的极限，从而使学生掌握此技能，并熟悉和提高此技能，让每一个学习立定跳远的学生都能达到自己理想的跳跃成绩。

【教学过程】

一、片头

演示完整的立定跳远动作；并展示出立定跳远的动作描述（四个动作描述：预摆、起跳、腾空、落地）。

二、正文讲解

1. *动作分解*

学习组成立定跳远的四个部分。

（1）预摆：两脚左右凯里，与肩同宽，两臂前后摆动，前摆时，两腿伸直，后摆时，屈膝降低重心，上体稍前倾，手尽量往后摆，要求上下肢动作协调配合，摆动时一伸二屈降重心，上体稍前倾。

（2）起跳：两脚快速用力蹬地，同时两臂稍屈由后方摆动（要点：蹬地快速有力，腿蹬和手摆要协调，强调离地前的前脚掌那个瞬间蹬地动作）。

（3）腾空：向前上方跳起腾空，收腹，屈膝，小腿前伸，两臂从上向下后摆（要点：空中展体要充分，同时快速收腹并伸小腿）。

（4）落地：收腹举腿，小腿往前伸，同时双臂用力往后摆动，并屈膝落地缓冲（要点：小腿前伸的时机把握好，屈腿前伸、臂后摆，落地后往前不往后）。

2. 随堂练习

（1）体会：摆臂、蹬地、提重心、收腿、收腹、伸脚后跟、顶膝、落地动作，感知身体协调性。

（2）立定跳远的提高练习（利用以下等辅助运动项目来提高立定跳远的远度）。

① 跳山羊：每次 20 山羊跳跃，做 2 ~ 4 组。

② 立卧撑：每次 10 ~ 5 个，做 3 ~ 5 组，每组间歇 90 ~ 150 秒。

③ 分腿跳： 每次 5 ~ 10 个，做 4 ~ 6 组，每组间歇 60 ~ 90 秒。

④ 收腹举腿：每次 5 ~ 10 个，做 3 ~ 5 组，每组间歇 120 ~ 210 秒。

⑤ 蛙跳：每次 15 ~ 20 个，做 4 ~ 6 组，每组间歇 60 ~ 90 秒。

（以上每个项目做完后，每组都要放松身体肌肉，原地轻松跳跃或者单腿抖动胳膊腿都可以。）

3. 通过物理实验分析影响立定跳远远度的因素

影响立定跳远远度的因素有：

（1）腾起的力度。可练习连续往上跳台阶，连续跳障碍（可把折叠的单人垫子立起来做障碍物），站在沙坑沿上协调用力并充分蹬伸，然后蹬伸后直腿跳进沙坑（要仔细看示范动作的髋、膝、踝三个关节角度的变化，在脚离地后髋膝踝三个关节成一条直线）。

（2）腾起的角度。通过物理图像演示实验不难看出，立定跳远时，起跳角度大概在 40 度至 45 度之间的时候其跳的距离最远，可以在沙坑离起跳点 1 米远的地方设置障碍物来提高起跳角度，这样的练习熟练后，起跳动作定型了就可以配合有力的蹬地练习，从而达到起跳力度与起跳角度的协调配合，更大限度地挖掘自身的弹跳力。

三、结尾

常见错误动作纠正：

（1）落地不稳，双腿落地区域有较大的差异。

纠正方法：多做近距离的起跳落地动作，手臂的摆动要协调配合，地面设置标志物，双脚主动有意识地踩踏标志物。

（2）二次起跳。

纠正方法：可以减少摆臂次数，从而降低因手臂摆动带给脚腕向上的带离地面的力，也可以放松脚腕做上肢的摆动来减少二次起跳。

（3）蹬伸不充分，调得太低。

纠正方法：向下后蹬地（起跳角接近45度），准备时膝稍前移，上体前倾。

放松肌肉，下课。

【教学反思】

一、内容反思

微课时间短小，课程内容设计言简意赅，适用于农村城镇以及市区高中立定跳远教学。思想上，涉及的知识较多，学生学习的过程有可能注意力不集中，这就需要注意力高度的集中去对待本课；同时学习过程中要反复地练习每一个技术动作和每一个辅助练习动作，学生会感觉到体能或者肌肉有些吃力的现象，这就需要学生在学习过程中减少量的练习，保证能合理分配体能来完成本课的学习；再者，要明确立定跳远的四个技术环节，通过教学，学生在自己头脑中要建立起完整的技术环节思维模式，以及每一个技术环节的无缝链接，直到全面掌握了技术动作；对于错误动作的认知需要体育老师专业的讲解和示范，对比出正确的动作是什么，我们应该怎样去做才能达到正确或者达到标准动作，既省立又能跳得更远。本微课的最终目的是使60～80分的学生通过一段时间反复的学习达到90分以上水平。

二、制作过程反思

制作过程中本微课由于自身素质原因，没有全面掌握iMovie、美图软件、Camtasia Studio、以及office的各项功能和特点，使得课程配音有杂音、视频剪切不完整或者视频拼接不平滑，微课制作的技术水平还需要更深的学习和探究。

三、效果反思

本微课的视觉和听觉效果只能说一般。由于条件限制，其采集的照片和动作视频都是自己利用手机在本学校的校园采集，像素以及拍摄角度不专业，操场外部环境不美观等因素，造成取景不合理或者不完美，对学生在识别动作差异上有视觉障碍，以及自己在制作PPT的过程中录入文字出现了错别字，加上自己对微课制作所涉及的各类应用软件掌握不全面，制作的微课视频整体存在技术质量问题，这方面还需要更多的提高。

幼儿园

三只小猪盖房子

张林渝　洋县城南幼儿园

【内容简介】

猪妈妈有三个孩子，老大叫呼呼，老二叫噜噜，还有一个老三叫嘟嘟。有一天，猪妈妈对小猪说："现在，你们已经长大了，应该学一些本领。你们各自去盖一座房子吧！"三只小猪问："妈妈，用什么东西盖房子呢？"猪妈妈说："稻草、木头、砖都可以盖房子，但是草房没有木房结实，木房没有砖房结实。" 三只小猪高高兴兴走了。走着，走着，看见前面一堆稻草。老大呼呼忙说："我就用这稻草盖草房吧。"呼呼的草房只花了三个小时就盖好了。老二噜噜和老三嘟嘟一起向前走去，走着，走着，看见前面有一堆木头。老二噜噜连忙说："我就用这木头盖间木房吧。"噜噜的木房在三天内也盖好了。老三嘟嘟还是向前走去，走着，走着，看见前面有一堆砖头。嘟嘟高兴地说："我就用这砖盖间砖房吧。"于是，嘟嘟一块砖一块砖地盖起来。不一会儿，汗出来了，胳膊也酸了，嘟嘟还不肯歇一下。花了三个月时间，砖房终于盖好啦！红墙红瓦，真漂亮。小猪嘟嘟乐开了花。山后边住着一只大灰狼，它听说来了三只小猪，哈哈大笑说："三只小猪来得好，正好让我吃个饱！" 大灰狼来到草房前，叫小猪呼呼开门。呼呼不肯开。大灰狼轻轻地吹了一下，草房就倒了。呼呼急忙逃出草房，边跑边喊："大灰狼来了！大灰狼来了！"木房里的噜噜听见了，连忙打开门，让呼呼进来，又把门紧紧地关上。大灰狼来到木房前，叫小猪噜噜开门。噜噜不肯开。大灰狼用力撞一下，小木房摇一摇。大灰狼又用力撞了一下，木房就倒了，呼呼和噜噜急忙逃出木房，边跑边喊："大灰狼来了！大灰狼来了！"砖房里的嘟嘟听了，连忙打开门，让呼呼和噜噜进来，又紧紧地把门关上。大灰狼来到砖房前，叫小猪嘟嘟开门，嘟嘟不肯开。大灰狼用力地撞一下，砖房一动也不动，又撞了一下，砖房还是一动也不动。大灰狼用尽全身力气，对砖房重重地撞了一下，砖房还是一动也不动。大灰狼头上撞出了三个疙瘩，四脚朝天地跌倒在地上。大灰狼还是不甘心，看到房顶上有一个大烟囱，就爬上房顶，从烟囱里钻进去。三只小猪忙在炉膛里添了许多柴，烧了一锅开水。大灰狼从烟囱里钻进去，结果跌进热锅，被开水烫伤了。从此，它再也不敢来捣乱了。老大呼呼高兴地对嘟嘟说:“盖草房虽然最省力,但是很不结实,以后我要多花力气盖砖房。”老二噜噜也高兴地对嘟嘟说：“盖木房也不结实，以后我也要多花力气盖砖房。”嘟嘟看着两个哥哥，坚定地点点头说：“好，让我们一起来盖一座大的砖房，把妈妈也接来，大家一起住吧!”这个故事构思简洁，告诉我们不能追求华而不实的东西，要为长远打算，否则就会有不好的后果。教育孩子做人要勤劳肯干、聪明机智、乐于助人。

【活动目标】

（1）学习《三只小猪》故事，初步掌握故事情节。

（2）了解词汇：呼呼、噜噜、嘟嘟、勤快、懒惰。

（3）让幼儿理解勤快和懒惰的含义。

【活动准备】

《三只小猪》的动画片、故事图片、词汇字卡。

【活动重难点】

1. 活动重点

学习故事内容掌握故事情节。

2. 活动难点

幼儿初步理解勤快和懒惰的含义。

【活动过程】

（1）导入：音乐律动《猪八戒吃西瓜》引出课题关于小猪的故事。

（2）老师师让小朋友坐好欣赏《三只小猪》的故事。了解词汇呼呼、噜噜、嘟嘟、勤快、懒惰。教师提问：小朋友看故事《三只小猪》时，看到了故事中都有谁？它们都做了什么事？后来又发生了什么事？

（3）发散思维。

①看故事时，故事中有哪些动物？（三只小猪，呼呼、噜噜、嘟嘟……）三只小猪中怎么做的？做了那些房子？（草房子、木房子、砖房子）

② 做好房子时，发生了什么事情？

③ 后来为什么草房子、木房子倒了，而砖房子没有倒？

④ 最后大灰狼怎么样了？

（4）老师逐步出示《三只小猪》的图片，进行创造性讲述。

教师引导幼儿对图片进行逻辑性排序、讨论，并进行讲述，教师进行指导，分三个步骤进行：

① 教师根据故事情节，逐步出示图片。

② 让幼儿观察图片说出自己的想法，然后讨论，最后排序。

③ 丰富小朋友的词汇：呼呼、噜噜、嘟嘟、勤快、懒惰。

（5）教师完整讲述故事。

（6）结合现实教育小朋友做勤快的人。

（7）教师小结：

通过这个故事，告诉我们小朋友，嘟嘟是一个非常勤快的小猪，我们小朋友要向它学习，做一个勤快的好孩子，老师师引导幼儿随《勤快人和懒惰人》的音乐做游戏结束。

【活动延伸】

幼儿回到家里做一件勤快的事学做一个勤快人。

绿色出行

王崇慧　洋县幼儿园

【内容简介】

绿色出行是近些年来全球关注的问题，结合爱护环境、绿色健康、节能环保等新型社会生活概念，我设计了本节课，重点是给孩子们渗透绿色出行的重要性，要孩子们有紧迫感，切实感受到我们生活在雾霾的环境里，渗透一种环保思想，增强了孩子们的环保意识。

【活动目标】

（1）运用统计、对比的方法，学习选择出行的交通工具。

（2）了解摩托车、汽车给环境带来危害，能选择低碳绿色的出行方式。

（3）从身边事入手培养幼儿初步的环保意识，养成健康的生活态度，具有初步的环保意识。

【活动准备】

自制教具、PPT 课件。

【活动重难点】

重点：从身边事入手培养幼儿初步的环保意识，养成健康的生活态度，具有初步的环保意识。

难点：了解摩托车、汽车给环境带来危害，能选择低碳绿色的出行方式。

【活动过程】

一、导入部分

（1）提问要去洋县朱鹮梨园景区郊游会选择什么交通工具出行。

师："小朋友们好，今天丁丁、希希、乐乐，要去洋县朱鹮梨园景区郊游，常见的交通工具有汽车、公交车、摩托车、电动车、自行车，他们会选择什么样的交通工具呢？"

（2）绿色出行交通工具的选择——出示交通工具请幼儿选择出行方式。

师："他们为什么不选汽车、公交车、摩托车呢？"

二、新授部分

（1）观看视频加深对绿色出行的了解。

100 个人/100 辆车/每天碳排放量/1350 千克/

100 个人 1 辆公交车/每天碳排放量/189 千克/

100 个人 100 辆自行车/每天碳排放量/0

（2）了解碳对环境的影响。

会产生雾霾天，会使虫害增加，会导致海平面上升，并造成土地干旱沙漠面积增大。

（3）知道选择绿色出行工具的意义。

（4）绿色出行环保随身物品的选择。

可可说自带的餐盒是他的环保搭档；

优优说布包是她的环保搭档；

包包用水壶装水喝，水壶是他的环保搭档。

三、结束部分

小结：三个小朋友要出发了，他们不仅选择绿色的出行方式，还更换了环保搭档，希望小朋友们也能既环保又健康、快乐地绿色出行！

【活动反思】

“绿色出行”结合爱护环境、绿色健康、节能环保等新型社会生活概念围绕近几年来全球关注的问题展开探索，在学习的过程中需要综合运用知识，培养幼儿分析问题、解决问题的能力，同时也需要幼儿的计算能力、抽象能力、思维能力相互协同获取新知，在活动过程中环环相扣、层层递进的内容给幼儿渗透了环境保护的重要性，并倡导了：“绿色出行，爱我家园！从我做起，从身边做起！”健康的生活态度，使幼儿具有了初步的环保意识。

手型创意画

赵亚红　洋县城南幼儿园

【微课简介】

学段学科：学前段　美术
微课名称：手型创意画

【学情分析】

大班孩子对手型画这种绘画形式很感兴趣，在平时的教学过程中我发现孩子们对这种绘画形式掌握得很好，还能做到举一反三。为了能更好地激发孩子们的兴趣，充分发挥孩子想象力，拓宽孩子们的视野，我特意设计了手型组合创意添画，让幼儿在单一手型画的基础上再进行组合、添画，创作出不同的手型画作品。

【知识点描述】

依据手型变化进行事物联想，通过组合添画，完成作品。

【知识点来源】

学科：美术　　　　　　　　年级：大班

教材：园本教材　　　　　　章节：第三章

【基础知识】

手型画添画。

【教学类型】

□讲授型　□问答型　□启发型　□讨论型　□演示型　□联系型

□实验型　□表演型　□自主学习型　☑ 合作学习型　☑ 探究学习型

【适用对象】

学生：本微课是针对本学科平时成绩多少分的学生？

□40 分以下　☑40 ~ 60 分　☑60 ~ 80 分　☑80 ~ 100 分

教师：□班主任　☑ 幼儿教师　□普通任课教师　□其他

其他：□软件技术　□生活经验　□家教　☑ 其他

【设计思路】

手型绘画是指用单手做出一种物体的简单雏形后，放到画纸上，再用握笔的手沿着手的外形轮廓画线，形成手型轮廓图，然后根据手型轮廓进行联想，经过增添、删改直至完成某一具体形象的绘画造型活动。这种联想绘画造型简单，易做易学，可以锻炼孩子的想象力，培养幼儿学习美术的兴趣，丰富幼儿园美术教学的内容，是幼儿最喜欢的一种绘画形式。大班孩子对手型画这种绘画形式很感兴趣，在平时的教学过程中我发现孩子们对这种绘画形式掌握得很好，还能做到举一反三。为了能更好地激发孩子们的兴趣，充分发挥孩子想象力，拓宽孩子们的视野，我特意设计了手型组合创意添画，让幼儿在单一手型画的基础上再进行组合、添画，创作出不同的手型画作品。

【教学过程】

一、开始部分

以小朋友美美所带来的画引出课题。

提问：

（1）你看到了什么？（一只缺了翅膀的蝴蝶。）

（2）猜猜看美美带来的这只蝴蝶是怎样画出来的？试着摆摆自己的手型，想一想，怎样才能用手型画出一只完整的蝴蝶呢？（刚才美美画蝴蝶的翅膀时左手手背朝上，小朋友通过摆放，发现只要左手手心向上蝴蝶的另一半翅膀就出来了。）

小结：你们看，这样用不同的手型组合，在进行添画就可以画出一幅美丽的画哦！

二、基本部分

（一）学习手型画的组合

（1）手型摆放、造型组合、描画、添画练习。

（2）教师示范手型组合画《孔雀》。

① 摆一摆。（先用手摆出一个造型）

② 描一描。（用水彩笔，把手形描完整）

③ 想一想。（要变成孔雀，还要组合哪些东西）

④ 添一添。（把画添完整）

（3）请幼儿总结画画的顺序并把它编成通俗易懂的顺口溜。

（二）幼儿构思

根据摆放不同手型展开想象，进行组合添画。

（三）幼儿自由选择材料进行手型画创作

（1）老师指导幼儿进行多种手型组合尝试。

（2）请幼儿把手型组合放在一起拼一拼、摆一摆、添一添，创作出作品。

（3）老师巡回指导，帮助有困难的幼儿进行组合、添画。能力强的幼儿在完成手型创意作品后可以涂上漂亮的颜色。

三、结束部分

（1）请幼儿大胆介绍自己的手型创意画。同伴之间互相说说喜欢谁的画，为什么？

（2）请幼儿相互猜猜、说说是用怎样的手型组合，怎样添画的，可以跟同伴学一学，做一做，掌握更多的手型造型。

【教学反思】

一、内容反思

有利于激发幼儿创造思维的因素，给予幼儿充分的时间，使其思考、大胆想象。鼓励幼儿根据手形的不同变化、组合表现自己的想象与创造，从而激发幼儿的发散性思维，提升幼儿的创造力，并且拓展了想象的空间。

二、制作过程反思

本次教学活动中我以小朋友美美所带来的画引出课题，让孩子们在摆一摆、描一描、想一想、添一添的过程中，通过自己的想象和不断的尝试，依据手型变化进行联想，再组合添画，完成作品。在教学过程中，采用了“示范讲解法”，这是美术活动中最常见的教学手段，能帮助幼儿掌握正确的表现方法。在活动结尾部分请幼儿相互猜猜、说说是用怎样的手型组合，怎样添画的，可以跟同伴学一学，做一做，掌握更多的手型造型。

三、效果反思

幼儿学习积极性很高，动手操作能力强，对于手型组合添画掌握得很好。锻炼了幼儿想象力，活动氛围轻松愉悦很好，达到了教学目标。

小蝌蚪找妈妈

赵　锐　洋县幼儿园

【内容简介】

《小蝌蚪找妈妈》讲述的是一群可爱的小蝌蚪出世后找妈妈的经过，小蝌蚪先看鸭妈妈、到小鱼妈妈、再到乌龟妈妈、白鹅妈妈都以为是自己的妈妈于是，一场有趣而感人的寻亲之旅开始了。小蝌蚪在大家帮助和描述下，自己不放弃，最后找到了自己的妈妈。这个故事告诉我们遇到什么事情只要不怕困难，就一定会成功的，同时也让孩子们在故事中知道蝌蚪变成青蛙的整个演变过程。

【活动目标】

（1）初步理解故事内容，知道故事名称、角色和主要情节。
（2）了解蝌蚪变成青蛙的成长过程。
（3）感受动画中的意境美。

【活动准备】

（1）《小蝌蚪找妈妈》Flash 动画、图片。
（2）蝌蚪变成青蛙的示意图。

【活动重难点】

用完整连贯的语言表达自己对故事情节的理解。

【活动过程】

一、图片导入

提问：（1）小朋友们，你们知道图片上是谁吗？
（2）小蝌蚪长得怎么样？
（3）它的妈妈是谁？

过渡：你们都知道它的妈妈是青蛙，可是小蝌蚪却不知道它的妈妈到底是谁，他们你问我，我问你，最后小蝌蚪找到自己的妈妈了吗？他们在找妈妈的过程中会发生什么有趣的事情呢？我们一起来听一听故事《小蝌蚪找妈妈》吧！

二、分段欣赏

（1）观看 Flash 课件一提问：小蝌蚪为什么要找妈妈？

小结：因为他们看见小鸭的妈妈带着他们在水中玩耍，所以他们非常的羡慕，也想找到自己的妈妈。

过渡：于是小蝌蚪就要去寻找自己的妈妈了。

（2）观看课件二提问：
① 在寻找的路上小蝌蚪遇见了哪两位小动物？（鱼、乌龟）
② 这两位小动物是怎么回答小蝌蚪的呢？

小结：鱼妈妈说：好孩子，我不是你们的妈妈，我是小鱼的妈妈，你们的妈妈有四条腿。

乌龟说：我是小乌龟的妈妈，你们的妈妈肚子是白色的。

（3）幼儿学说对话。

（4）观看课件三提问：

① 白鹅妈妈是小蝌蚪的妈妈吗？为什么不是？

② 他说了些什么呢？

小结：小结：白鹅说：我是小白鹅的妈妈，你们的妈妈穿着绿色的衣服，唱起歌来呱呱呱。小蝌蚪一路把鱼、乌龟、鹅当成妈妈，他们的妈妈到底是谁？我们继续往下看。

（5）观看课件四提问：

① 小蝌蚪找到妈妈了吗？它的妈妈是谁啊？

② 小蝌蚪最后是怎么变成小青蛙的呢？

小结：一天又一天小蝌蚪慢慢长大了，先长出两条后腿来，再长出两条前腿来，他们的小尾巴呢，不见了，小蝌蚪变成小青蛙了。

三、完整欣赏

（1）小蝌蚪在找妈妈的过程中分别遇到了谁？

（2）最后小蝌蚪找到自己的妈妈了吗？他的妈妈长得什么样？

四、巩固故事

（1）这是一个春天里关于小蝌蚪找妈妈的故事，小蝌蚪找到妈妈心情怎么样？

（2）那我们和小蝌蚪一起开心的游戏吧，幼儿进行角色扮演活动，再次巩固故事内容。

五、活动反思

（1）本次活动先分段欣赏故事，利用活动教具吸引孩子的注意力，使幼儿在活动中获得了多方面的知识，了解青蛙的生长过程、有礼貌地问答以及开心时你会怎样表现，挖掘了活动中有价值的、隐在的教育机制，使幼儿得以全面发展。

（2）活动第二部分以角色游戏的形式进行，让孩子自由选择故事中的角色，符合幼儿的兴趣和需要，符合幼儿的年龄特点，同时体现了孩子的主体性。最后孩子自由组合分角色表演，使活动进入高潮。幼儿在活动中的积极性很高，从头到结束都保持着浓厚的兴趣。

（3）活动根据孩子的年龄特点，听听说说玩玩动静结合，做到“动”“静”结合，有张有弛，幼儿学起来有劲，教师上起来省心，教学效果大大提高。

近视眼的小熊憨憨

朱　蓉　汉台区西关幼儿园

【内容简介】

最近，小熊憨憨迷上了动画片，坐在电视机前，一看就是好几个小时。熊妈妈喊憨憨来外面望望远，憨憨动也不动。

憨憨还喜欢看连环画，走路看，躺着也看，太阳底下看，天黑了也看。

这几天，憨憨变得很不开心，因为他的眼睛好像出了点儿问题。

妈妈让憨憨帮她把蜂蜜罐拿来，憨憨却没看清路，一脚绊到蜂蜜罐上，脑门摔了个大包，蜂蜜也洒了满地。

爸爸叫憨憨一起玩飞镖，可是标盘好像变模糊了，任凭憨憨怎么揉眼睛也看不清楚；飞镖也变得不听话了，偏偏飞到标盘外面，还有的根本不知上哪儿去了。

憨憨气得想出去转转。

鸡妈妈带着她的宝宝迎面给憨憨打招呼，憨憨瞪大眼睛看不出是谁，只好愣着。鸡妈妈生气地对宝宝们说：“以后可别学他，这样没礼貌。”小熊憨憨很委屈。

小猫咪咪拿着相机走了过来，让憨憨帮拍张照片。憨憨高兴地接过相机，可透过镜头一望，怎么也看不清咪咪，只好硬着头皮按下了快门，照片只照到了咪咪的半张脸。咪咪气冲冲地走了，小熊憨憨很是伤心。

憨憨垂头丧气地回了家，可是他看不清路，只能胡乱地往前走。忽然他撞到大灰狼的身上，憨憨还没回过神来，就听“砰”的一声，猎人打死了大灰狼。好心的猎人把憨憨送回了家。

虽然现在憨憨知道该怎样保护眼睛了，可坏了的眼睛是不容易恢复的。

直到现在，小熊憨憨的近视眼，依然是远近闻名。

眼睛是心灵的窗户，我们通过眼睛去观察、认识外界的事物。如果视力不好，就会影响我们学习和工作。我们一定要注意保护眼睛，日常生活中，要做到以下几点：

（1）讲究卫生，使用独立的面巾、脸盆。

（2）看书或写字的时候，要在光线充足的地方，但光线不能太强。

（3）看书学习时，身体要坐正，眼睛距离书本约 30 厘米；睡觉、走路、乘车时不要看书。

（4）每看半小时书或电视，就要朝远处看或闭目休息会儿。

（5）如果觉得自己看不清楚东西，要及时告诉爸爸妈妈，找医生看。

大嘴巴会说话

黄思华　勉县九冶幼儿园

【内容简介】

本微课的教学内容为幼儿园大班艺术折纸“大嘴巴会说话”。对于儿童来讲，折纸游戏有很多的好处，既可以锻炼孩子手指的灵活性，开发他们的动手能力和创造力；同时在观看制作流程中，还可以锻炼幼儿的观察力和注意力。本微课通过爱剪辑软件和 EDIUS 软件将手机拍摄的演示过程和过程性讲解语音进行合并处理制作而成。整个过程用时 5 分 57 秒，过程讲解清晰明了，孩子可以根据自己对“折”的技巧掌握程度和实际需要来借助视频学习，反复观看，解决问题。视频中通过师幼互动引出活动内容，激发幼儿的学习兴趣。本次活动的创意是孩子在完成作品后，能把作品进行多种创作。在活动的延伸部分，孩子们在感受完成作品带来的喜悦中，共同创作游戏达到了“幼儿园五大领域课程相互渗透”这一教学目标，总之，本微课的出现，让整个幼儿园教学活动生动有趣，在教学中教师有更多的时间去照顾到更多能力弱的孩子，让不同能力的孩子都得到了提升。

【学情分析】

1. 幼儿学习能力情况分析

孩子学习能力有强有弱，在教学中教师需要花大量的时间去照顾到能力弱的孩子，教师掌握不好就会在教学活动中“说”得太多，或“做”得太多。

2. 微课视频使用情况分析

教师可以根据孩子对“折”的技巧掌握程度和实际需要来借助视频学习，引导幼儿反复观看、帮助分析，最终解决问题。

【知识点描述】

折纸既可以锻炼孩子手指的灵活性，开发他们的动手能力和创造力；在幼儿园，特别是大班的孩子们，对折纸充满了浓厚的兴趣。孩子们通过对折、压线等技能掌握的同时，在动手、动脑中感受图形的变换，感受此游戏带来的乐趣和成就感。

【知识点来源】

学科：幼儿园艺术　　　　年级：大班

教材：幼儿园趣味折纸　　　　章节：第二章

【基础知识】

趣味折纸、体验游戏、经验分享。

【教学类型】

□讲授型　☑ 问答型　☑ 启发型　☑ 讨论型　☑ 演示型　☑ 联系型

□实验型　□表演型　☑ 自主学习型　☑ 合作学习型　☑ 探究学习型

【适用对象】

学生：本微课是针对本学科平时成绩多少分的学生？

☑40 分以下　☑40 ~ 60 分　☑60 ~ 80 分　☑ 80 ~ 100 分

教师：□班主任　☑ 幼儿教师　□普通任课教师　□其他

其他：□软件技术　□生活经验　☑ 家教　☑ 其他

【设计思路】

折纸游戏有很多的好处，既可以锻炼孩子手指的灵活性，开发他们的动手能力和创造力；同时在观看制作过程时，还可以锻炼幼儿的观察力和注意力。在幼儿园，特别是大班的孩子们，对折纸充满了浓厚的兴趣。每次手工折纸活动结束后，孩子们总是乐此不疲的对折出的作品进行炫耀，给作品创作情景等。当孩子进入大班后，各方面能力都提高很多，班级管理也很让老师头疼。在一次意外的手工折纸的查阅中，我看到了折纸作品《大嘴巴会说话》，对照步骤，我折出了一个“大嘴巴”，同时模仿大嘴巴提醒正在午餐中不好好吃饭的孩子要好好吃饭，并讲解当天午餐给我们提供的营养价值，孩子们很快都认真吃起饭来，吃完饭的孩子对“大嘴巴”充满了浓厚的兴趣，抢着去摆弄，还发出各种搞怪的声音去扮演。《3—6岁儿童学习与发展指南》中指出艺术是人类感受美、表现美和创造美的重要形式，也是表达自己对周围世界的认识和情绪态度的独特方式。《幼儿园教育指导纲要》中也指出，教师要作为孩子的支持者和引导者去参与教学活动。所以，本次艺术活动紧紧把握这几方面，让孩子在游戏中学习，在游戏中发展。

【教学过程】

一、片头

师幼运用大嘴巴进行互动，吸引幼儿注意力，激发学习兴趣。

二、正文讲解

（1）教师提问，导入本次活动内容。

教师提问：刚才谁给我们表演了《三只小猪》的故事？

幼儿：大嘴巴！

教师：大嘴巴除了会表演讲故事，还会干什么？

幼儿：说笑话、猜谜语……

教师："大嘴巴"会这么多本领，你想不想和它交朋友呢？现在让我们一起来学习折"大嘴巴"。

（2）教师让每个孩子选择一张喜欢的手工纸。

（3）教师播放微课视频，引导幼儿观察"大嘴巴"的制作过程。

（4）教师第二次引导幼儿观看制作过程，并引导幼儿讨论观察到了哪些折纸方法？

（5）教师第三次播放微课视频，幼儿边看边折。教师巡视指导，必要时进行反复播放并讲解。

三、结尾

每个孩子给自己的"大嘴巴"起一个好听的名字，并介绍给大家。

活动延伸：幼儿自由组合，用"大嘴巴"创意一个有趣的游戏，分组给小朋友表演，或回家后和父母进行亲自表演。

【教学反思】

一、内容反思

本次折纸活动，对于幼儿园大班的孩子来说还是比较符合他们的年龄特征的。教师首先通过故事表演吸引孩子的注意力，激发了孩子的学习兴趣，让活动能够按照原有的设计思路继续进行。折纸在日程教学中经常会出现，孩子们对基本的一些折的方法还是有基础的，所以在本次活动中，孩子们只需要在关键性的几步弄清楚；对于能力强的部分孩子会很快明白，而其他能力弱的孩子教师就需要考虑到教学方法了。

二、制作过程反思

在制作本次微课的时候，由于技术的原因，出现了很多次返工现象，比如：在录制视频时，因为没有专业的拍摄场地和设备，拍出来的视频光线太暗或有阴影，多次拍摄后经过筛选，计划后期制作中再利用制作软件进行调整、修饰，但是仍然还是没有达到想要的完美成果。在制作过程中，通过查阅培训资料和网络资料，让我掌握并新学到很多多媒体手段，还是让人比较欣慰的。但是根据整个参赛作品和本次制作的经验来看，我认为在制作的手段上今后还有很大的空间需要提升。

三、效果反思

本次微课作品虽然画质不够清晰、多媒体方法运用比较单一，但是运用到教学中的效果还是比较符合孩子们的学习特点的。在遇到难点的时候，教师通过反复播放关键部分的视频，引导孩子仔细观察、分析，孩子们都能专注学习；微课的运用，让部分孩子避免了在教学活动等待、急躁的情绪出现，教师说的、做的也少了。能力差的孩子们对“自己”完成的作品更有成就感，对自信心、动手、动脑、专注力的提升很有帮助。

树洞小屋

朱晓霞　宁强县大安镇中心幼儿园

【内容简介】

“树洞小屋”属于凤凰康轩语言领域小班上册内容。故事主要以小松鼠搬家为主线，让幼儿感受他人关心、学会关心他人。使幼儿在童话故事中感悟人与人之间相互关爱之情。本故事以图文声色呈现情景化的故事内容，让幼儿在听听说说中获得感悟，并获得情感上的升华。

【活动目标】

（1）感受小动物之间互相帮助、为他人着想的温馨情谊。
（2）能根据图片复述故事内容。
（3）初步了解故事内容。

【活动重点】

初步了解故事内容。

【活动难点】

能根据图片内容复述故事。

【活动准备】

PPT 图片、故事视频（老师录制）、小松鼠手偶、小松鼠、大熊猫、棕熊头饰。

【活动过程】

一、开始部分

出示手偶，启发幼儿欣赏故事的兴趣。
（1）师：在森林里，住着许多小动物，它们的关系可好啦。瞧！这是谁？
（2）教师出示手偶，向大家问好。
（3）小松鼠最近要搬家了，它会搬去哪呢？

二、基本部分

（1）播放 PPT 图片，教师讲述故事。幼儿初次感知故事。
师：故事里都有谁呀？是谁要搬家呢？小松鼠的名字叫什么呢？
（2）教师逐段讲故事，引导幼儿理解故事内容。
① 出示 PPT 第 2、3 页，教师讲述故事一、二段。
师：小松鼠要搬到哪里去住？大熊猫跑来说了什么？
② 出示 PPT 第 4、5 页，讲述故事第三段。
师：棕熊跑来对小松鼠说什么？
③ 出示 PPT 第 6 ~ 11 页，讲述故事四至七段。
师：小松鼠对两个好朋友说什么了？小松鼠准备住在哪儿呢？它的新家

是什么样的？

（3）模仿小松鼠、大熊猫、棕熊的语言。

（4）幼儿随 PPT 图片尝试讲述故事。

（5）播放故事视频，完整欣赏故事，感受小动物之间互相帮助、为他人着想的温馨情谊。

师：小松鼠能够得到朋友的帮助，却选择了另外的家，是为什么呢？（让幼儿理解小松鼠是在为他人着想。）

三、结束部分

带领幼儿分角色表演故事。

【活动延伸】

请小朋友说说自己帮助过别人的事情。

我长大了

李　睿　留坝县幼儿园

【内容简介】

现在多数家庭基本都是独生子女，常常是几个大人围着一个孩子转，孩子们被爸爸妈妈、姥姥姥爷、爷爷奶奶等多个大人宠着、惯着，衣来伸手，饭来张口，自理能力都比较弱。针对幼儿这些现象，根据幼儿园《3—6 岁儿童学习与发展指南》社会领域 6 岁幼儿教育目标建议，我设计了大班社会领域数字故事《我长大了》。

故事使用 PPT 制作，背景选用了幼儿比较喜欢的卡通风格，针对幼儿年龄小，识字量少的特点，以大量图片及视频为主，减少文字的出现，并使用录屏软件对 PPT 进行录制，做成了方便操作和观看的动画视频。故事以植物生长过程引出幼儿从小班到大班生活能力不断变化的过程，让幼儿在了解自己成长的同时，也体验到成长带来的快乐，并能以故事中大班幼儿为参照，找出自己的优点，并且愿意在集体面前大胆表达展示，初步认识自己的不足，并明确努力方向，从而达到教育幼儿自己的事情自己做，培养孩子的自我服务意识的作用和意义。

我不是完美小孩

王婷　西乡县新希望幼儿园

【内容简介】

一、活动设计意图

大班幼儿，自我意识已经逐步地发展起来了，他们会更多地关注自己，而日常生活中我们会发现，有的孩子表现得很自信，甚至自傲。而有的孩子会表现得比较自卑。如何引导幼儿自我意识的健康发展呢？《幼儿园教育指导刚要》告诉我们："内容的选择，既要满足幼儿的现实需要，又要有利于长远发展。"怎样让幼儿在关注自己的同时，首先找到并肯定自己的长处，还能在以后的生活中学习别人的长处，能够和朋友取长补短呢？我根据大班幼儿的年龄特点，设计了这样一个语言活动，根据一个绘本故事引入主题、在语言猜想中发展主题、在语言实践和游戏中表达和展现自我，提升主题。润物细无声地告诉幼儿要自信但不能自傲，促进幼儿个性健康发展。

二、活动目标

（1）理解故事内容，初步掌握故事情节。

（2）引导幼儿发现自己的优点，并大胆自信地表达自己。

（3）培养幼儿积极乐观的心态。

三、故事简介

本数字故事是使用 Flash、Premieret 和 Aftereffects 软件制作的电子动画故事，选自 2011 年海豚出版社出版的图书里的绘本故事，作者是几米。

我不是完美小孩》里郝完美遇见很多不一样的人，敏感的或迟钝的，虚伪的或怯懦的，生活在一样的世界，却有完全不同的内心世界。郝完美发现，每个人原来都是不一样的啊，那为什么爸爸妈妈一定要我做个完美小孩呢？可是爸爸妈妈也没有做个完美的大人啊。大人天天哭穷，却天天购物；大人整天抱怨时间不够用，却花很多时间看电视；大人只会管小孩，却从来不好好管管自己。完美的大人根本不存在，苛求我做个完美的小孩是多么不合理呀……

这个电子动画故事，以原创的绘本故事为背景，柔和的男声为幼儿缓缓讲述……

第三部分

信息化环境下智慧教育与智慧课堂
理论与实践研究报告及相关教学设计

信息化环境下智慧教育与智慧课堂理论与实践研究报告

以汉中市信息化环境下智慧课堂为例

汉中市教育信息化管理中心　汉中教育电视台
张　铮

随着云计算、大数据、移动互联网、人工智能等现代科技的发展与应用，互联网+教育融合创新不断发展，教育信息化在推动质量提升形成内在动力，信息技术支撑下的教育教学结构和形态正在发生深刻变革与转型，逐步形成新的教育理念和模式——智慧教育和智慧课堂。本文将重点围绕汉中市中小学校在信息化环境下智慧教育和智慧课堂理论与实践研究展开论述。

一、什么是智慧教育

随着信息时代的发展与挑战，在《国家中长期教育改革和发展规划纲要（2010—2020 年）》中提出："加快我国智慧教育建设，提高信息化和智能化对教育发展的贡献度，推动教育现代化发展，为加快实现我国教育现代化提供有力支撑，构建学习型社会，建设智慧型教育环境。"智慧教育是信息时代我国教育发展的必然选择和重要趋势，是破解教育发展难题的创新举措，是我国推进信息化，实现现代化战略定位的重要内容。2012 年教育部出台《教育信息化十年发展规划（2011—2020）》中提出："要探索现代信息技术与教育的全面深度融合，以信息化引领教育理念和教育模式的创新，充分发挥教育信息化在教育改革和发展中的支撑和引领作用"。党的十九大报告中指出要"加快教育现代化。""办好网络教育。"2018 年 4 月教育部又发布《教育信息化 2.0 行动计划》，其中也中明确指出："智慧教育创新发展行动——以人工智能、大数据、物联网等信息技术为基础，依托各类智能设备及网络，积极开展智慧教育创新研究和示范，推动新技术支持下教育的模式变革和生态重构。"《教育信息化 2.0 行动计划》中实施行动明确将智慧教育作为重要任务之一："智慧教育创新发展行动——以人工智能、大数据、物联网等信息技术为基础，依托各类智能设备及网络，积极开展智慧教育创新研究和示范，推动新技术支持下教育的模式变革和生态重构"。在新时代背景下，如何应用信息技术探索教育发展难题的破解之道并实现教育的创新和变革，已成为当前教育信息化发展面临的重大任务，智慧教育就是在这样的大背景下产生发展的。

智慧教育是教育信息化发展的高级阶段，是以全体学生学习为中心，利用"互联网+"思维技术，构建富有智慧的学习环境。它为学习者提供智慧高效的教育服务，促进传统教学结构性变革，促进学生个性化成长和智慧发展。目前国内外对智慧教育的内涵有多种不同的理解，典型的有从教育的视角和从信息化的视角两种理解，"互联网+"背景下从信息化视角研究与构建智慧教育新模式，是时代发展的客观要求，本文所指的智慧教育就是基于信息化环境下。

二、什么是智慧课堂

所谓智慧课堂，是以建构主义学习理论为依据，以"互联网+"的思维方式和大数据、云计算等新一代信息技术打造的智能、高效的课堂。它是基于动态学习数据分析和"云、网、端"的运用，实现教学决策数据化、评价反馈即时化、交流互动立体化、资源推送智能化（见图 3-1），创设有利于协作交流和意义建构的学习环境，通过智慧的教与学，促进全体学生实现符合个性化成长规律的智慧发展。

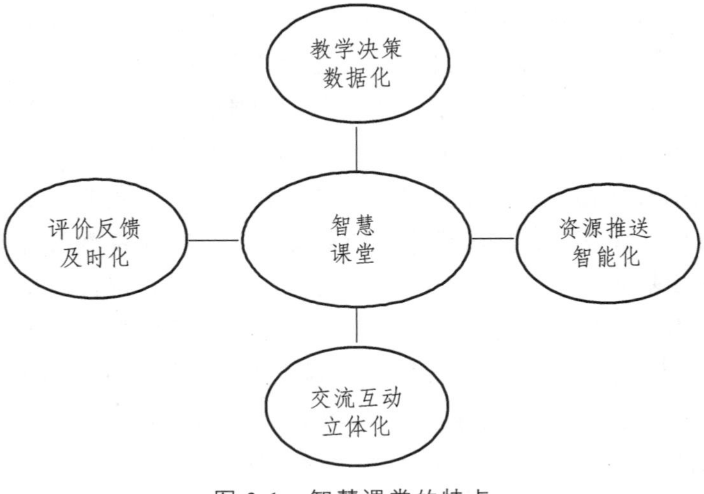

图 3-1　智慧课堂的特点

智慧课堂的特征是基于动态学习数据分析，智慧课堂从依赖于存在教师头脑中的教学经验转向依赖于对海量教学数据的分析。用于分析的数据大部分来自 LMS、CMS 和学生档案库等数据库，也有些来自学生个人的非正式知识管理系统（如个人主页、博客、微博等）。它采用现代化的分析工具和分析方法对数据进行加工、挖掘和分析，据此进行教学决策，依靠数据精准地掌握学情和调整教学策略。

智慧课堂教学中采取动态伴随式学习评价，即贯穿课堂教学全过程的学习诊断与评价，并可根据需求实时反馈评价结果，包括课前预习测评和反馈、课堂实时检测评价和即时反馈、课后作业评价和跟踪反馈，从而实现了即时、动态的诊断分析和评价信息反馈，重构形成性教学评价体系。

在教学资源的载体形式上是多样化的，包括电子文档、图片、影视、语音、PPT 等多种样式的资源；在资源推送方式上也是多样的，既包括自动推送、人工推送等方式，也可以采取自主订阅学习资源，满足学习者富有个性的多样化学习需要。

智慧课堂与传统课堂教学流程结构的差异见表 3-1。

表 3-1　传统课堂与智慧课堂教学流程结构比较分析

	传统课堂	智慧课堂
课前	教师备课、学生预习	资源发布、学情分析统计、教学设计、预习作业、课前讨论
课中	讲课、授课、布置作业听课、部分学生回答问题	课题导入、下达任务、精讲与点评、随堂测试、展现分享、合作探究、巩固提升
课后	批改作业、完成作业	个性化推送、批改作业、完成作业、总结反思、拓展学习

三、智慧教育和智慧课堂在汉中发展政策依据

自 2013 年汉中市电教馆（现更名为汉中市教育信息化管理中心）就申报了中央电教馆课题《信息化环境下翻转课堂的研究与实践》，全市有 20 所学校参与并结题。该课题为智慧课堂的全面实施奠定了良好的理论基础。2018 年，汉中市全面推进智慧课堂试点工作。特别是市政府出台《关于进一步提高初中教育质量实施意见》中提出：加快智慧教育步伐，鼓励有条件的县区和学校先行先试，探索“翻转课堂”等智慧教育新模式，不断推进初中课堂教学改革创新。市电教馆开展的《“互联网+”环境下构建区域智慧课堂应用典型案例及推进方法的研究与实践》中央电教馆课题作为全市智慧教育发展的抓手，通过智慧课堂实践案例的系统研究和探索，使其应用价值能够推动汉中市课堂改革不断探索前行。

2018 年，市政府出台了《关于进一步提高初中教育质量实施意见》中提出：加快智慧教育步伐，鼓励有条件的县区和学校先行先试，探索“翻转课堂”等智慧教育新模式，不断推进初中课堂教学改革创新。8 月，市委市政府

下发《关于贯彻习近平新时代教育思想加快推进汉中教育高质量发展的决定》中第十条加快推进教育信息化中指出："巩固提高'班班通、人人通'信息教育成果，加快教育现代化平台建设，积极推动新媒体新技术教学应用推广。开展信息化环境下教育课题研究工作，探索教育教学方式变革，提升信息技术与学科的深度融合应用水平，促进教与学质量效益不断提升。鼓励有条件的县区和学校先行先试，探索智慧教育新模式，以教育信息化助推教育现代化。"这两个文件是新时期市委市政府在加快推进汉中教育高质量发展的重要举措之一，它明确今后一个时期信息化发展目标的纲领性文件。同时，文件也为汉中中小学开展智慧教育和智慧课堂实践提供了政策依据。

四、优学派智慧课堂在汉中实践应用

2013 年，市电教馆带领全市 20 所学校开展了中央电教馆《信息化环境下"翻转课堂"的应用与实践》课题研究，在这个过程中培养了一批具有新理念、新思想，勇于创新、敢于实践的骨干教师。2018 年，智慧课堂研究被列为全市教育信息化重点工作之一，汉中市 405 学校、汉台区东塔民族小学等一批中小学校开展试点工作。经过半年的教学实践，仅 405 学校就有 30 多位教师试课，通过实践反思，他们对智慧教育智慧课堂有了深刻的认识和理解，信息化教学融合能力不断提升。

笔者对汉中市三所使用"优学派"智慧课堂学校进行了调研，这三所学校为公共班级应用，初中一所、小学一所，完全学校一所。具体情况见表 3-2。

表 3-2　汉中市三所学校使用"优学派"智慧课堂的情况

学校	进校时间	班级个数（常用）	落地方式	应用模式	教室	学校位置	智慧课堂培训	大型教研培训	备注
汉中市东塔民族小学	2017 年 11 月	4 个班级	学校采购	公共班应用	1 个	城市	三场 30 余人次	三场（全国研讨会和地区研讨会）10 余人	不包含一对一培训
汉中市四〇五学校	2018 年 1 月	6 个班级	学校采购	公共班应用	2 个	郊区	三场 150 余人次	三场（全国研讨会和地区研讨会）10 余人	不包含一对一培训
宁强燕子砭镇初级中学	2018 年 5 月	2 个班级	投建	公共班应用	1 个	山区	两场 20 余人次		不包含一对一培训

汉中市“优学派”智慧课堂整体应用情况如图 3-2 所示。

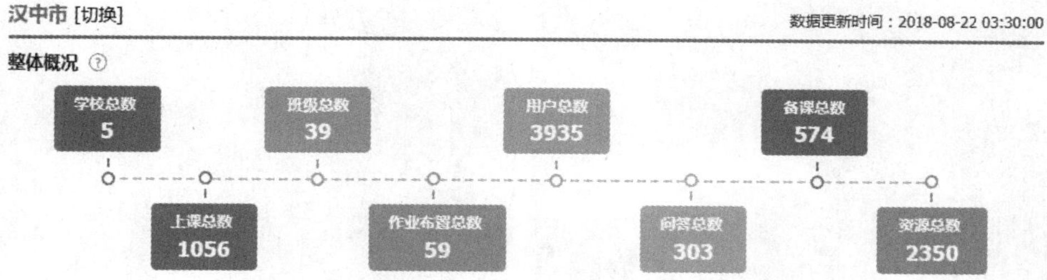

图 3-2　汉中市“优学派”智慧课堂整体应用情况

（1）汉中市 405 学校。

汉中市四〇五学校自 2018 年 1 月应用至今，已将智慧课堂覆盖语数英、政史地、理化生、音乐、科学等多门学科，并多次与汉中市东塔小学、县电教中心老师、燕子砭镇初级中学等多所学校前来观摩、交流研讨智慧课堂的应用与建设。在市电教馆的直接指导下，刘玉梅老师和石若凝老师的两节研讨课在全市智慧课堂研讨会上示范。汉中市四〇五学校更多智慧课堂的信息如图 3-3、3-4、3-5、3-6、3-7、3-8、3-9 所示。

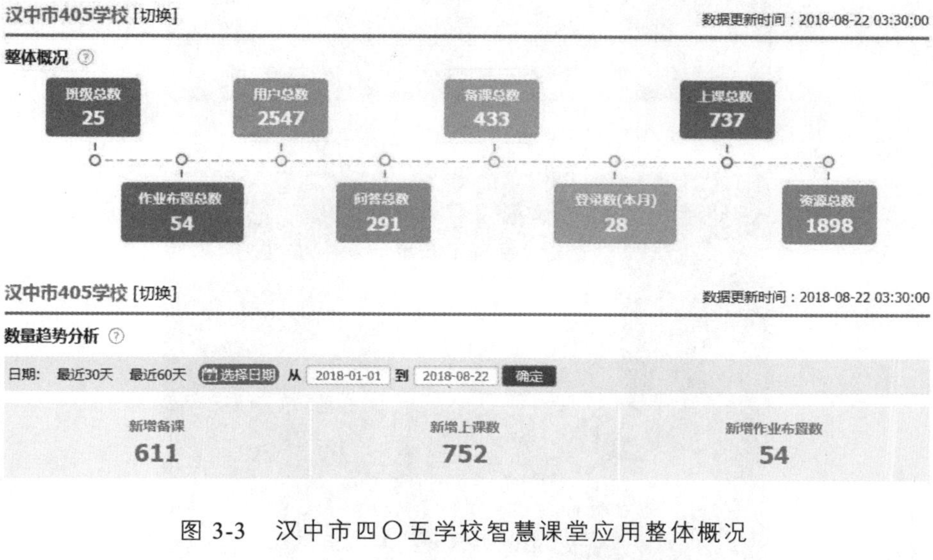

图 3-3　汉中市四〇五学校智慧课堂应用整体概况

图 3-4　汉中市四〇五学校智慧课堂应用

图 3-5　市电教馆指导智慧课堂研讨课

图 3-6　汉中市智慧课堂教学暨培训研讨会石若凝老师英语示范课

图 3-7　汉中市智慧课堂教学暨培训研讨会刘玉梅老师物理示范课

图 3-8　汉中市东塔民族小学两次来到四〇五学习交流学习智慧课

强化校际交流 共建智慧课堂

汉中市405学校　6月14日

为适应新时代教育发展的需求，促进教师之间的交流与合作，全面促进学校教育教学教研活动的深入开展，四〇五学校中学坚持"走出去、请进来、互相学习、促进发展"的原则，积极开展校际教学交流活动。6月13日，宁强县燕子砭初级中学校长韩勇一行8人到我校开展智慧课堂校际交流活动。

图 3-9　宁强县燕子砭镇初级中学观摩四〇五学校
智慧课堂的应用交流智慧课堂的建设与发展

（2）汉台区东塔民族小学。

汉台区东塔民族小学智慧课堂应用整体情况如图 3-10 所示。

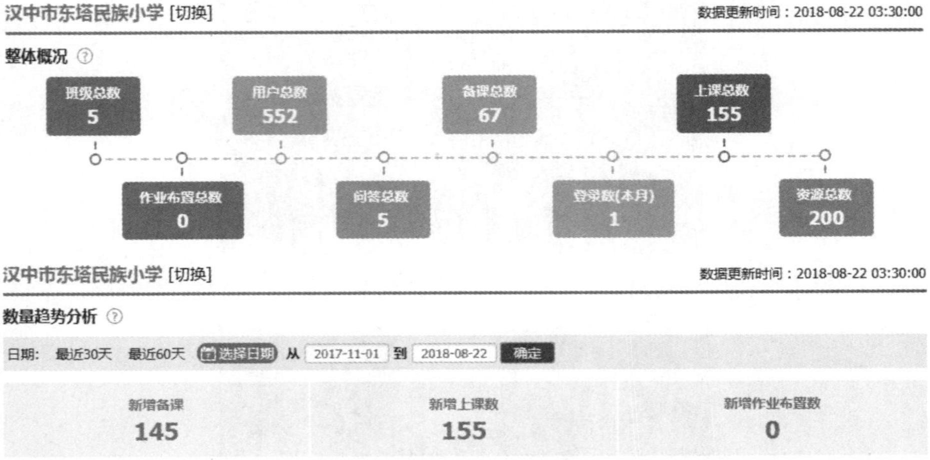

图 3-10　汉中市东塔民族小学智慧课堂应用整体情况

（3）宁强县燕子砭中学。

宁强县燕子砭中学智慧课堂应用整体情况如图 3-11 所示。

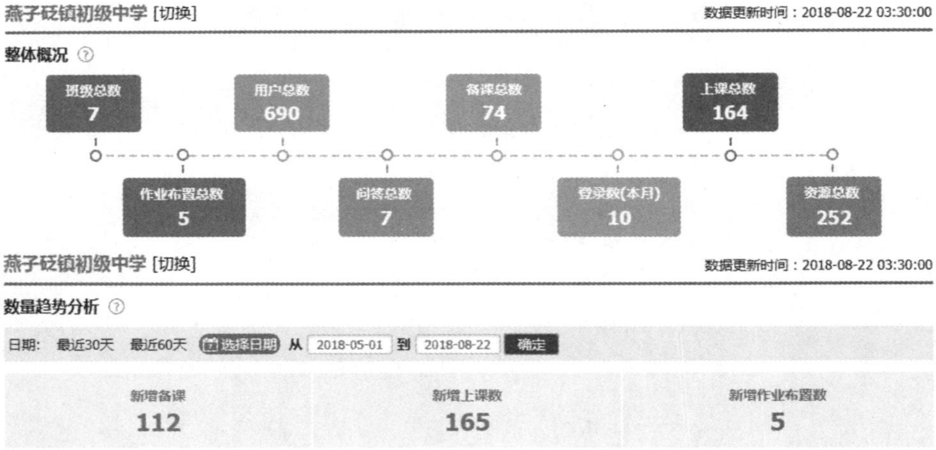

图 3-11　宁强县燕子砭镇初级中学智慧课堂应用整体情况

智慧课堂应用实践期间，汉中市四〇五学校、燕子砭镇初级中学获得中小学数字化教学优秀及论文征集活动全国一等奖、二等奖、三等奖近十个奖项，同时汉中市四〇五学校石若凝老师获得 NOC 比赛移动终端教学类全国二等奖。

学生成长：班级平均正确率大幅度提升（见图 3-12）。

图 3-12　班级平均正确率大幅度提升

五、“优学派”智慧课堂特点分析

1. 课前“以问题为导向”设计课堂教学

老师在日常的教学过程当中，布置课前预习作业时，学生预习情况很难掌握，而使用智慧课堂教学平台能很好帮助老师们解决这个问题。首先将教师将制作好的微视频、导学案以及 PPT 课件等上传到课前导学中，再配上对应的检测题发布给学生，学生课前学习情况会自动进行记录（见图 3-13）。老师通过测试反馈的大数据情况确定教学重难点，并有重点地进行备课，实现先学后教以学定教的教学方式。

图 3-13　互动试卷

在课前预习过程中，即使老师布置了课前预习作业，学生到底有没有认真预习，我们不得而知。老师在优学派智慧教育平台中将挑选好的同步教辅、教学微视频以及互动教学组件等引用到课前导学中，再配上对应的检测题发布给学生，引导学生自主学习（见图 3-14）。

图 3-14 课前导学

以优质资源为基础，学情分析为核心并通过测试反馈的大数据学生学习情况轻松获取，科学的数据分析及时了解学生学情，进行有针对性的教学，达到以学定教的效果。

2. 课中实现“师生、生生互动”培养思维

“优学派”智慧课堂基于互联网，具有可互动、可探究等特性，从而达到传统课堂中难以实现的教学效果。技术的使用更多是要激发学生探究和实践能力和热情，实现由被动学习变为主动学习。

（1）以图形计算器的使用。

传统课堂老师在讲解三角形的内角和为 180 度时，可能是通过图片来给学生进行讲解，或是使用教具进行过程。而使用图形计算器后，学生可以在平板电脑上以点、线、圆为基本作图元素（见图 3-15），让老师成为实验情景的设计者，让学生成为知识的探索者、创造者，更好、更加快捷地呈现数学中抽象的知识内容，便于学生进行知识点的理解记忆，培养创新思维。

（2）英语学习的“虎口拔牙”。

针对英语学科的学习特性，我们分别从听、说、读、写、译五个方面，

音标学习、单词认识、句子练习三个维度，分别形成了不同的互动教学软件，平台中考察学生单词拼写的英语游戏“虎口拔牙”，能有效检测学生单词结构掌握情况，在学生完成练习后，系统会自动统计学生答题详情（见图 3-16），针对耗时、正确率、完成率等做出详细统计反馈，便于教师掌握学生详情，针对性的安排词汇训练。

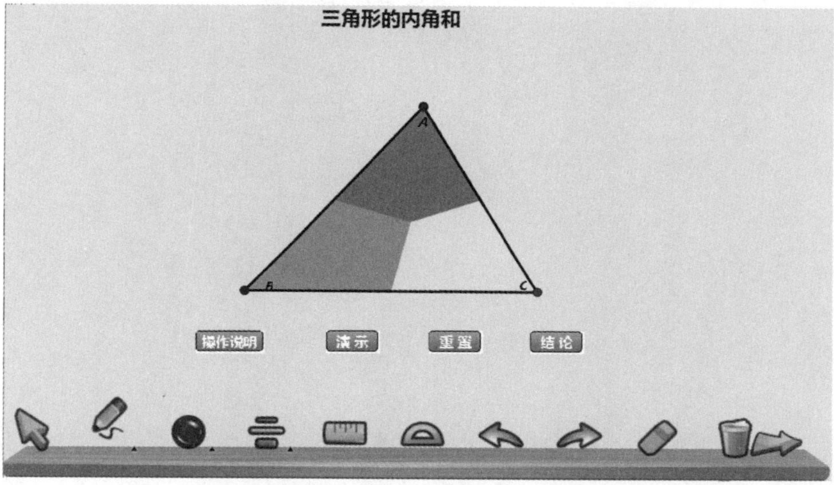

图 3-15　图形计算器的使用

图 3-16　“虎口拔牙”学生答疑详情

（3）理化生实验室的使用。

在中学阶段，理科学习都伴随着大量实验，但不是所有的实验都能够让同学们动手操作。智慧课堂平台中有中学阶段理化生各科仿真实验严格地按照实验的步骤，真实还原动手操作整个实验过程，便于学生理解学习（见图3-17）。

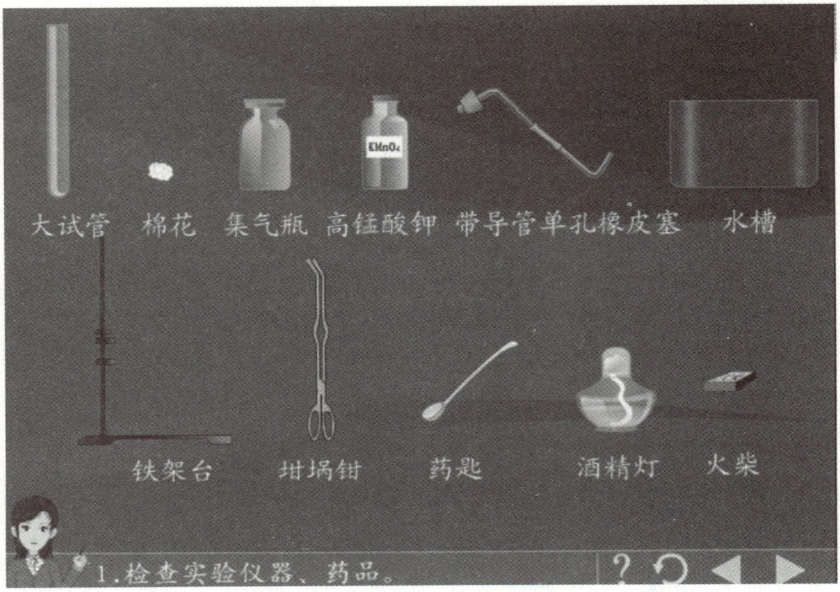

图 3-17　仿真实验

课中以数据分析为依据，师生互动为关键。在课堂有限的45分钟内，老师如何能照顾到班级里的每一个学生，利用信息化移动终端，学生作业拍照上传，将每位学生的作答结果显示在大屏上，大家共同批阅，老师引导学生自己发现问题，解决问题（见图3-18）。

图 3-18　学生将作业拍照上传，老师查看每个学生的答题情况

随堂练习，客观题学生正确率统计分析，实现学情及时反馈（见图 3-19）。

图 3-19　随堂练习学情及时反馈

可以动手操作的互动题板，在玩中学的互动教学组件让学生爱上学习（见图 3-20）。

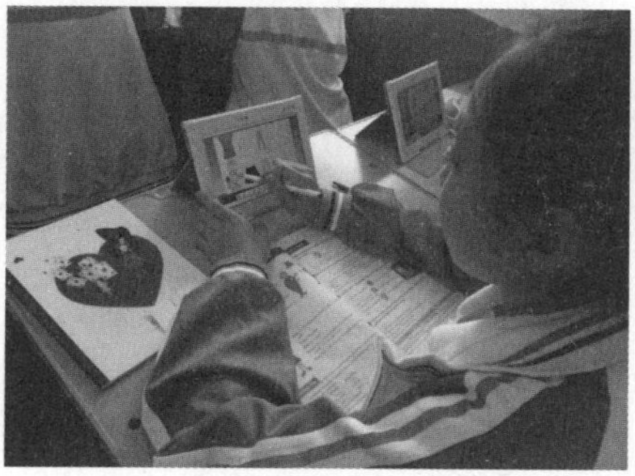

图 3-20　手动操作的互动题板

课堂互动形式多种多样，抢答、随机抽取，充分调动学生的参与积极性。移动端与 PC 端同步操作，让老师不再受讲台的束缚，师生互动交流更顺畅（见图 3-21）。

图 3-21　课堂互动形式多种多样

3. 课后以个性化学习为重点

课后在智慧课堂学习平台上可以实现分层教学。教师通过查看课堂统计，了解同学们的学习情况，在课后老师就可以进行针对性的作业布置，对于知识能力掌握情况不同的学生发送不同的作业，达到分层教学的效果。

错题攻克一学生在学习过程中做错的题目都会被系统收录到同学们的“错题本”中，同学们可以在学生端“错题本”(见图 3-22)中查看自己未能掌握的知识点，并对其进行攻克，提升学习效率。

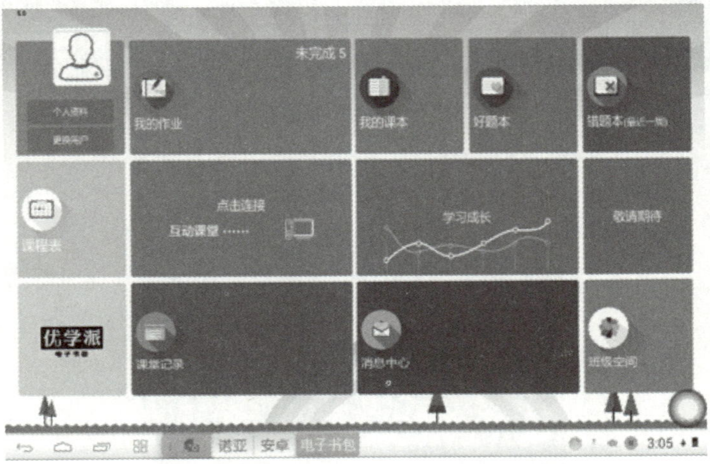

图 3-22　智慧课堂学习平台学生端

个性化推送一经过一个阶段的学习，教师可以查看全班同学的学习情况，并针对每个同学的知识能力掌握情况的不同给每一个学生推送更加贴合他们自身学习情况的检测，让同学们更加能够突破自身学习的薄弱点，提高学习成绩。

课后辅导一如果同学们在某篇课文或者某个章节学习存在待提升的地方，就可以在优学平台“名师辅导班”进行巩固提升，里面呈现的学习视频均是由优秀老师录制的，覆盖各学段、全学科。

课后答疑一学生在学习的过程中遇到疑难问题是在所难免的，有的时候也会有同学在课堂上没有弄清楚的问题不好意思当面寻求老师的帮助，这时候老师和同学就可以通过“问答”版块，有效实现师生之间、生生之间的课后答疑，加强老师与学生之间的学习交流。

学习诊断一优学平台可以记录同学们的学习数据，针对每一位同学的学习情况生成个性化的学习诊断报告，让同学们可以针对自身的学习情况进行有目标的学习。在学习诊断的界面内，我们可以看到同学们对于知识点的掌握情况，同时知识点气泡会显示同学们对于每一个具体知识点的学习情况。30 多种学科备课工具模块设计，满足各学科个性需求互动游戏探究式工具，激发学生学习兴趣，数据统计即时反馈，专注学生自我成长探寻个性化教与学。

课后以个性化辅导为重点，学生自主学习为辅助课下多媒体的作业形态，实现作业的个性化推送，错题自动收录，学生随时攻克，教师及时查看，作业匹配建议，生生任务不同，人人个性定制（见图 3-23）。

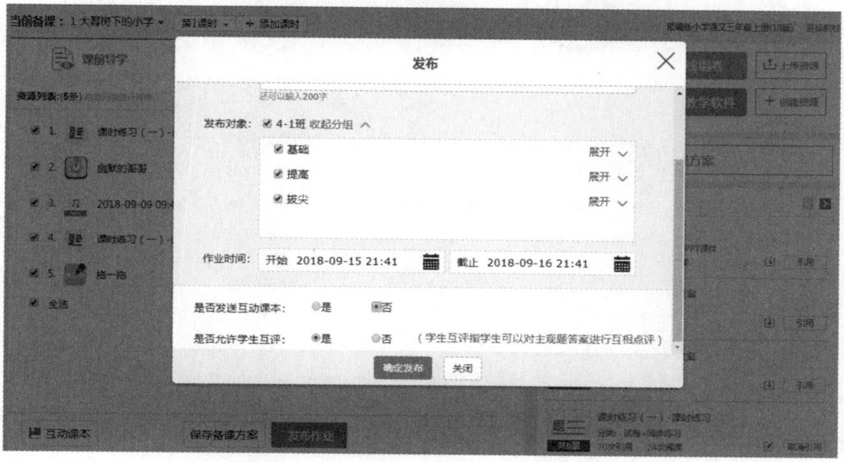

图 3-23　作业个性化推送

同样老师可以使用手机移动端随时查看学生的作业情况，不受空间的拘束（见图 3-24）。

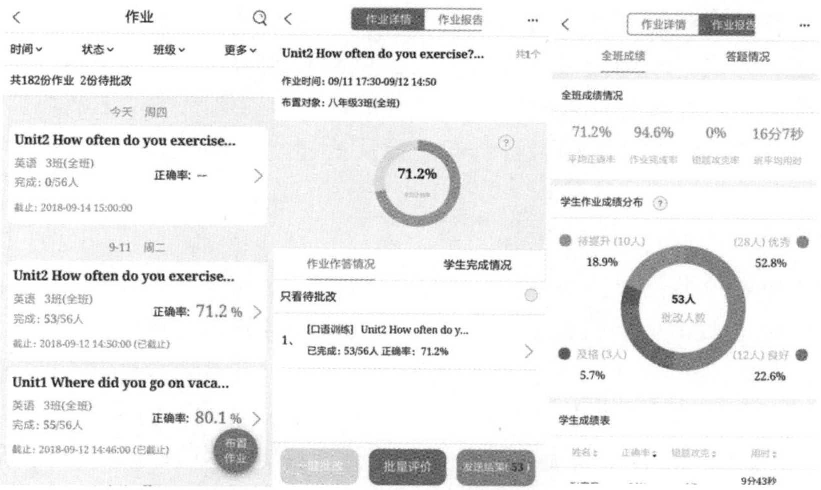

图 3-24　老师随时查看学生作业情况

课后“课堂记录”会记录老师课堂上使用的课件，做过的练习等内容，方便学生查漏补缺。

总结起来，智慧课堂学习平台具有的特点如图 3-25 所示。

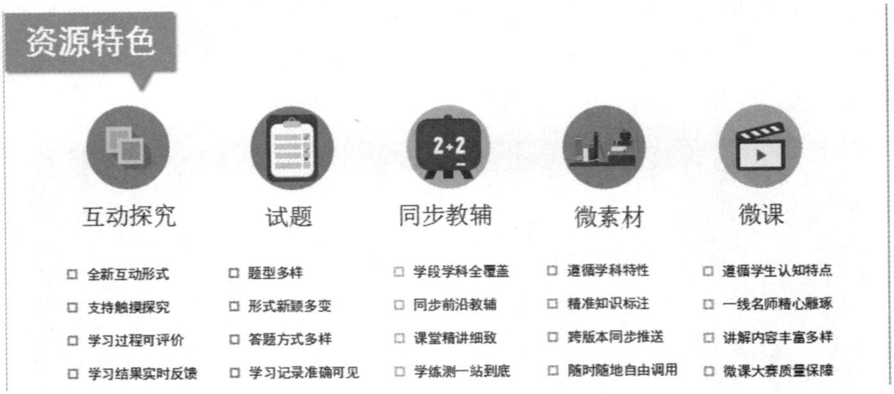

图 3-25　智慧课堂学习平台的特色

4. 智慧课堂公共班存在的问题

智慧课堂以“翻转课堂”理念为核心，实现以学定教。学生通过课前对知识的预习与检测来实现先学，教师通过学生的预习情况进行教学设计来实现有针对性的后教。首先是公共班级不能将平板带回家，实现用终端进行课前的自主学习和课后作业，因此这一环节极大地影响了以学定教的教学实现。其次，班级与班级之间排课互相影响，各科教师都在尝试使用，没有相对固定教师和班级，老师获取学生的学习情况不完整，以学定教存只是个别班级的实验。教学改革研究也没有足够的大数据作为基础，更高层次的教研也就无从谈起。再次，教师的教学理念直接影响到智慧课堂的应用效果，因此教师观念的更新是在智慧课堂应用中最重要的环节，否则只是“旧酒换新瓶”，核心没有变，教学与技术的融合创新还无从谈起。

六、智慧课堂应用实践与思考

为了更好地推进智慧课堂的应用于研究，2018 年 4 月，汉中市教育局主办，汉中市电教馆承办的智慧课堂教学应用培训暨研讨会隆重举行。会议以“打造智慧课堂，创新教学模式”为主题，旨在进一步推进汉中市教育信息化与教育教学深度融合，构建“互联网+”教育应用新模式，朝着“三全两高一大”教育信息化 2.0 新目标前进，促进信息技术在教学中的深度应用。研讨会上，两节“智慧课堂”公开课直观展现了基于“互联网+教育”暨在互联网、云计算、大数据、平板电脑支撑下的信息化环境下的课堂教学新形式，全市骨干教师300余人参加会议（见图3-26）。

图3-26　汉中市智慧课堂教学应用培训暨研讨会

汉中市电教馆多次对学校智慧课堂实验课进行了现场指导及磨课交流，重点分析指出了两位老师在智慧教室环境下的课堂教学存在的问题，并给予了针对性指导，提出了解决问题的办法和思路，旨在更好地为全市教师做出示范，明确未来发展方向。

（1）汉中市405学校刘玉梅老师初中物理课“光的传播”。

该课将“翻转课堂”理念用于教学过程。课前，通过自主学习微课，让学生观察思考光的传播，把问题带入课堂；课中，老师引导学生开展实验探究，将遇到的问题和难点进行小组交流讨论，通过智慧课堂智能系统实时统计的学生客观练习题检测数据，全面及时了解和掌握学生学习状况，做出准确判断，解决教学问题。整节课由实验引发思考，探究问题，完成知识的拓展延伸，为学生学习知识建构思维。本节课突破传统教学方式，将“翻转课堂”等先进的教育理念与智慧课堂系统融合应用，将课外和课内有机结合，不断引发学生思考，突破教与学重难点，教与学过程顺畅高效，教学目标轻松达成。

（2）汉中市四〇五学校石若凝老师小学英语课“My Classroom”。

该课生动活泼地展示了孩子们在“智慧课堂”中快乐高效的学习过程。首先，节奏感强烈的英文韵律操迅速将学生带入英语交流的环境，接着，教师通过游戏检查学生对上节课知识的学习掌握情况，智慧课堂软件系统为老师实时、准确地反馈学生的学习情况，具体到每一道题目，每一位学生。这节课的重点是“读”和“写”，学生在“智慧黑板”上以拖动和手写等多种形式练习书写，智慧课堂为学生朗读创设了新颖有趣的语境，大大激发了学生们的学习热情，教学过程中，学生参与感十足，每个孩子都在体验学习的快乐和成功的喜悦，学生英语学习能力和用英文沟通交流的能力得到了培养和提高。

（3）首都师范大学的硕士生导师刘军副教授现场点评。

刘军教授点评中指出："光的传播"物理课设计精细，问题设计层层递进，教师的主导作用得到充分发挥，体现了新型课堂以学生为中心的鲜明特点。"My Classroom"英语课，老师根据学科特点，有效地运用了智慧课堂平台资源优势，以多样化的教学场景激发了学生的学习热情，并根据学生年龄特点，设计了适宜的教学环节和教学环境，使学生快速准确地掌握了知识目标。

在智慧课堂教学实践中，理科教学要着重培养学生发现问题、分析问题、解决问题的能力。深度思考的能力是实验学科学生必备的能力，需要教师不断引导，激发每一位学生形成科学的学习思维。实验学科可以通过教师提供案例，学生提出问题再讨论筛选问题，打破老师对问题的预设，学生从对现象的观察到提出问题，老师引导帮助学生解决疑难问题，最终形成学生对问题本质的探究。而文科类学习，特别是语言类的教学，首先要建立一个语言环境，教师要在课堂中加大语言的训练。基于智慧课堂，可以实现"一对一"拓展性听读，教师可以选择相同主题的资源，以语言应用为中心设计多种互动类型的活动，形成多元化人机交互，从而达到语言训练和语言学习的目的。

（4）"智慧课堂"对比传统课堂的几点优势。

第一，"智慧课堂"是基于"互联网+"的智慧终端设备，信息技术的运用打破了传统课堂上教师根据经验判断学情的状态，智慧终端精准的数据呈现了真实的学情，教师可以随机应变地针对学情做出判断，精准安排下一步教学，以实现个性化教学，将因材施教落到实处。第二，有效地形成性评价手段，激发了学生的思考热情和学习兴趣。传统课堂上，教师一般总是喜欢提问善于表达和积极举手的学生，从而使一部分学生失去了参与感。而智慧终端则是随机抽取，每一位学生都有被选中的可能，因此便会激发所有学生思考，让学生的思维始终保持在积极活跃的思考状态。第三，"一对一"的学习环境可以实现个性化的教与学，有利于实现对学生创新思维的培养和学生个性化学习成果的产生。

"智慧课堂"是新时代课堂教学的一场革命，只有通过大胆实践、不断创新，积极开展利用智能技术加快推动人才培养模式、教学方法改革，探索泛在、灵活、智能的教育教学新环境建设与应用，才能引领推动全市中小学深入推进适合学生学习和思维发展规律的课堂教学新模式，为培养具有"创新精神、实践能力"的一代新人发挥重要作用。

参考文献：

[1] 国务院. 国家中长期教育改革和发展规划纲要（2010—2020 年）[Z]. 2010-7-29.

[2] 教育部.教育信息化2.0行动计划[Z]. 2018-4-13.
[3] 刘强，戈晶晶.清大视讯深耕智慧教育市场—访北京清大视讯科技有限公司总经理[J]. 中国信息界，2018（6）.
[4] 杨现民，刘雍潜，钟晓流，宋述强. 我国智慧教育发展战略与路径选择[J]. 现代教育技术，2014（1）.
[5] 臧小艳. “互联网+”背景下的中学语文教学论教学[J]. 学园，2018（1）.
[6] 朱哲. 以教育信息化支撑引领教育现代化——教育部科技司雷朝滋司长解读“教育信息化2.0”[J]. 中小学数字化教学，2018（5）.
[7] 吴阳春，李为成，罗君兰，杨永贞，刘笑月. 智慧环境中中学历史课堂交互模式对学习的影响研究[J]. 十三五规划科研成果汇编（第二卷），2017.
[8] 祝智庭. 教育信息化要为学生创造美好的学习与发展体验[J]. 上海教育，2018（7）.
[9] 曹兵，廖维. 智慧课堂环境下个性化教学的实践与研究[J]. 华夏教师，2018（7）.
[10] 任昌山. 加快推进2.0，打造教育信息化升级版——《教育信息化2.0行动计划》解读之二[J]. 电化教育研究，2018（5）.
[11] 吴旻瑜，武晓菲. 教育信息化2.0的时代逻辑——《教育信息化2.0行动计划》解读之一[J]. 远程教育杂志，2018（7）.
[12] 郑孝义. 基于实时反馈技术的智慧课堂模式与应用研究的初探[J]. 新课程（下），2018（7）.
[13] 许瑞雪，徐莹. 巧用智慧课堂“Pad”工具，完善音乐教学[J]. 新课程（中学），2018（7）.
[14] 陈卫亚. 面向未来的智慧教育教师素养提升探略[J]. 贵州师范学院学报，2018（5）.
[15] 马锦然，董秀丽. 对教育信息化视域下英语专业翻转课堂教学的思考[J]. 海外英语，2018（4）.
[16] 李青，王涛. 学习分析技术研究与应用现状述评[J]. 中国电化教育，2018（7）.
[17] 胡君凤. 让智慧课堂与“三六五”生态高效教学模式完美融合[J]. 教学管理与教育研究，2018（4）.
[18] 钟瑞云. 基于“智慧课堂”的小班化数学教学实践初探[J]. 中学数学研究（华南师范大学版），2018（4）.
[19] 余华明，龙建佑. 基于专业教学资源库的智慧课堂构建、实施和评价[J]. 中国职业技术教育，2018（3）.

“光的传播”翻转课堂教学设计

A 学案——导学

刘玉梅　原汉中市四〇五学校物理教师

班级＿＿＿＿小组＿＿＿＿姓名＿＿＿＿使用时间：＿＿＿＿

<table>
<tr><td>课题</td><td>第五章光现象 第一节 光的传播</td><td>设计教师</td><td>刘玉梅</td></tr>
<tr><td rowspan="4">学习目标</td><td colspan="3">（1）知道什么是光源及其分类。</td></tr>
<tr><td colspan="3">（2）会验证光沿直线传播的特点。</td></tr>
<tr><td colspan="3">（3）能解释影子、日食月食等相关现象</td></tr>
<tr><td colspan="3">（4）知道光在真空中的速度。</td></tr>
<tr><td>学习重点</td><td colspan="3">探究光传播的特点。</td></tr>
<tr><td>学习难点</td><td colspan="3">光直线传播的应用。</td></tr>
<tr><td>实验器材</td><td colspan="3">烧杯（每组 2 个）；激光笔、火柴、香、果冻（透明不含果肉）、水、牛奶、小喷壶（每组各一个）。</td></tr>
<tr><td>学生准备器材</td><td colspan="3">学生展示自己找到的光源：如发光的手电筒、蜡烛的烛焰、激光束、发光的火柴、打火机的火焰等。</td></tr>
<tr><td colspan="4">学　案　内　容</td></tr>
<tr><td>请把遇到的问题和疑难点记录下来吧：</td><td colspan="3">【自学课本】
静下心来阅读课本 P98～P100“光的传播”，用笔勾画出重点和遇到的困惑。
【微课助学】
观看《光的传播》微课，完成下面问题。
【目标导学】
一、光源
列举生活中能发光的物体有哪些？
（1）＿＿＿＿＿＿＿＿＿＿＿＿＿＿＿＿＿＿叫光源，光源分为：＿＿＿＿＿＿＿＿和＿＿＿＿＿＿＿＿。
（2）常见的人造光源有＿＿＿＿＿＿＿＿＿＿＿＿＿＿＿＿，自然光源有＿＿＿＿＿＿＿＿＿＿＿＿＿＿。</td></tr>
</table>

请把遇到的问题和疑难点记录下来吧：

（3）课堂展示准备：

在课堂上展示你找到的光源，并说出属于什么光源。（要注意安全）

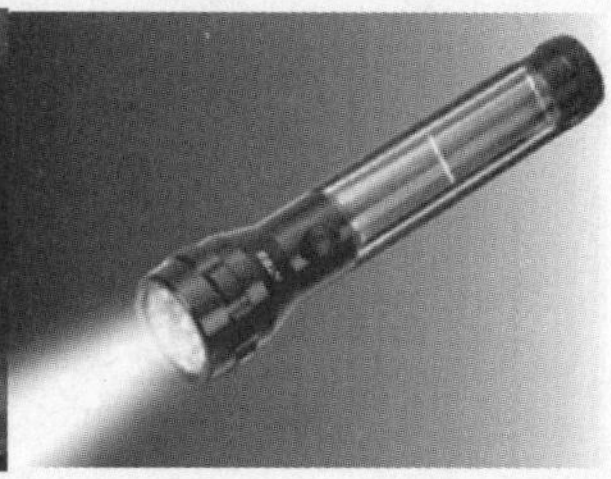

二、探究的光传播

思考：能传播光的物质有哪些？都有哪些共同特征？

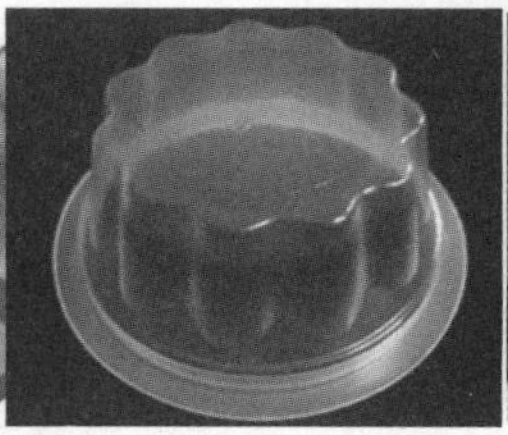

我们把______________________________叫光介质。

猜想：根据生活中的现象，你猜想光是怎样传播的？

验证：

（1）为了验证你的猜想，让光分别在果冻、水、空气中传播。为了看清光传播的路径，你会在水中加入少许________；在倒置的空烧杯中收集少许________，方便看出光传播的路径。

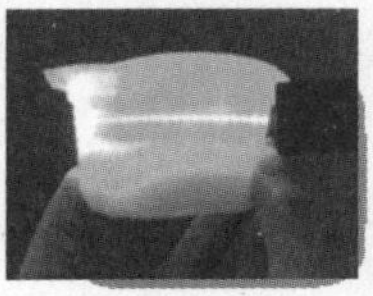

（2）思考：如果光从一种介质斜射入另一种介质时，是否沿直线传播？你会怎样设计实验？实验现象说明了什么？

请把遇到的问题和疑难点记录下来吧：

（3）光在同种介质中是否一定沿直线传播？你该如何验证呢？

结论：通过以上实验可以得出光传播的特点是：＿＿＿＿＿＿＿＿。

三、光线

＿＿＿＿＿＿＿＿＿＿＿＿＿＿＿＿＿＿＿＿叫光线。

思考：为什么要引入光线？

四、光速

光在真空中的速度是＿＿＿＿＿＿＿＿＿＿＿＿。

想一想：为什么先看到闪电在听到雷声？

五、应用

试一试：你会表演手影如小兔、小狗吗？

说一说：影子的形成原因？

查一查：（1）小孔成像的原理。

（2）日食和月食的形成原因。

（3）日晷是怎样计时的？

想一想：关于光的直线传播有哪些成语？

【梳理知识】

通过自主学习我学到了：＿＿＿＿＿＿＿＿＿＿＿＿。

Unit 1 My classroom B Read and write
教学设计

石若凝　汉中市四〇五学校英语教师

一、教学内容

二、教材分析

本节课选自人教 PEP 版小学英语四年级上册 Unit 1 My classroom 的 B 部

分内容：Read and write，是一节读写课。学生在上节课的学习中，已经学会了教室物品的英语名称，加之在三年级下册《Unit4 Where is my car?》中对方位介词已经有一定的了解，因此本节课要求学生在图片的帮助下进行阅读，并将介词短语 under the teacher's desk, near the window, near the kite 等运用到真实的语境中，让孩子们对句群有更进一步的了解。

三、教学目标

1. 知识与技能目标

（1）学生能够自主阅读与理解文本。

（2）句型 Where is the …?It is on\in\under\near the……的规范书写。

2. 过程与方法目标

学生在教师的引导下，通过歌曲、游戏、判断正误等方式对文本进行阅读和理解，并且进行尝试性写作。

3. 情感态度与价值观

（1）培养学生的观察能力、知识运用的能力以及书写能力。

（2）培养学生爱整洁、讲卫生的行为习惯。

四、教学重难点

（1）教学重点：准确理解文本内容。

（2）教学难点：句型 Where is the …?It is on\in\under\near the……的规范书写。

五、教学过程

Step 1 Lead-in and warm-up

（1）Greeting with all students;

（2）Sing a beautiful song together with the little friends;

（3）Play an interesting game.

（设计意图：首先，老师通过一系列的热身活动和同学们建立良好的关系，激活学生旧知，为接下来的学习做好铺垫。）

Step 2 Pre-reading

Students talk about the pictures with each other.

（设计意图：让学生通过观察、思考和讨论，利用基本语言支架对阅读主体有一个初步的了解。）

Step 3　While-reading

（1）Students read the key sentences individually;

（2）Listen to the tape and imitate the right intonation and pronunciation;

（3）Read and tick or cross;

（4）Check the answers.

（设计意图：通过图文匹配的简单阅读，初步培养学生的阅读能力，提高学生的综合语言运用能力。）

Step 4　Post-reading

（1）Look, choose and write.

（2）Write about your classroom.

（设计意图：通过进一步的有意义的选词填空和个性化书写活动，使学生对常用介词 on \in\under\near 有更深一层的理解和认识，从而为下一步的深入学习和良好的书写习惯打下坚实基础。）

Step 5　Consolidation and extension

（1）Design a cool classroom according to the short passage.

（2）Introduce the classroom with their own words.

（设计意图：从阅读到设计，从设计到介绍，使学生的综合语言运用能力得到更进一步的锻炼和提升。）

Step 6　Assignment

Talk about your ideal classroom with your friends.

（设计意图：从描述教室到设计自己理想的教室、甚至房间等等，让语言学习真正运用到生活中来。）

六、教学反思

这是一节四年级上册的读写课，它通过配图阅读和书写练习来提高学生的语言综合运用能力，课堂中学生能够积极参与，兴趣浓厚。在这堂课的教学中，我坚持由易到难、由整体到个体的原则展开教学。课堂上我借助的基于人人端的数字化学教学服务平台——优学派教学软件为本节课的有效实施提供了必要保证。我先通过有趣的歌曲的游戏进行热身，这样一来学生既对学过的知识进行了很好的复习和回顾，又大大提高了学习兴趣和积极性；然后通过讨论、对话练习、学生教读、语音跟读、听音判断等方式进行阅读和书写展示，最后引导学生进行知识的拓展与生成——给学生提供充分的想象空间，让学生在快乐中自然习得知识，为后面的长篇幅阅读奠定了基础，让使学生的综合语言运用能力得到更进一步的锻炼和提升。

当然在这节课中也存在一些不足之处，亲和力还是不够；练习的形式不够多样化；拓展训练的时间不够充分，也没有进行系统的知识梳理，等等。在以后的教学中我会采取灵活、多样的教学方式，充分调动学生的积极性，更好地发挥学生自身的能力，让我的教学更上一个台阶！